Die Autorin

Maryan Stone (geb. 1967 in Perth/Westaustralien), Psychotherapeutin, beschäftigt sich seit über 20 Jahren mit den großen Geheimlehren der Welt. Ausgedehnte Forschungsreisen führten sie u. a. in das Hochland Guatemalas, wo sie tiefe Einblicke in die Mysterientradition der Maya erlangte, sowie zu den Aborigines, die noch in fast unzugänglichen Gebieten ihres Heimatlandes leben, und deren ungewöhnliche psychische Fähigkeiten sie studierte. Vor diesem Hintergrund entwickelte sie, in Verbindung mit moderner Psychologie, ihre persönliche Methode zum bewussten Umgang mit grenzwissenschaftlichen Phänomenen.

MARYAN STONE

Energie Vampire

Erkennen · Meiden · Abwehren

Mit großem Energietest

Aus dem Englischen übersetzt
von Wilhelm Morinus

WILHELM HEYNE VERLAG
MÜNCHEN

Das vorliegende Buch ist sorgfältig erarbeitet worden.
Dennoch erfolgen alle Angaben ohne Gewähr.
Weder Autor noch Verlag können für eventuelle Nachteile oder Schäden, die
aus den im Buch gemachten praktischen Hinweisen resultieren, eine Haftung
übernehmen.

Verlagsgruppe Random House FSC-DEU-0100
Das für dieses Buch verwendete
FSC®-zertifizierte Papier *Lux Cream*
liefert Stora Enso, Finnland.

Taschenbuchausgabe 03/2011

Printed in Germany 2011
Umschlaggestaltung: Guter Punkt, München
Umschlagmotiv: © Andrea Barth / Guter Punkt, München
Herstellung: Helga Schörnig
Gesetzt aus der 9/11,5 Punkt Slimbach
bei C. Schaber Datentechnik, Wels
Druck und Bindung: GGP Media GmbH, Pößneck
ISBN 978-3-453-70164-9

http://www.heyne.de

Inhalt

Vampire saugen nicht nur Blut ...

Graf Dracula erhebt sich um Mitternacht aus seiner Gruft, um Jagd auf das Blut seiner unschuldigen Opfer zu machen ...

Jeder kennt den Mythos von den blutsaugenden Vampiren auf ihren düsteren Schlössern – doch wer weiß, wie er wohl entstanden ist? Vielleicht ist der Blutdurst der »lebenden Toten« ursprünglich ja nur ein Bild für etwas viel Realeres gewesen: zum Beispiel für Energieräuber, die den Menschen zwar nicht ihr Blut, dafür aber ihre Lebensenergie abzapfen ... Und was für ein besseres Symbol könnte es für diese Lebensenergie auch geben als unser Blut, das Lebenselixier schlechthin?

Was mich betrifft, so war ich früher das ideale Opfer für jede Art von Vampir: In einem Vampirfilm wäre ich die junge Frau im viel zu tief ausgeschnittenen Nachthemd gewesen, die Graf Dracula trotz aller Warnungen für einen missverstandenen, sympathischen Exoten gehalten und die Balkontüren vor dem Schlafengehen weit geöffnet hätte ...

Im wirklichen Leben ließen mich meine Offenheit und Gutmütigkeit ebenfalls mehr als einmal zum Opfer aller möglichen »Blutsauger« werden – ich hatte immer ein offenes Ohr für die Probleme all meiner echten oder angeblichen Freunde, mehr als einmal habe ich mir von geschickten Verkäufern allerlei unnötiges Zeug aufschwatzen lassen, und wenn es um die Liebe ging, war ich schlichtweg blind für alle warnenden Vorzeichen. Und regelmäßig war ich am Ende meiner Kräfte, weil ich mich anderen zuliebe innerlich zerrissen und völlig verausgabt hatte.

Diese Zeiten sind zum Glück schon lange vorbei! Eines Tages wurde mir bewusst, dass ich mit meiner Energie offensichtlich nicht nur mich, sondern auch eine Menge heimlicher Schmarotzer versorgte, und dass das so nicht weitergehen konnte – mir blieb dabei kaum genug Kraft und Energie für mich selbst und um mein Leben nach meinen Wünschen zu führen. Also habe ich dem Ganzen einen Riegel vorgeschoben und Gegenmaßnahmen, mit denen ich den ständigen Energieverlust wirkungsvoll abstellen konnte, gesucht – und auch gefunden. Und ich musste dabei feststellen, dass der Mythos von den Vampiren leider nicht nur ins Reich der Fantasie gehört – auf energetischer Ebene ist er ein sehr konkretes und nur allzu alltägliches Phänomen, das jeden von uns mehr oder weniger stark betrifft.

Der Vergleich mit Hollywoods blutrünstigen Vampiren mag zunächst vielleicht seltsam klingen, ist nach meinen Erfahrungen jedoch sehr treffend:

- *Energie-Vampire haben zwar keine spitzen Zähne, aber auch sie saugen ihr Opfer kräftig aus — allerdings auf energetischer Ebene.*
- *Echte Energie-Vampire sind ebenso geschickt wie ihre Leinwand-Kollegen, wenn es darum geht, ein Opfer anzulocken und in ihre Gewalt zu bringen.*
- *Energie-Vampire bevorzugen arglose Opfer, mit denen sie spielen können wie die Katze mit der Maus.*
- *Energie-Vampire manipulieren ihre Opfer gerne, indem sie sie um Kopf und Kragen reden — nicht ganz so elegant wie bei telepathischer Kontrolle, aber fast ebenso effektiv.*
- *Energie-Vampire können auch mit (farbigem) Licht, Symbolen, Schutzzeichen und bestimmten Gerüchen (allerdings ist es nur selten*

Knoblauch) wirkungsvoll gebannt werden — obwohl sie dadurch zum Glück nicht zu Staub zerfallen.

Graf Dracula und seine Freunde mögen mir verzeihen, wenn ich sie gelegentlich als anschauliches Vergleichsmaterial heranziehe – aber sie regen die Vorstellungskraft einfach besser an als trockene Worte und helfen so dabei, die Zusammenhänge schneller zu erkennen.

Natürlich wissen wir alle, dass man um düstere transsylvanische Schlösser und ihre Bewohner bei Anbruch der Dunkelheit einen großen Bogen machen sollte. Dass es jedoch auch andere, ganz alltägliche »Vampire« gibt, die uns unsere Lebenskraft rauben und damit ebenfalls großen Schaden anrichten, müssen wir dagegen erst noch so weit verinnerlichen, dass wir sie jederzeit souverän abwehren können. Und genau dabei möchte ich Ihnen mit diesem Buch helfen.

Energie-Vampirismus – was ist das?

»Energie-Vampirismus« ist die anschaulichste Bezeichnung für einen Vorgang, den wir normalerweise nur an seinen Folgen erkennen können: Energie-Vampire entziehen anderen Lebewesen ihre Lebensenergie, um ihren eigenen Energievorrat damit aufzufüllen. Energie-Vampire lassen ihre Opfer im Unterschied zu Graf Dracula natürlich lebendig zurück – ihre Opfer werden durch den Energieverlust jedoch geschwächt. Bei starken oder lang anhaltenden Angriffen kann es dann eine ganze Weile dauern, bis der Energieverlust wieder ausgeglichen ist.

Jeder Verlust von Lebensenergie kann eine ganze Reihe von physischen und psychischen Symptomen hervorrufen: Niedergeschlagenheit, Lustlosigkeit, Gereiztheit, allgemeines Desinteresse an seinen Mitmenschen und an allem, was um einen herum vorgeht, aber auch ständige Müdigkeit, Erschöpfungszustände und eine Reihe von klassischen Stress-Symptomen können durch den Angriff eines Energie-Vampirs ausgelöst werden.

Wie der Name schon sagt, ist die Lebensenergie die Grundlage unseres gesamten Daseins, also sowohl aller körperlichen als auch aller seelischen und geistigen Prozesse. Daraus erklärt sich auch die Vielzahl von Symptomen, die ein Mangel an Lebensenergie mit sich bringen kann.

Das Geheimnis der Lebensenergie

Die universelle Lebensenergie ist eine kosmische Urkraft, die das gesamte Universum durchdringt: alle Lebewesen, alle Pflanzen und sogar scheinbar leblose Materie wie Stein, Holz oder Wasser basieren auf feinstofflicher Ebene auf dieser Energie. Alle Wesen und Dinge im Universum stehen dabei in einem ständigen energetischen Austausch miteinander. Dabei ist die universelle Lebensenergie die Grundlage – der Stoff, aus dem das Leben ist.

Auch für den Menschen ist die universelle Lebensenergie essenziell: Ebenso wie unsere Zellen ständig mit Sauerstoff versorgt werden müssen, benötigen auch Körper, Seele und Geist Lebensenergie, die immer wieder neu zugeführt werden muss, da es sonst zu zahlreichen Beschwerden – von kleineren Stimmungstiefs bis hin zu ernsten Erkrankungen – kommen kann.

Normalerweise versorgen unsere Chakras (Energiezentren) uns zuverlässig und ausreichend mit Energie. Dabei ist jedes Chakra für einen bestimmten Bereich des Körpers zuständig, und jedes nimmt einen be-

stimmten Aspekt der universellen Lebensenergie auf: Materielle Le-
bensenergie, Sexualenergie, Heilenergie, Liebesenergie, Kommunikati-
onsenergie, Gedankenenergie und Spirituelle Energie.

Blockaden einzelner Chakras können die Versorgung mit Lebensenergie empfindlich stören. Ebenso können aber auch die Angriffe von Energie-Vampiren dazu führen, dass wir uns manchmal »wie ausgesaugt« fühlen. Meist nimmt man solch einen Energiemangel leider erst dann wahr, wenn er sich auf körperlicher Ebene durch konkrete Beschwerden äußert. Wer sich jedoch näher mit seinen Chakras und seinem Energiesystem beschäftigt, kann die ersten Anzeichen dafür auch schon sehr viel früher wahrnehmen. Und nur wer lernt, die Alarmglocken schon zu hören, wenn sie noch sehr leise klingeln, kann der Bedrohung wirkungsvoll entgegentreten.

Leider wird ein Energieraub durch einen Energie-Vampir nur selten bewusst wahrgenommen, sofern man nicht weiß, worauf man achten muss. Wer noch nie vom Phänomen des Energie-Vampirismus gehört hat, kann seine Erlebnisse damit auch nur schwer einordnen. Von vielen Menschen hört man daher nach dem Kontakt mit einem Energie-Vampir lediglich einen Kommentar wie: »Mensch, war das (die/der) jetzt aber anstrengend.« Die Erschöpfung, die eines der ersten und eindeutigsten Symptome eines Energieraubes ist, wird dann oft mehr oder minder dem Zufall zugerechnet.

Grüße aus Transsylvanien

Energie-Vampire müssen ihren Opfern nicht erst an die Kehle gehen – sie erreichen ihr Ziel auch ohne direkten Körperkontakt. Der Raub an Lebensenergie ist letztlich immer ein feinstoffliches Phänomen, das die meisten von uns mangels Übung allerdings nicht bewusst wahrnehmen können.

Hellsichtige können in der Aura und an den Chakras von Opfern hingegen meist Spuren des Energie-Vampirismus erkennen. Diese zeigen sich als Löcher, dunkle Schatten oder graue Stellen und können je nach ihrer Lage schon einen Hinweis darauf geben, welche Chakras betroffen sind – und damit, welcher Typ von Energie-Vampir hier am Werk war.

Aura und Chakras

Der menschliche Körper ist nicht auf sein physisches Dasein begrenzt – sein Energiesystem und seine Aura umfassen auch die feinstofflichen Bereiche. Wer hellsichtige Fähigkeiten hat (oder sie sich aneignet), kann über die Realität des leiblichen Körpers hinaus oder besser gesagt durch sie hindurch sehen. Der eigene Körper wird dann oft als ein leuchtendes Energiefeld wahrgenommen – ebenso der aller anderen Menschen, Tiere oder Pflanzen. Sogar Orte und Gegenstände sind auf feinstofflicher Ebene energetisch wahrnehmbar, wenngleich sie nur selten eine solch intensive Ausstrahlung haben wie Menschen.

Unser individuelles Energiefeld ist die »Aura«. Die Aura durchdringt den physischen Körper und reicht noch ein Stück weit über ihn hinaus, da sie sich weiter ausdehnen kann. Sensitive Menschen können die Aura als leuchtende Hülle um den Körper wahrnehmen, die aus verschiedenen Schichten besteht, welche sich unterschiedlich weit ausdehnen und verschiedene Aspekte des feinstofflichen Körpers darstellen. Die Aura wird umso größer, je höher ihr Energiezustand ist. Die einzelnen Schichten werden oft als Farben wahrgenommen, wobei es verschiedene Interpretationen ihrer Bedeutungen und Funktionen gibt.

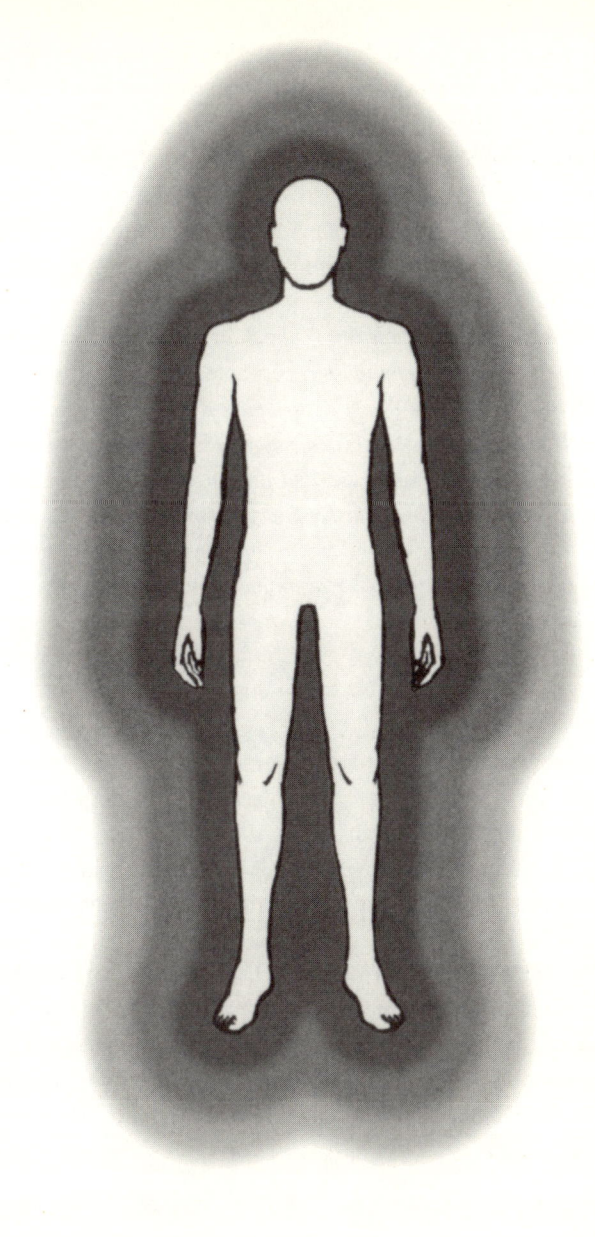

Die Aura und das Energiesystem der Chakras sind ein weites Thema, doch ich möchte mich hier nur auf die Informationen beschränken, die Sie wirklich brauchen, um Energie-Vampire zu erkennen, sich vor ihnen zu schützen und die Hintergründe ihres Treibens zu verstehen. Ab Seite 213 finden Sie später noch einige zusätzlichen Informationen und Übungen zum Erkennen und Stärken der Aura.

Die Größe und Intensität der Aura (und ihrer verschiedenen Schichten) zeigen deutlich, wie gut jemand mit Lebensenergie versorgt ist: Je größer und strahlender die Aura, desto höher das Energie-Niveau. Auf feinstofflicher Ebene lässt sich der Angriff eines Energie-Vampirs als Interaktion zwischen seiner Aura und derjenigen seines Opfers beobachten: Während sich die Aura des Energie-Vampirs durch die geraubte Lebensenergie ausdehnt und immer intensiver wird, schrumpft die Aura des Opfers oft regelrecht zusammen und wird schwächer und schwächer.

Ihre Aura schützt Sie

Normalerweise bildet Ihre Aura eine schützende Hülle aus Energie um Ihren Körper – sie grenzt Ihr Energiefeld von anderen Energiefeldern in Ihrer Umgebung ab. Ihre Aura schützt Ihr Energiesystem und hält schädliche Einflüsse bei alltäglichen Kontakten mit Ihrer Umwelt und Ihren Mitmenschen fern. Je stärker die Aura ist, desto effektiver kann sie diese Schutzfunktion erfüllen. Der gezielte Angriff eines Energie-Vampirs überfordert diese normale Schutzfunktion jedoch bei weitem. Nur wenige Menschen haben ein derart hohes Energie-Niveau, dass ihre Aura häufige (oder auch nur vereinzelte, aber intensive) Angriffe unbeschadet überstehen kann.

Die Chakras: Zentren der Energieversorgung

Die Aura wird ebenso wie Körper, Seele und Geist durch die Chakras mit der universellen Lebensenergie versorgt, die sie benötigt. Die Chakras sind ein integraler Bestandteil unseres feinstofflichen Energiesystems. Sie sind Energiezentren, die entlang der Wirbelsäule zwischen dem Beckenboden und dem höchsten Punkt unseres Kopfes verteilt sind. Die ältesten Beschreibungen der Chakras finden sich in der vedischen Überlieferung Indiens und sind Tausende von Jahren alt. Schon dort werden die Chakras als Energiewirbel beschrieben, die den Menschen mit der kosmischen Urenergie verbinden.

Die Chakras nehmen die kosmische Energie auf und transformieren sie so, dass sie für die verschiedenen körperlichen, seelischen und geistigen Prozesse nutzbar wird. Jedes Chakra ist für einen anderen Bereich des Körpers und einen anderen Aspekt der universellen Lebensenergie zuständig. Der körperliche Einflussbereich wird dabei von der Lage des einzelnen Chakras beeinflusst:

• *Das 1. Chakra* befindet sich am Beckenboden und ist für die Energieversorgung von Füßen, Beinen, Dickdarm und allen Knochen zuständig.

• *Das 2. Chakra* befindet sich auf Höhe des Kreuzbeins, und es versorgt die Geschlechtsorgane, Nieren, Blase und Harnleiter sowie das Blut und alle übrigen Körperflüssigkeiten mit Lebensenergie.

• *Das 3. Chakra* hat seine Lage oberhalb des Nabels im Bereich des Magens. Sein Einflussbereich umfasst die Bauchhöhle mit Magen, Bauchspeicheldrüse, Gallenblase, Leber, Milz und Dünndarm sowie das vegetative Nervensystem.

• *Das 4. Chakra* liegt auf Höhe des Herzens in der Mitte der Brust. Es versorgt den Brustkorb samt Herz, Lunge und Bronchien, die Arme und Hände und die obere Rückenpartie mit Energie.

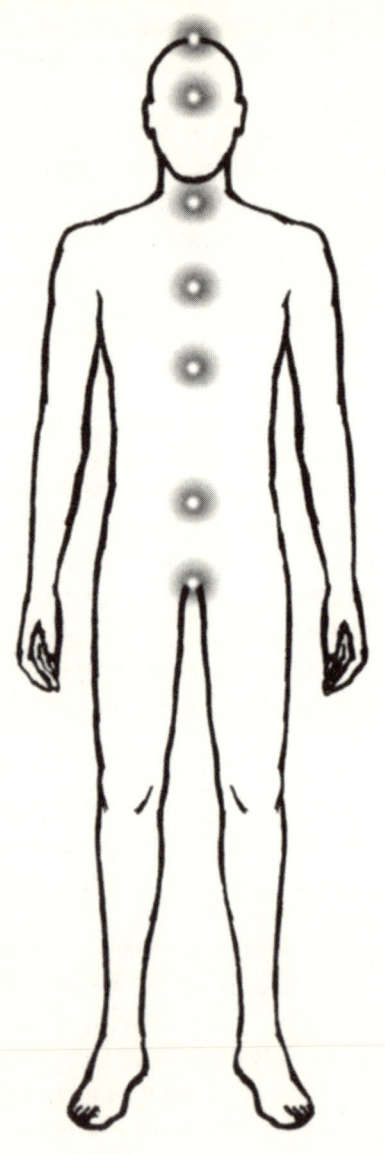

• *Das 5. Chakra* befindet sich im Bereich des Kehlkopfes und regelt die Energieversorgung von Hals, Speise- und Luftröhre, Nacken, Schultern sowie von Stimme, Atmung und Gehör.

• *Das 6. Chakra* liegt an der Stirn, zwischen den Augenbrauen. Seinem Einfluss sind das Gesicht mit Augen, Nase, Nebenhöhlen und Ohren, das Nervensystem und das Hormonsystem zugeordnet.

• *Das 7. Chakra* liegt am Schädeldach am höchsten Punkt des Kopfes. Es versorgt das Gehirn und den Organismus als Ganzes mit Lebensenergie.

Auf seelischer und geistiger Ebene verleihen die Chakras den verschiedensten Emotionen, Gedanken und damit auch Persönlichkeitsaspekten zusätzliche Energie für ihre Entfaltung. So ermöglichen sie die Entwicklung einer starken, ausgeglichenen Persönlichkeit ebenso wie die Entfaltung all unserer Talente und Fähigkeiten. Die Energie der verschiedenen Chakras drückt sich dabei vor allem in den folgenden Lebensbereichen aus:

Chakra	Seelisch-geistiger Einflussbereich
1. Chakra	Lebenswille, Lebenskraft, Urvertrauen, Durchsetzungsvermögen
2. Chakra	Kreativität, Sinnlichkeit, Sexualität
3. Chakra	Selbstbewusstsein, Selbstwertgefühl, Selbstachtung
4. Chakra	Liebe, Zuneigung, Mitgefühl
5. Chakra	Kommunikation, Selbstausdruck
6. Chakra	Klarheit der Wahrnehmung, Inspiration, Fantasie
7. Chakra	Spiritualität, Selbstverwirklichung

Die Energieversorgung durch die Chakras kann jedoch gestört und durch Blockaden sogar ganz oder teilweise zum Erliegen gebracht werden. Blockaden in den Chakras können beispielsweise durch traumatische Erlebnisse, die Unterdrückung der eigenen Bedürfnisse oder durch Krankheiten entstehen. Manche Heiler sehen auch in karmischen Belastungen eine mögliche Ursache für Chakra-Blockaden.

Die negativen Auswirkungen solcher Blockaden können sehr vielfältig sein – sie haben allerdings alle dieselbe Ursache, nämlich einen Mangel an der durch das blockierte Chakra gelieferten Lebensenergie. Solche Störungen in der Energieversorgung treten sowohl auf körperlicher, wie auch auf seelischer und geistiger Ebene auf und zeigen sich jeweils in den Bereichen, die mit dem entsprechenden Chakra in Verbindung stehen.

Eine Blockade des 3. Chakras kann sich also beispielsweise durch Magenschmerzen, Verdauungsstörungen oder auch durch ein schwaches Selbstbewusstsein und mangelnde Selbstachtung bemerkbar machen. Die gleichen Symptome können allerdings auch entstehen, wenn das entsprechende Chakra von einem Energie-Vampir angegriffen wird.

Energie-Vampire sind wählerisch! Sie entziehen ihren Opfern nicht einfach die Lebensenergie an sich, sondern genau die Energie des Chakras, das bei ihnen selbst am stärksten blockiert ist. Ein Energie-Vampir mit einem blockierten Herzchakra greift also gezielt das Herzchakra seiner Opfer an und saugt dort so viel Energie, wie er nur bekommen kann.

Für das Opfer hat das Wirken eines Energie-Vampirs genau den gleichen Effekt, als wären eines oder mehrere seiner Chakras blockiert: Es mangelt an Energie und früher oder später kommt es zu Problemen in den Einflussbereichen des/der jeweils betroffenen Chakras. Daher ist es schwierig, von einer gestörten Energieversorgung im Bereich eines bestimmten Chakras gleich auf einen Angriff eines Energie-Vampirs zu schließen. Umgekehrt ist es jedoch möglich, herauszufinden, welchem Typ von Energie-Vampir man zum Opfer gefallen ist – und das kann Ihnen dabei helfen, Ihre Abwehrmaßnahmen effektiv auszubauen.

»Passive« Energie-Vampire

Es sind nicht nur menschliche Energie-Vampire, die uns unsere Lebensenergie rauben. Neben diesen »aktiven« Energie-Vampiren, die unsere Kräfte unbewusst oder auch ganz gezielt aussaugen, gibt es auch Situationen oder Orte, die uns an sich schon jede Menge Energie kosten.

Vielleicht kennen Sie das: Der regelmäßige Stau auf dem Weg zur Arbeit lässt Ihre gute Laune schon beim ersten Blick auf das Stauende in den Keller rutschen. Oder Sie betreten einen bestimmten Supermarkt, verlieren sofort die Lust am Einkaufen, vergessen die Hälfte dessen, was Sie eigentlich benötigen, und wollen nur noch so schnell wie möglich nach Hause.

Während sich menschliche Energie-Vampire aktiv bei günstigen Gelegenheiten an unserer Energie mitbedienen, tritt bei passiven Energie-Vampiren ein weitgehend automatischer Ausgleich zwischen unterschiedlichen Energie-Niveaus auf. Bei manchen Menschen wirken bestimmte Situationen auf energetischer Ebene wie ein schwarzes Loch – sobald sie sich in einer solchen Situation befinden, verschwindet ihre Energie blitzschnell auf Nimmerwiedersehen.

Auch Orte können auf diese Weise zu Energie-Vampiren werden – je niedriger das Energie-Niveau eines Ortes ist, desto stärker zehrt er von der Energie all derer, die sich ungeschützt an ihm aufhalten. Diesem Phänomen liegt das Prinzip zugrunde, dass alles Leben auf dem Austausch feinstofflicher Energie beruht. Sobald sich eine Person mit einem normalen Energie-Niveau an einem Ort mit viel niedrigerem Energie-Niveau befindet, wird ihre Energie von diesem Ort aufgenommen, so wie Wasser von einem höheren in ein niedrigeres Gefäß hinabfließen würde – bis das Niveau auf beiden Seiten ausgeglichen ist.

Das Energie-Niveau eines Ortes kann von vielen Faktoren bestimmt werden – und das Ausmaß des Energiemangels dort kann bei weitem die Menge an Energie übersteigen, die ein Mensch ohne größere Probleme abgeben kann. Auch einen passiven Energie-Vampir in Ihrer Umgebung sollten Sie daher nicht auf die leichte Schulter nehmen!

Die gute Nachricht:
Wer die Gefahr kennt, kann sich schützen!

Energie-Vampire stellen eine reale Bedrohung für Ihr Wohlbefinden und sogar für Ihre Gesundheit dar. Sie sind ihnen aber zum Glück nicht schutzlos ausgeliefert, denn es existieren viele Möglichkeiten, wie Sie sich auf einfache Weise effektiv vor Energie-Vampiren schützen und jede Art von Angriff auf Ihre Lebensenergie abwehren können!

Je mehr Sie dabei über Energie-Vampire an sich sowie über die speziellen Exemplare, die durch Ihr Leben geistern, wissen, desto besser können Sie sich schützen. Für jede Art von Energie-Vampir gibt es auch die passende Abwehrmethode!

In der Regel stehen Ihnen sogar jeweils verschiedene Gegenmaßnahmen zur Verfügung, mit denen Sie jeden Energieräuber schnell wieder vertreiben können. Darüber hinaus können Sie sich mit einfachen Mitteln einen dauerhaften Schutz gegen jeden Angriff auf Ihre Lebensenergie aufbauen – und damit ganz erheblich das Risiko senken, überhaupt angegriffen zu werden.

Die besten Abwehr- und Schutzmaßnahmen finden Sie im Praxisteil dieses Buches ab Seite 163. Zuvor aber möchte ich Ihnen alles Wissenswerte vorstellen, was es über Energie-Vampire zu erfahren gibt – über menschliche Energieräuber, kraftraubende Situationen und über Orte, die für einen Erholungsaufenthalt nicht gerade zu empfehlen sind ...

Der große Energie-Vampir-Test

Fühlen Sie sich oft erschöpft und lustlos? Fehlt Ihnen für die kleinsten Besorgungen die nötige Energie, ohne dass Sie einen Grund dafür nennen könnten? Oder leiden Sie scheinbar auch im Juli noch unter dieser verflixten Frühjahrsmüdigkeit? Wahrscheinlich können Sie für die meisten Energie- und Stimmungstiefs in Ihrem Leben mit etwas Nachdenken den einen oder anderen rationalen Grund nennen: Stress im Büro, ein krankes Kind, zu viele Partys ...

Genauso gut ist es jedoch möglich, dass Sie all diese Belastungen viel leichter wegstecken würden, wenn Ihnen nicht noch ein heimlicher Energieräuber im Nacken säße: ein Energie-Vampir! Sie wissen inzwischen, dass das nichts Ungewöhnliches ist und dass es nicht nur Menschen, sondern auch Situationen und sogar Orte gibt, die Ihnen mehr oder weniger im Verborgenen Ihre Energie rauben. Vielleicht haben Sie auch schon spontan den einen oder anderen Verdacht, wo Sie nach diesen Energie-Vampiren Ausschau halten müssen. Mit den folgenden Tests können Sie Ihre Situation aber noch viel genauer unter die Lupe nehmen: sie helfen Ihnen dabei

• die aktuelle Belastung Ihres Energie-Kontos einzuschätzen – je größer Ihr Energiemangel ist, desto wahrscheinlicher ist es, dass ein Energie-Vampir dahinter steckt

• herauszufinden, in welchen Lebensbereichen Sie unter Energie-Vampiren leiden und wie stark die Belastung jeweils ist

- zu erkennen, welche Ihrer Chakras von Energie-Vampirismus betroffen sind – so können Sie gezielt Gegenmaßnahmen
ergreifen
- Ihre Sensibilität für energieraubende Situationen zu bewerten
- festzustellen, ob Sie sich oft an energieraubenden Orten
aufhalten

Ihre aktuelle Lage: Energie-Vampire in Sicht?

Um Ihre aktuelle Lage zu beurteilen, beantworten Sie bitte die
folgenden Fragen möglichst spontan und aus dem Bauch heraus
mit Nein oder Ja. Konzentrieren Sie sich dabei auf die letzten
zwei bis maximal vier Wochen, um ein möglichst aussagekräf-
tiges Ergebnis zu erhalten. Sinnvoll ist, wenn Sie diesen Test
kopieren und in regelmäßigen Abständen wiederholen. So können Sie verfolgen, wie wirksam Ihre Gegenmaßnahmen gegen
eventuelle Energie-Vampire sind – und Sie bemerken es schneller, wenn ein neuer »Energie-Sauger« in Sicht ist!

		Nein	Ja
1.	Fällt es Ihnen schwer, einzuschlafen?		
2.	Ist Ihr Körper oft unbewusst in Bewegung, z. B. durch Klopfen mit den Füßen, Fingertrommeln, Wippen?		
3.	Sind Sie häufig ohne wirklichen Grund erschöpft und müde?		

	Nein	Ja
4. Fühlen Sie sich oft kraftlos und außerstande, die nächsten Aufgaben zu erledigen?		
5. Leiden Sie immer öfter unter Lustlosigkeit, sogar wenn es um Dinge geht, die Sie sonst begeistern?		
6. Machen Sie sich viele Sorgen um andere und um deren Probleme?		
7. Fühlen Sie sich einsam und von der Welt vernachlässigt?		
8. Haben Sie immer weniger Lust, unter Menschen zu sein, obwohl Sie sonst eigentlich ein geselliger Typ sind?		
9. Versinkt Ihr Zuhause mehr und mehr im Chaos?		
10. Haben Sie Albträume?		
11. Leiden Sie immer wieder unter scheinbar grundlosen Stimmungstiefs?		
12. Haben Sie das Gefühl, dass ständig jemand etwas von Ihnen will?		
13. Fällt es Ihnen oft schwer, morgens aus dem Bett zu kommen?		
14. Essen Sie immer wieder mehr, als Ihnen gut tut – z. B. abends vor dem Fernseher?		
15. Sind Sie oft grundlos traurig, oder kommen Ihnen bei jeder Gelegenheit die Tränen?		
16. Fangen Sie immer wieder unnötig Streitereien an, die Sie später bedauern?		

	Nein	Ja
17. Fühlen Sie sich oft ungeliebt?		
18. Leiden Sie ohne konkreten Anlass unter Schuldgefühlen?		
19. Fragen Sie sich manchmal, wann Sie das letzte Mal etwas nur für sich gemacht haben, ohne eine Antwort darauf zu finden?		

Zählen Sie nun einfach alle mit »Ja« beantworteten Fragen zusammen.

Auswertung: Ist ein Energie-Vampir in Sicht?

• *0 Punkte:* Sie sind einer der wenigen Menschen, an die sich kein Energie-Vampir heranwagt. Offenbar haben Sie unterbewusst bereits sehr effektive Strategien entwickelt, Energie-Vampire abzuwehren. Gratulation!

• *1–5 Punkte:* Es ist sehr gut möglich, dass ein Teil Ihrer Belastungen durch einen Energie-Vampir ausgelöst wird. Der Energiesauger ist jedoch noch nicht besonders stark. Am besten Sie beginnen möglichst bald damit, ihn weiter zu schwächen und ganz loszuwerden. Das kann in Ihrem Fall ziemlich schnell gehen.

• *6–10 Punkte:* Sehr viel spricht dafür, dass ein Energie-Vampir an Ihren Kräften zehrt – es ist an der Zeit, damit zu beginnen, etwas zu unternehmen! Ihre Energie ist schon deutlich in Mitleidenschaft gezogen. Indem Sie das erkennen, haben Sie den ersten Schritt getan. Aber nun müssen Sie weitergehen und dem Vampir den Kampf ansagen.

• *Über 10 Punkte:* Ein Energie-Vampir hat in Ihnen seine Nahrungsquelle gefunden und Sie stehen vermutlich kurz vor dem Zusammenbruch. Das klingt düster – doch die gute Nachricht: Wenn Sie jetzt möglichst schnell und mit all Ihren verbliebenen Kräften den Energie-Vampir bekämpfen, werden Sie in kürzester Zeit schon spüren können, wie Ihre Energien zurückkehren und Ihnen wiederum mehr Kraft zur Verfügung stellen, die Energie-Räuber ein für alle Mal loszuwerden.

• Falls Sie *mehr als 15 Punkte* erreichen, würde ich Ihnen raten, sich helfen zu lassen – von Menschen, die sich mit Energie-Vampirismus auskennen, von Menschen, die Ihnen Kraft geben, oder auch von Psychologen, die Ihnen auf einer anderen Ebene helfen, mit dem Vampir umzugehen. Lassen Sie sich sicherheitshalber auch einmal von einem Arzt durchchecken. Krankheiten können nicht nur von Energie-Vampiren ausgelöst werden, sondern ihrerseits auch Energie-Vampire erst anziehen!

Der (Energie-)Vampir im Keller

Der folgende Test hilft Ihnen zu erkennen, ob es in Ihrer unmittelbaren Umgebung den einen oder anderen Energie-Vampir gibt. Damit Sie leichter herausfinden können, wer Ihnen in energetischer Hinsicht zu schaffen macht, können Sie in der Auswertung zwischen Ihrem Partner, Ihren Familienangehörigen, Freunden oder Kollegen in der Arbeit unterscheiden. Schraffieren Sie für jede mit »Ja« beantwortete Frage die Kästchen in der entsprechenden Spalte: ein Kästchen, wenn Sie manchmal in dieser Situation sind, zwei Kästchen, wenn es regelmäßig dazu kommt und alle drei, wenn Sie sogar häufig darunter zu leiden haben.

Es sind natürlich auch mehrere Treffer pro Zeile möglich. Jemand, der sich also beispielsweise manchmal von seinem Partner ungerecht behandelt fühlt, regelmäßig jedes Wochenende von der »lieben Schwiegermutter« genervt und richtig oft von einem mobbenden Kollegen gequält wird, erhält folgendes Bild:

	Partner	Familie	Freunde	Arbeit
Fühlen Sie sich von jemandem ungerecht behandelt?				▓
		▓		
	▓			▓

Auch diesen Test sollten Sie regelmäßig wiederholen. So können Sie beobachten, wie sich die Situation entwickelt, und sich nach und nach in jedem Bereich Ihres Lebens gegen lästige Energie-Vampire wappnen.

	Partner	Familie	Freunde	Arbeit
Fühlen Sie sich von jemandem ungerecht behandelt?				
Gibt es mit einer bestimmten Person immer wieder Streit um unwichtige Kleinigkeiten?				

	Partner	Familie	Freunde	Arbeit
Reagieren Sie aggressiv auf jemanden, ohne den Grund dafür nennen zu können?				
Machen Sie sich Sorgen, einen bestimmten Menschen zu vernachlässigen?				
Vermittelt Ihnen eine bestimmte Person ein schlechtes Gewissen?				
Hält Sie jemand ständig von Ihrer Arbeit ab?				
Graut Ihnen oft vor dem Klingeln des Telefons, weil Sie schon wissen, wer mal wieder dran ist?				
Schieben Sie eine Unternehmung mit einem bestimmten Menschen schon seit Tagen oder Wochen immer wieder auf?				
Fühlen Sie sich von jemandem vernachlässigt oder immer wieder im Stich gelassen?				
Fühlen Sie sich häufig allein, obwohl Sie mit einer bestimmten Person zusammen sind?				

Betrachten Sie nun das Bild, das sich aus den einzelnen Schraffierungen ergibt. Je mehr Kästchen Sie in einer Spalte schraffiert haben, desto stärker leiden Sie in diesem Bereich unter einem Energie-Vampir.

Um einen noch besseren Überblick zu bekommen, können Sie die Gesamtzahl der einzelnen Schraffierungen, in das folgende »Vampirometer« übertragen:

Partner																						
Familie																						
Freunde																						
Arbeit																						

Auswertung: Von wo kommt die Gefahr?

• *0–7 Punkte:* Gratuliere! Dieser Bereich Ihres Lebens ist mit größter Wahrscheinlichkeit vampirfrei. Natürlich können Sie auch hier von Zeit zu Zeit ein wenig Stress haben, aber es ist sehr unwahrscheinlich, dass ein Energie-Vampir an der Arbeit ist.

• *8–15 Punkte:* Entweder Sie haben heute einen besonders schlechten Tag erwischt oder aber ein Energie-Vampir entzieht Ihnen Kraft. Wiederholen Sie den Test im Abstand von mehreren Tagen und achten Sie darauf, ob es besser oder schlechter wird. Der Energie-Vampir ist nämlich nicht besonders stark, und das bedeutet entweder, dass er gerade aktiv wird, oder aber, dass Sie unterbewusst bereits einen Weg gefunden haben, ihn zu blockieren.

• *Über 15 Punkte:* Es ist so gut wie sicher, dass Sie einem Energie-Vampir Nahrung geben. Wenn Sie erst einmal wissen, wo Sie nach ihm Ausschau halten müssen, werden Sie die betreffende Person auch sicher schnell entdecken: Ihr Unterbewusstsein weiß nämlich schon, wer Ihnen regelmäßig Ihre Energie raubt.

Denn sie wissen nicht, was sie tun ...

Keine Sorge: Falls sich gerade herausgestellt haben sollte, dass sich einer Ihrer besten Freunde, Ihr Partner oder vielleicht sogar Ihr Kind an Ihren Energie-Vorräten mitbedient, ist das noch lange kein Grund, vor ihnen davonzulaufen oder gar die Scheidung einzureichen ...

In manchen Lebenssituationen neigt praktisch jeder einmal dazu, etwas Energie von seinen Mitmenschen abzuzwacken – und in den meisten Fällen geschieht das ganz unbewusst und ohne die geringste böse Absicht. Genauere Informationen über die Hintergründe und Auslöser von Energie-Vampirismus (und darüber, weshalb Sie Ihren Energie-Vampir jetzt besser nicht mit Vorwürfen überhäufen) finden Sie im nächsten Kapitel ab Seite 43.

Momentan ist nur wichtig, herauszufinden, in welchen Bereichen Ihres Lebens überhaupt ein Energie-Vampir sein Unwesen treibt. Wie Sie ihn abwehren und sich vor seinen Angriffen schützen können, erfahren Sie im Praxisteil ab Seite 163.

Wer ist Ihr Energie-Vampir?

Nicht alle Energie-Vampire sind gleich. Sie unterscheiden sich in der Art, wie sie die Energie ihres Opfers anzapfen, und – viel wichtiger noch – dadurch, durch welches Chakra (Energiezentrum) sie diese Energie rauben. Die Symptome des Energieverlusts durch einen Energie-Vampir machen sich auf unterschiedliche Weise bemerkbar, je nachdem, welches Chakra oder welche Chakras davon betroffen sind. Genauso sind aber auch die Gegenmaßnahmen viel effektiver, wenn Sie genau wissen, welche Chakras Sie besonders schützen sollten – es lohnt sich also, herauszufinden, unter welchem Vampir-Typ Sie zu leiden haben!

Beantworten Sie die folgenden Fragen möglichst spontan mit Ja oder Nein. Falls Sie bei einer Frage unschlüssig sind, möchte ich Ihnen raten, vor allem auf Ihre innere Stimme zu hören: Ihr Unterbewusstsein weiß nämlich meist viel besser als Ihr Verstand, was auf energetischer Ebene in Ihnen vor sich geht! Und lassen Sie sich nicht von der Vielzahl der Fragen abschrecken – denn Sie wissen ja: je genauer Sie das Problem (den Energie-Vampir) einkreisen, desto besser können Sie sich davor schützen!

		Nein	Ja
1.	Fühlen Sie sich immer wieder durch Gerüche belästigt, die von anderen kaum wahrgenommen werden?		A
2.	Leiden Sie unter Vergesslichkeit?		G
3.	Fühlen Sie sich lustlos und ohne Leidenschaft?		B

	Nein	Ja
4. Haben Sie häufig Schmerzen im Bereich der Arme?		D
5. Ist Ihnen Ihre Kreativität abhanden gekommen?		B
6. Fällt es Ihnen ungewohnt schwer, Neues zu lernen und Ihre Gedanken zu ordnen?		F
7. Haben Sie öfter Schmerzen in der Hüfte, oder leiden Sie unter Ischiasschmerzen?		A
8. Haben Sie immer wieder das Gefühl, nicht genug Luft zu bekommen, oder bleibt Ihnen öfters die Luft weg?		E
9. Haben Sie Ihre Lebensziele aus den Augen verloren, oder kommen sie Ihnen plötzlich sinnlos und unwichtig vor?		G
10. Fühlen Sie sich häufig unsicher und außerstande, sich gegen widrige Umstände durchzusetzen?		C
11. Haben Sie oft Kopfschmerzen?		F
12. Fühlen Sie sich anderen gegenüber meist schüchtern und gehemmt?		E
13. Leiden Sie häufig unter Verdauungsbeschwerden wie Verstopfung oder Durchfall?		A
14. Fällt es Ihnen schwer, sich anderen gegenüber zu öffnen und Ihnen auch Ihre Gefühle zu zeigen?		D

	Nein	Ja
15. Haben Sie öfter Augenschmerzen oder empfindliche Augen, oder leiden Sie unter Sehstörungen?		F
16. Haben Sie immer wieder Magenschmerzen oder Sodbrennen?		C
17. Fehlen Ihnen oft die richtigen Worte, um Ihre Gefühle und Gedanken auszudrücken?		E
18. Haben Sie immer wieder Schmerzen im Unterleib?		B
19. Leiden Sie immer wieder unter Frösteln oder unter Schweißausbrüchen?		C
20. Wird Ihnen gelegentlich grundlos schwindelig?		D
21. Leiden Sie unter Ängsten (vor konkreten Dingen, wie Hunden, Einbrechern, oder unter unbestimmten Angstgefühlen) oder sogar unter Panikattacken?		A
22. Fühlen Sie sich gelegentlich verwirrt und zutiefst verunsichert?		G
23. Erkälten Sie sich leicht, weil Ihr Immunsystem nicht stark genug ist?		D
24. Leiden Sie unter wiederkehrenden Zahnfleischentzündungen oder Zahnschmerzen?		E
25. Fällt es Ihnen oft schwer, sich auf Ihre Aufgaben zu konzentrieren?		F
26. Lassen Sie sich leicht durch andere Menschen von Ihrer Meinung und Ihren Absichten abbringen?		C

	Nein	Ja
27. Leiden Sie häufig unter Husten oder Heiserkeit?		E
28. Leiden Sie oft unter Schmerzen und Verspannungen in Schultern und Nacken?		F
29. Haben Sie immer wieder Blasenleiden oder eine schwache Blase?		B
30. Leiden Sie oft unter Übelkeit oder müssen Sie oft aufstoßen?		C
31. Fühlen Sie sich oft leer und unzufrieden, ohne zu wissen, warum?		G
32. Haben Sie Angst vor Einsamkeit, und fühlen Sie sich alleine einfach nicht wohl?		D
33. Leiden Sie unter einem immer wiederkehrenden Misstrauen sich selbst, anderen oder allgemein dem Leben gegenüber?		A
34. Leiden Sie unter sexuellen Funktionsstörungen oder Schmerzen beim Sex?		B
35. Fällt es Ihnen oft schwer, einzuschlafen, oder wachen Sie nachts häufig auf?		G

Für die Auswertung des Tests schraffieren Sie einfach in der folgenden Tabelle für jede mit »Ja« beantwortete Frage ein Feld neben dem entsprechenden Buchstaben. So sehen Sie auf einen Blick, welche Ihrer Chakras am stärksten geschwächt sind – und damit auch, wo »Ihr« Energie-Vampir ansetzt und welche Art von Energie er Ihnen bevorzugt raubt. Im folgenden Kapitel werden Sie mehr über die entsprechenden Vampir-

Typen und ihre Methoden erfahren, und im Praxisteil finden Sie die dazu passenden Gegenmaßnahmen. Auch bei diesem Test möchte ich Ihnen empfehlen, ihn von Zeit zu Zeit zu wiederholen, damit Sie die Entwicklung der Situation besser verfolgen können.

Auswertung: Wer ist Ihr Energie-Vampir?

A						1. Chakra – Lebensenergie
B						2. Chakra – Sexuelle Energie
C						3. Chakra – Heilende Energie
D						4. Chakra – Liebesenergie
E						5. Chakra – Kommunikative Energie
F						6. Chakra – Gedankenenergie
G						7. Chakra – Spirituelle Energie

Geisterstunden

Sobald Sie sich etwas länger mit Energie-Vampirismus beschäftigt haben, wird Ihnen eines auffallen: Es gibt Typen, die durch Ihren Charakter einfach die geborenen Energie-Vampire sind – und andere Menschen, die durch ihre Sensibilität, Gutmütigkeit oder Hilfsbereitschaft die perfekten Opfer für sie abgeben.

Nicht jeder Mensch ist gleich anfällig für Energie-Vampire, und manche von uns wehren von Natur aus alles ab, was ihnen ihre Kraft und ihre Lebensfreude rauben könnte – ganz unbewusst und ohne je auch nur von Energie-Vampiren gehört zu haben. Besonders wertvoll ist diese Fähigkeit in energieraubenden Situationen. Daher ist Ihre Reaktion auf solche Situationen auch ein guter Hinweis darauf, wie sensibel Sie auf Energie-Vampirismus reagieren. Beantworten Sie einfach die folgenden Fragen – wie immer möglichst spontan und aus dem Bauch heraus.

		Nein	Ja
1.	Graut Ihnen manchmal schon Tage vorher vor bestimmten Ereignissen, wie z. B. Familienbesuch, Meetings, Schulferien?		
2.	Reagieren Sie auf Wetterumschwünge mit Befindlichkeitsstörungen, Unwohlsein oder Gereiztheit?		
3.	Lassen Sie sich schnell von der Stimmung anderer Menschen anstecken?		
4.	Können Sie nicht einschlafen, weil Sie in Gedanken schon beim nächsten Tag oder bei der Arbeit sind?		
5.	Haben Sie kurz vor Unternehmungen oder Autofahrten plötzlich keine Lust mehr darauf?		
6.	Gibt es Erledigungen, die Sie seit geraumer Zeit vor sich her schieben (z. B. Anrufe, Besuche, Besorgungen, Behördengänge, Arzttermine)?		
7.	Schlafen Sie bei Vollmond oder Neumond schlechter als sonst?		

	Nein	Ja
8. Machen Sie sich oft Sorgen um die Zukunft der Erde oder unserer Gesellschaft?		
9. Ängstigt Sie der Einfluss, den Politiker oder Konzern-Multis haben?		
10. Fragen Sie sich oft, wie stark Sie von Werbung, Fernsehen und Nachrichten beeinflusst oder sogar manipuliert werden könnten?		
11. Beunruhigen Sie Berichte über unerklärliche Phänomene aus aller Welt?		

Sie haben es sicher schon bemerkt: je öfter Sie mit »Ja« ge-
antwortet haben, desto höher ist Ihre Sensibilität für sichtbare
und unsichtbare Energieräuber. Wie viele Kreuze haben Sie
bei »Ja« gemacht?

Auswertung: Wie sensibel sind Sie für Energieräuber?

• *0–1 Punkte*: Sie brauchen sich keine allzu großen Sorgen
über mögliche Energie-Verluste machen. Da es jedoch äußerst
geschickte (menschliche) und starke (situative und örtliche)
Energie-Vampire gibt, lohnt es sich auch für Sie, sich einen
Überblick über mögliche Gefahrenmomente und die passenden Gegenmaßnahmen zu verschaffen.

• *2–4 Punkte*: Mit bis zu vier Kreuzen liegen Sie im guten Mittelfeld: Dieses Ergebnis erzielen die meisten Menschen, und es
besteht deshalb bei weitem noch kein Grund zur Sorge. Ganz
im Gegenteil: Indem Sie sich genauer über Energie-Vampire in-

formieren und einige passende Schutzmaßnahmen in Ihren Alltag integrieren, können Sie mit wenig Aufwand eine gute Abwehr gegen mögliche Energieräuber aufbauen.

• *5 und mehr:* Zuerst die gute Nachricht: Wenn Sie so oft »Ja« angekreuzt haben, ist Ihre Sensibilität für energetische Phänomene auch allgemein sehr ausgeprägt – es sollte Ihnen daher recht leicht fallen, mit Ihrer Aura und Ihren Chakras zu arbeiten, und auch Ihre Beziehungen zu Ihren Mitmenschen dürften von großer Intensität geprägt sein. Die schlechte Nachricht ist, dass Sie dadurch natürlich auch sehr empfänglich für Energie-Vampire aller Art sind – solange Sie sich nicht mit den entsprechenden Gegenmaßnahmen davor schützen. Dies sollte Ihnen dank Ihrer Sensibilität und Offenheit allerdings recht leicht fallen, sobald Sie sich eingehender mit dem Thema befasst haben.

Spukschlösser und Energie-Friedhöfe

Der letzte Teil des großen Energie-Vampire-Tests soll Ihnen dabei helfen, energieraubende Orte in Ihrem unmittelbaren Umfeld auszumachen. Die Fragen beziehen sich alle sowohl auf gesamte Gebäude als auch auf bestimmte Plätze darin, wie eine bestimmte Sitzecke oder einzelne Räume. Tragen Sie für jede mit »Ja« beantwortete Frage in die Liste auf der folgenden Seite die genauen Plätze ein – pro Frage können das auch mehrere sein.

Test: Welche Orte Ihnen Energie rauben

	Nein	Ja
1. Fühlen Sie sich nach dem Einkaufen / Ausgehen / Arbeiten an bestimmten Orten regelmäßig ausgelaugt und unzufrieden?		
2. Gibt es in Ihrem Zuhause Räume oder Plätze, an denen sich praktisch nie jemand aufhält?		
3. Gibt es in Ihrem Zuhause Räume, die das Chaos und alle möglichen unbenötigten Dinge regelrecht anziehen?		
4. Schieben Sie Besuche an bestimmten Orten regelmäßig auf?		
5. Treffen Sie sich mit manchen Freunden lieber im Café als in deren Haus oder Wohnung?		
6. Treffen Sie sich mit Freunden lieber im Café als bei Ihnen Zuhause?		
7. Nutzen Sie Ihr Zuhause praktisch nur zum Schlafen und um sich umzuziehen?		
8. Fühlen Sie sich an manchen Orten ständig von irgendwelchen Geräuschen oder Gerüchen belästigt?		
9. Werden Sie an manchen Orten schnell ungeduldig oder schlecht gelaunt?		
10. Fühlen Sie sich an manchen Orten plötzlich unglücklich oder traurig?		

Auswertung: Welche Orte Ihnen Energie rauben

zu 1:	
zu 2:	
zu 3:	
zu 4:	
zu 5:	
zu 6:	
zu 7:	
zu 8:	
zu 9:	
zu 10:	

Bewahren Sie diese Liste auf und aktualisieren oder ergänzen Sie sie bei Bedarf. Am Einfluss mancher Orte werden Sie leider nichts ändern können; Sie haben aber immer die Möglichkeit, sich dagegen zu schützen. Andere Plätze, wie beispielsweise Ihr Zuhause, können Sie dagegen gezielt beeinflussen – wie, das erfahren Sie ab Seite 138 in einem eigenen Kapitel.

Energie-Vampire und solche, die es werden wollen

Niemand wird als Energie-Vampir geboren: Zum Energie-Vampir wird man durch verschiedene Umstände, bei denen zum Glück weder unheimliche Schlösser noch garstige Fledermäuse eine Rolle spielen ...

Der Biss der Angst

Die eigentliche Ursache für Energie-Vampirismus ist in aller Regel eine tief verwurzelte Angst. Nichts blockiert die eigene Energie so stark wie festsitzende Ängste. Sie verursachen starre Denk- und Verhaltensmuster und schneiden einen vom Fluss der alles durchdringenden Lebensenergie ab. Wenn aber diese ursprüngliche Energiequelle nicht richtig sprudeln kann, entsteht schnell ein Mangelzustand – den man unbewusst mit der am schnellsten verfügbaren Energie zu stillen versucht: der Lebensenergie anderer Menschen.

Hinter dem Phänomen des Energie-Vampirismus stecken meist zwei ganz bestimmte Arten von Ängsten – erstens die Angst vor Verlust und zweitens die Angst, selbst nicht genug Energie und Kraft für sein Leben zu haben.

Verlustangst und die damit verbundene Angst vor Einsamkeit lässt besonders Partner und Familienmitglieder häufig zu Energie-Vampiren

werden. Unter Freunden und Kollegen sind es dagegen öfter Existenz-
ängste, die sie dazu treiben, fremde Energien anzuzapfen: Die Angst,
dass nicht genug für alle da ist, verursacht unnötige Konkurrenzkämpfe
um vermeintlich knappe Ressourcen und Chancen.

Diese Probleme können jeden treffen – und zwar nicht nur, indem sie einen zum Opfer machen, sondern auch, indem sie einen selbst in einen Energie-Vampir verwandeln. Wer hat sich schließlich noch nie in einer schwierigen Situation an jemand anderem festgeklammert (oder es zumindest versucht) und sich von dessen Energie, Kraft und Einsatz mitziehen lassen?

Es ist nicht sinnvoll, Energie-Vampire und ihr räuberisches Verhalten pauschal zu verurteilen oder ihnen offene Vorwürfe zu machen, denn

– *erstens* hat man sich vielleicht selbst schon einmal so verhalten und sollte daher besser Nachsicht und Verständnis zeigen, und

– *zweitens* hat der Energie-Vampir schon genug unter seinen Ängsten zu leiden und unter dem Druck, den sie auslösen. Vorwürfe oder offene Kampfansagen à la »Dir werde ich es zeigen« stacheln seine Angst nur noch stärker an. Dadurch benötigt er dann nur noch mehr Energie und wird umso stärker versuchen, sie sich bei seinen bevorzugten Opfern zu holen – im schlimmsten Fall also bei Ihnen!

Viel besser ist es, wenn Sie dem Energie-Vampir mit den passenden Schutz- und Abwehrmaßnahmen entgegentreten. Sie nehmen ihm so die Möglichkeit, sich an Ihrer Energie zu bedienen, ohne die Situation durch eine unkontrollierte Konfrontation eskalieren zu lassen. Davon profitieren beide Seiten: Sie selbst verlieren keine Energie mehr an den Energie-

Vampir, und er bekommt eine Chance, sein Verhalten zu verändern.

Kein Energie-Vampir ist wirklich böse

Energie-Vampire sind lästig und können einen eine Menge Kraft, Begeisterung und Lebensfreude kosten. Das bedeutet allerdings noch lange nicht, dass sie deshalb auch gleich »böse« wären: Kaum ein Energie-Vampir bedient sich bewusst an der Lebensenergie seiner Mitmenschen oder versucht, ihnen mit diesem Verhalten gezielt zu schaden.

Sie haben einen einen Energie-Vampir in Ihrer unmittelbaren Umgebung entdeckt? Dann kann ich Ihnen nur empfehlen, sich etwas Zeit zu nehmen: um zu versuchen, Verständnis für ihn aufzubringen und sich wenn möglich in seine Lage zu versetzen. Vielleicht kennen Sie ja sogar die Ängste, Probleme oder Sorgen, die sich hinter seinem räuberischen Verhalten verbergen? Und ganz nebenbei können Sie sich umso effektiver vor Ihrem Energie-Vampir schützen, je besser sie ihn durchschaut haben.

Kein Mensch würde sich durch Energie-Vampirismus mit Lebensenergie versorgen, wenn er nicht durch Blockaden von seiner eigenen, »natürlichen« Energieversorgung abgeschnitten wäre. Sie wissen ja: Normalerweise versorgen uns unsere Chakras ständig und automatisch mit Energie. Wir stehen durch sie immer im energetischen Austausch mit unserer Umgebung und mit der alles durchdringenden, unerschöpflichen Energie des Universums.

Ist der Fluss der Lebensenergie in einzelnen Chakras blockiert, entsteht schnell ein Zustand des Energie-Mangels. Blockaden in den Chakras können die verschiedensten Ursachen haben – bei Energie-Vampiren stecken dahinter jedoch immer ihre Ängste, die sie von der universellen Lebensenergie abschneiden.

Wenn ein Energie-Vampir sich dieser Zusammenhänge bewusst wäre, hätte er die relativ einfache Möglichkeit, die Blockaden zu lösen und selbst wieder für seine Energieversorgung aufzukommen. Energie-Vampire sind sich ihrer Chakra-Blockaden jedoch meist ebenso wenig bewusst wir ihrer Ängste.

Meist geben sie anderen Menschen oder den äußeren Umständen die Schuld an ihren Problemen und vermeiden es, selbst die Verantwortung für sich zu übernehmen. Der Grund dafür ist einfach zu durchschauen: Wer anderen die Schuld dafür gibt, dass es ihm nicht gut geht, kann sich auch leicht ohne schlechtes Gewissen an ihnen entschädigen – indem er ihnen (wenn auch unbewusst) die Energie entzieht, die ihm selbst fehlt.

Der Vampir als Opfer

Manchmal wissen Energie-Vampire durchaus, dass sie auf die eine oder andere Weise abhängig von anderen geworden sind und sich scheinbar gar nicht mehr von ihnen lösen können. Solange sie jedoch nichts über die zugrunde liegenden energetischen Zusammenhänge wissen und daher gar nicht erkennen können, was sie tun, wird es ihnen schwer fallen, die Situation aus eigener Kraft zu verändern.

Meist steigt dadurch sogar ihre Verunsicherung, und ihre Ängste werden noch verschärft. Diese Energie-Vampire sind dann oft besonders hilfsbedürftig – und sie entwickeln manchmal auch besonders gut verborgene Methoden, sich an der Energie anderer Menschen zu bedienen.

Aber auch wenn der Energie-Vampir es gar nicht böse meint: Tatsache ist, dass sein Tun Ihnen Energie raubt, die Sie für Ihr eigenes Leben dringend benötigen würden – er schadet Ihnen, ob er nun will oder nicht! Die effektivste Strategie gegenüber menschlichen, aber auch allen anderen Energie-Vampiren ist deshalb, sie zu meiden. Was aber, wenn der Vampir der trotz allem geliebte Partner oder sogar das eigene Kind ist?

Bei aller Liebe hilft es weder Ihnen noch dem geliebten Menschen, wenn Sie seinem Treiben tatenlos zusehen und sich schwächen, indem Sie ihn mit Ihrer Energie mitversorgen. Der erste Schritt ist daher immer, den Energieraub mit den entsprechenden Gegenmaßnahmen abzuwehren. Dann kommt der interessante Teil: Helfen Sie dem Energie-Vampir, energetisch wieder auf eigenen Beinen zu stehen und sich selbst mit Energie zu versorgen, anstatt sie anderen Menschen zu entziehen!

Zähmen Sie Ihren Energie-Vampir

Allen Typen von Energie-Vampiren kann man am besten helfen, indem man nicht länger auf ihre Methoden des Energieraubs eingeht, dem eigenen Energieverlust mit den entsprechenden Maßnahmen Grenzen setzt und dabei aber trotzdem noch wie üblich für die entsprechende Person da ist. Ziehen Sie klare Grenzen, aber signalisieren Sie dabei deutlich, auf welche Weise Sie weiterhin für Ihren Energie-Vampir da sein und mit ihm zusammen leben möchten. So kann er lernen, Ihnen wieder auf normale Weise zu begegnen – ohne Ihre Energie anzuzapfen.

Klares Verhalten hilft im Umgang mit Energie-Vampiren oft mehr als tausend Worte und lange Diskussionen – vor allem Kindern gegenüber. Besonders unergiebig ist es dagegen, den Energie-Vampir direkt auf sein räuberisches Tun anzusprechen. Schließlich ist den meisten Energie-Vampiren ihr Treiben gar nicht bewusst, daher werden sie sich automatisch gegen solche Vorwürfe wehren.

Falls Ihr Energie-Vampir ein Freund, ein guter Bekannter oder Ihr Partner ist, sollten Sie sich immer klar machen, dass der Betreffende sich wahrscheinlich noch nie mit energetischen Phänomenen befasst hat. Und da er mit dem Thema wenig anfangen kann, wird er jeden, der ihn ungefragt damit konfrontiert, schnell für verrückt halten. Versuchen Sie daher lieber, Ihren Energie-Vampir ganz »nebenbei« auf andere Möglichkeiten aufmerksam zu machen, mit denen er selbst seine Energiereserven aufladen kann – vielleicht durch gemeinsame Spaziergänge, schöne Musik oder Düfte in Ihrem Zuhause oder indem Sie ihn zu einem leckeren Essen einladen ... Lassen Sie es aber nicht zur Gewohnheit werden, dass Sie ihn so verwöhnen – er soll schließlich nur dazu angeregt werden, selbst für sich aktiv zu werden!

Die eigentliche Herausforderung besteht darin, dass Ihr Energie-Vampir seine zugrunde liegenden Ängste erkennen, annehmen und lösen muss – und das können Sie ihm weder verordnen noch abnehmen.

Kinder – die kleinen Energie-Vampire?

Haben Sie ein Kind? Dann wissen Sie sicher, wie viel Energie einem der eigene Nachwuchs oft rauben kann – und das, ohne dass man sich wirklich dagegen wehren könnte ...

Keine Sorge, so schlimm ist es nicht, wenn Sie in Ihrem Liebling das eine oder andere Mal einen kleinen Energie-Vampir erkennen – es ist sogar ganz natürlich. Nicht nur der Körper, sondern auch das Energiesystem kleiner Kinder muss sich erst vollständig entwickeln, bevor es alle seine Aufgaben perfekt erfüllen kann. Babys und Kleinkinder benötigen deshalb nicht nur Nahrung und körperliche Pflege, um zu wachsen und zu gedeihen: Sie brauchen außerdem die liebevolle Aufmerksamkeit und Zuwendung ihrer Betreuer – und den damit verbundenen Zufluss von Lebensenergie.

Je älter ein Kind wird, desto selbstständiger und zuverlässiger arbeitet auch sein Energiesystem – auch deshalb wird es im Laufe der Zeit immer unabhängiger von seinen Bezugspersonen. Ein krankes, verunsichertes oder auf andere Weise angeschlagenes Kind greift jedoch trotzdem noch gelegentlich auf die Energie ihm nahe stehender Menschen zurück, und viele Kinder erweisen sich dabei als äußerst talentierte Energie-Vampire! Trotzdem empfiehlt es sich, sie gewähren zu lassen, sofern das eigene Energiepotenzial dies zumindest einigermaßen zulässt und der Energieraub nicht zu häufig stattfindet.

Das bedeutet aber nicht, dass Sie Energieraub-Attacken prinzipiell über sich ergehen lassen müssten: Quengelnde, tobsüchtige, aggressive oder auch hysterische Kleinkinder rauben schließlich nicht nur Lebensenergie, sondern oft auch noch den letzten Nerv. Wenn der Nachwuchs seinen eigenen Mangel an nährender Energie auf so anstrengende Weise signalisiert, sollte man ihm also ruhig Aufmerksamkeit schenken – und ihn so schnell wie möglich dazu bringen, diese »Energiespende« auf weniger nervenaufreibende Art zu genießen. Ein wenig Spiel und Spaß, eine Runde Kuscheln oder eine spannende Geschichte wirken in solchen Situationen immer wieder Wunder.

Wenn Ihre Kinder die Tendenz haben, sich zu kleinen Energie-Vampiren zu entwickeln, hilft nur eins: Wenden Sie sich ihnen (wenigstens kurzzeitig) entspannt und mit Ihrer ganzen Aufmerksamkeit zu. Zeigen Sie, dass Sie wirklich ganz und gar für sie da sind, bleiben Sie dabei jedoch in Ihrer eigenen Mitte. Gezielte Achtsamkeit ist ein einfaches Mittel, um anstrengende Augenblicke in Beziehungen wieder zu harmonisieren.

Mit der Pubertät hat sich das kindliche Energiesystem schließlich so weit entwickelt, dass es eigentlich keine energetische Unterstützung durch andere Menschen mehr benötigt – auch wenn manche pubertär-rebellischen Phasen noch genau das Gegenteil zu signalisieren scheinen. Ein energieraubender Jugendlicher verkraftet es in energetischer Hinsicht aber durchaus, wenn seinem Treiben durch die entsprechenden Gegenmaßnahmen Grenzen gesetzt werden – schließlich sollte er auch auf energetischer Ebene lernen, auf seinen eigenen Beinen zu stehen.

Vampire unter sich – Energiesaugende Beziehungen

Einer der interessantesten Fälle von Energie-Vampirismus tritt auf, wenn zwei Energie-Vampire eine Beziehung miteinander eingehen, in der sie sich gegenseitig ihre Lebensenergie rauben. Natürlich können sie nicht auf Dauer nur gegenseitig an der Energie des anderen schmarotzen: Um ihre jeweiligen Reserven wieder aufzufüllen, werden darüber hinaus auch noch Außenstehende angezapft.

Solche komplementären Energie-Vampir-Beziehungen äußern sich oft in einer besonders intensiv erlebten Hass-Liebe, in der es viel Streit gibt. In meinem Freundeskreis gab es einmal ein Paar, das ein wahres Paradebeispiel für solche Beziehungen war:

Betty und Marc waren die reinsten Turteltäubchen und schienen vielen auf den ersten Blick wie füreinander geschaffen zu sein — bis sie sich mal wieder in die Haare gerieten. Obwohl die beiden unglaublich aneinander hingen, gab es niemanden, der so oft und so häufig Streit hatte wie diese beiden. Das ging so weit, dass manche Freunde schon bei ihrer Ankunft heimlich aufstöhnten: »Oh nein, die schon wieder — hoffentlich bleiben sie heute mal ausnahmsweise friedlich!« Obwohl jeder für sich sehr nett und sympathisch war, fingen sie in Gesellschaft regelmäßig damit an, aufeinander herumzuhacken und sich gegenseitig herunterzumachen. Für die Zuschauer war dieses Schauspiel natürlich alles andere als angenehm: Es hat auf mehr als einer Party für einen ziemlichen Knick in der Stimmung gesorgt, und irgendjemand war schließlich immer damit beschäftigt, den Streit zu schlichten und die Streithähne getrennt voneinander zu beruhigen und zu trösten.

Sie lieben und sie hassen sich

Solche Streitereien vor anderen sind typisch für Beziehungen zwischen zwei Energie-Vampiren. Obwohl jeder für sich sehr verträglich und umgänglich sein kann (je nachdem, welche Methode er beim Energieraub anwendet – mehr dazu im nächsten Kapitel), liegen sie im ständigen Clinch, sobald sie ein Publikum haben.

Das System dahinter ist ganz einfach: Wer den Partner vor den anderen am gekonntesten heruntermacht und im Streit »besiegt«, der raubt dadurch schon dem Unterlegenen eine ganze Menge Energie. Gleichzeitig bedient er sich jedoch auch noch bei den unfreiwilligen Zuhörern, die in den Streit mit einbezogen werden: »Findest du nicht auch, dass sein Bauchansatz/ihr Hintern von Jahr zu Jahr größer wird?« und ähnliche spöttische Bemerkungen treffen schließlich erst dann wirklich ihr Ziel, wenn sie vor einem entsprechenden Publikum geäußert werden. Und mitfühlende Freunde, die sich (mal wieder) Sorgen um die Streithähne machen und versuchen, den Streit zu schlichten und die Kontrahenten zu trösten und zu beruhigen, spenden dabei natürlich auch immer eine Menge Energie.

Natürlich beschränkt sich der Energieraub in Vampir-Beziehungen nicht nur auf die Gelegenheiten, bei denen man gleichzeitig auf die Energie von Zuschauern zurückgreifen kann – es sind dies nur besonders auffällige Momente. In vielen Energie-Vampir-Beziehungen ist das Zusammenleben durch einen ständigen unterschwelligen Machtkampf geprägt, in dem es um die banalsten Kleinigkeiten ebenso wie um hehre Ideale gehen kann: darum, wer die meiste Arbeit im Haushalt verrichtet, wer das Geld verdient, wer Recht hat oder ständig ungerecht ist, wer mehr in die Beziehung investiert oder den anderen mehr liebt, wer sich mehr kümmert oder mehr für den anderen da ist ...

Wenn Vampirismus doch ansteckend ist

Energieraubende Beziehungen können nicht nur durch das Zusammentreffen zweier Energie-Vampire entstehen. Sie entwickeln sich auch oft erst dadurch, dass das Opfer eines Energie-Vampirs mit dessen eigenen Waffen zurückzuschlagen lernt, indem es dieselben Methoden wie sein Partner anwendet, um seine Aufmerksamkeit zu erlangen. Dadurch erlebt es den dazugehörigen Energiezuwachs, und an so etwas gewöhnt man sich natürlich leicht und schnell! Und schon gibt es dann zwei Energie-Vampire, die nicht nur aus lauter Liebe aneinander hängen, sondern auch, weil sie sich gegenseitig von der Energie des jeweils anderen abhängig fühlen. Energie-Vampirismus kann also tatsächlich ansteckend sein!

Die wesentliche Rolle spielen auch in einer Energie-Vampir-Beziehung die hinter dem Energieraub stehenden Verlust- und Existenzängste: Man will sich gegenseitig nicht verlieren und steht dabei auch noch in einem dauernden Wettkampf um die verfügbare Energie. Da der Energie-Vampirismus in einer Beziehung extreme Formen annehmen kann, gelangt dabei allerdings auch häufiger einer der beiden Energie-Vampire zu der Erkenntnis, dass mehr hinter den vielen Streitigkeiten und überschwänglichen Versöhnungen stecken könnte als schlichte Meinungsverschiedenheiten.

Auch Marc und Betty wurde zum Glück eines Tages klar, dass das dauernde Auf und Ab in ihrer Beziehung tiefer liegende Ursachen haben könnte. Sie lösten zwar zuerst ihre Beziehung und erst danach jeder für sich auch die eigenen Ängste auf (und damit die Ursachen für den Energie-Vampirismus); aber immerhin – inzwischen leben beide in wirklich glücklichen Beziehungen, in der von gegenseitigem Energieraub nichts mehr zu bemerken ist.

Die Methoden der Energie-Vampire: »Saug-Techniken«

Sie haben nun schon einiges über den Energie-Vampirismus erfahren und darüber, was einen Menschen zum Energie-Vampir machen kann. Sicher fragen Sie sich inzwischen, *wie* ein Energie-Vampir denn nun überhaupt an Ihre Lebensenergie kommt – schließlich werden Sie ihn in aller Regel noch nicht mit seinen Zähnen an Ihrer Kehle ertappt haben ...

Energie-Vampire gehen wesentlich subtiler vor als ihre mythischen Verwandten. Sie benötigen weder offene Balkontüren noch freiliegende Hälse, um sich bei ihren Mitmenschen zu bedienen – ihnen genügt einzig und allein Ihre Aufmerksamkeit. Aufmerksamkeit und Beachtung im weitesten Sinne sind der Schlüssel für jede Art von gewolltem oder ungewolltem Energietransfer. Schließlich gehört zu jedem Kontakt mit einem anderen Menschen immer auch der Austausch von Energie: Ob Sie jemandem zuhören, ihn bewundern, sich über ihn ärgern, mit ihm streiten, ihm einen Rat geben ... stets fließt Ihre Energie dabei in seine Richtung.

Wenn Sie ein weinendes Kind trösten oder eine unglückliche Freundin aufmuntern wollen, schenken Sie ihnen vor allem anderen normalerweise zuerst einmal Ihre volle Aufmerksamkeit. Indem Sie so auf ihn achten, machen Sie dem Betreffenden ein wertvolles Geschenk: Sie spenden ihm damit etwas von Ihrer eigenen Energie. Deshalb geht es ihm auch schnell wieder etwas besser, denn obwohl die meisten nichts von diesen Vorgängen auf energetischer Ebene ahnen, so bewirkt doch der Zuwachs an Energie – *Ihrer* Energie – dass sie sich schnell wieder besser fühlen.

Zuerst Aufmerksamkeit, dann Energie

Energie-Vampire machen sich genau diesen Energiefluss geschickt zunutze: Sie sorgen dafür, dass sie die Aufmerksamkeit ihres Opfers erhalten, und holen dann mit allen möglichen Tricks so viel Energie wie möglich aus ihm heraus. Dabei spielt es keine Rolle, ob das Opfer seinem Energie-Vampir in positiver oder in negativer Weise Aufmerksamkeit schenkt: Wenn es sich über ihn ärgert, kommt er genauso auf seine Kosten, wie wenn es ihn mit Bewunderung überhäuft.

Je nach Charakter und je nachdem, auf welches Opfer sie es abgesehen haben, verwenden Energie-Vampire jedoch verschiedene Methoden für ihre räuberischen Angriffe. Diese Methoden sind so individuell wie ihre Anwender, denn jeder Energie-Vampir spielt natürlich so gut wie möglich seine eigenen Stärken beim Angriff auf die Lebensenergie seiner Mitmenschen aus. Wenn er gut ist, passt er sich darüber hinaus auch noch an die Schwachstellen seiner Opfer an. Geübte, begabte Energie-Vampire können auf diese Weise fast unwiderstehlich werden – aber zum Glück eben nur fast!

Bei aller Individualität lassen sich die Methoden der Energie-Vampire nämlich doch in drei verschiedene Kategorien einordnen – und damit auch gezielter bekämpfen. Diese Kategorien heißen »Beherrschen«, »Suchen« und »Haften«. Sie unterscheiden sich dadurch, auf welche Weise der Energie-Vampir sich die Aufmerksamkeit seines Opfers verschafft und damit an seine Energie herankommt:

– indem er versucht, auf irgendeine Weise Macht über sein Opfer auszuüben und es so zu beherrschen,

– indem er um Rat und Unterstützung bittet und versucht, anderen die Entscheidungen und die Verantwortung für seinen Lebensweg aufzudrängen, oder

– indem er sich an ein bevorzugtes Opfer anheftet und versucht, eine Abhängigkeit zu schaffen, die diesem seine Energie entzieht – diese Methode findet man besonders oft in Energie-Vampir-Beziehungen.

I. Beherrschen: Du tust, was ich will!

»Beherrschen« ist die aggressivste und aktivste Methode, mit der ein Energie-Vampir sein Opfer aussaugen kann – es kann jedoch so subtil ausgeführt werden, dass diese Aggressivität lange Zeit kaum zu bemerken ist. Manche Energie-Vampire beherrschen ihre Opfer auch einzig und allein mit geschickter Gesprächstaktik.

Sie schaffen es, im Gespräch all ihre Stärken und Vorzüge hervorzuheben und mit manchmal echtem, oft aber nur vermeintlichem Wissen zu glänzen – und zwar auf allen Gebieten, die ihr Opfer vielleicht interessant finden könnte. Und sie überschütten es ungefragt mit scheinbar wohlgemeinten, aber oft völlig überflüssigen Ratschlägen dazu, wie es sein Leben führen, seine Arbeit erledigen und seine Probleme lösen soll.

Wer gutmütig ist und einem dominanten, redegewandten Energie-Vampir zu lange zuhört, dem ist danach ganz schummerig zumute – und zwar nicht nur, weil ihm der Kopf von all den Worten schwirrt, sondern auch durch den dadurch ausgelösten Energiemangel. Seine Lebensenergie wurde gerade nach allen Regeln der Kunst abgesaugt.

Überreden, kontrollieren, bedrohen

Energie-Vampire, die andere »beherrschen«, haben meist einen kleinen (oder großen) Kontrollfimmel: Sie wollen immer ganz genau wissen, was ihr Opfer tut oder denkt, was es erlebt hat oder was für Pläne es hat. Oft gleichen sie darin einer überfürsorglichen Mutter, die ständig die Kontrolle über ihr Kind behalten und ganz genau wissen will, was es tut – auch wenn das Kind schon 32 Jahre alt und leitender Angestellter ist ...

Diese Energie-Vampire ertragen es nicht, wenn ihr bevorzugtes Opfer sich ihrer Kontrolle entziehen will: Entweder greifen sie dann zu Druckmitteln und versuchen, es dazu zu zwingen, ihr einseitiges Spiel weiter mitzuspielen; oder sie ziehen sich zunächst beleidigt zurück und reden ihrem Opfer ein schlechtes Gewissen ein, bis es von selbst wieder auf sie zukommt – schließlich »meinen sie es ja nur gut«. »Es ist ja nur zu deinem eigenen Besten« ist somit auch eine ihrer beliebtesten Begründungen für ihre ständige Einmischung und die penetranten Kontrollversuche.

Am klarsten kommt die Aggressivität des »Beherrschen« allerdings bei den Energie-Vampiren zum Ausdruck, die mit gezielter Einschüchterung arbeiten und mit psychischer oder physischer Gewalt drohen. Sie versetzen ihre Opfer in Angst und Schrecken, um sie ganz in ihre Gewalt zu bringen und ihnen so viel Energie wie möglich entziehen zu können.

Die Angst eines anderen Menschen verschafft ihnen nämlich nicht nur dessen Unterwürfigkeit und Gehorsam, sondern auch einen beständigen Zufluss an Lebensenergie. Diesen »Verlockungen der Macht« sind unzählige große oder kleine Machthaber durch die gesamte Menschheitsgeschichte hindurch erlegen – die Großen gingen als gefürchtete Tyrannen in die Geschichte ein, die Kleinen begnügten sich damit, »nur« den Menschen in ihrer unmittelbaren Umgebung das Leben zur Hölle zu machen.

Solch aggressive Energie-Vampire, die nicht nur auf energetischer Ebene eine Bedrohung darstellen, findet man leider immer noch – oft als gewalttätige Ehemänner, die ihre Frauen und Kinder misshandeln oder als sadistische Chefs, die Psychoterror ausüben. Wer unter einem solchen Energie-Vampir zu leiden hat, der sollte sich nicht mit energetischen Gegenmaßnahmen begnügen – dann gilt es, sein Leben in die Hand zu nehmen und so viel räumlichen Abstand wie möglich zwischen sich und seinen Energie-Vampir zu bringen!

Unabhängig von seiner jeweiligen Methode, ist ein »beherrschender« Energie-Vampir immer darauf aus, sein potentielles Opfer dazu zu bringen, dass es tut, was er will. Dies kann bei scheinbar banalen Kleinigkeiten beginnen, wie einer pünktlich jeden Morgen ans Bett servierten Tasse Tee, auf die er stur besteht. Es kann aber eben leider auch so weit gehen, dass der Energie-Vampir seinem Opfer überhaupt kein selbstbestimmtes Leben mehr zugesteht und bei jeder Gelegenheit seine Macht ausspielt.

Je subtiler ein Energie-Vampir seine Techniken des »Beherrschens« einsetzt, desto schwieriger ist er zu entdecken. Ein Energie-Vampir mit Kontrollfimmel ist ja noch ziemlich leicht zu bemerken, vor allem, wenn man von ihm ständig ausgefragt wird oder seine Kritik und Anweisungen sehr unverblümt zum Ausdruck kommen. Wenn er dagegen über großes rhetorisches Talent verfügt und auch noch geschickt im Umgang mit Menschen ist, kann er lange unentdeckt sein Unwesen treiben – und seine Opfer im Laufe der Zeit immer stärker schwächen.

Solche Energie-Vampire setzen galant ihren Charme und ihre Überzeugungskraft dazu ein, andere Menschen zu manipulieren. Und meistens dauert es dann sehr lange, bis ihre Opfer begreifen, dass der »wohlmeinende« Freund auch sehr starke Eigeninteressen hinter all seinen gut gemeinten Ratschlägen und lehrreichen Erzählungen verbirgt.

II. Suchen: Was soll ich nur tun?

Die Methode »Suchen« ist in mancher Hinsicht das genaue Gegenteil des »Beherrschens«. Während ein »beherrschender« Energie-Vampir aktiv auf sein Opfer zugeht und versucht, es seinem Willen zu unterwerfen, verhält sich ein »suchender« Energie-Vampir vergleichsweise passiv. Er möchte sein Opfer dazu bringen, dass es für ihn aktiv wird – und ihm damit freien Zugang zu seiner Lebensenergie gewährt.

»Suchen« ist vor allem durch Ängstlichkeit und Zweifel gekennzeichnet: Energie-Vampire, die nach dieser Methode vorgehen, erwecken den Eindruck, dass sie hilflose, unsichere Geschöpfe sind, die nicht wissen, wie sie den Härten und Gefahren des Lebens entgegentreten sollen. Ihr Verhalten ist darauf ausgelegt, den Beschützerinstinkt zu wecken, der in jedem Menschen schlummert und uns dazu antreibt, den Schwachen und Hilflosen unsere Unterstützung zu gewähren.

Am leichtesten wird dieser Beschützerinstinkt durch kindliche Verhaltensweisen ausgelöst. Deshalb verfügen viele (meist weibliche) »suchende« Energie-Vampire über ein ganzes Repertoire an niedlichen Mienen – mit großen Kulleraugen, Schmollmund oder ungläubigen, zweifelnden Blicken wurde schon manch ein argloses Opfer in die Fänge eines solchen Energie-Vampirs gelockt. Oft kultivieren sie außerdem ein theaterreifes Bühnenweinen, denn nichts setzt die Verteidigung starker Männer so schnell schachmatt wie eine Krokodilsträne zum richtigen Zeitpunkt.

Verstehen Sie mich nicht falsch – das »Suchen« findet sich bei weitem nicht nur unter weiblichen Energie-Vampiren. Auch Männer können heutzutage problemlos eine stets unsichere, am Leben zweifelnde Haltung zeigen, ohne deshalb gleich zum Außenseiter zu werden – ganz im Gegenteil: Viele

Frauen fühlen sich von derart schutzbedürftigen (und möglicherweise sogar gutaussehenden) Männern durchaus angezogen. Und wenn diese außerdem noch den Eindruck erwecken, einfühlsam und aufmerksam zu sein, brauchen sie sich so schnell keine Sorgen mehr um ihre Energieversorgung zu machen.

Charakteristisch für einen »suchenden« Energie-Vampir ist, dass er immer ein Problem oder eine Sorge hat, die er vor sich herträgt und der Welt präsentiert – damit sich möglichst schnell jemand findet, der eine Lösung dafür sucht und sich damit angreifbar macht. Außerdem lässt er sich für sein Leben gern bei jeder Entscheidung von anderen Menschen beraten – am liebsten ist es ihm sogar, wenn die anderen ihm seine Entscheidungen ganz abnehmen.

Guter Rat ist teuer – für den, der ihn gibt!

Indem er anderen so die Verantwortung für sein Leben überlässt, schmiedet der Energie-Vampir auf energetischer Ebene ein festes Band zwischen sich und seinen Opfern: Solange sie sich ihre Köpfe über seine Probleme und Nöte zerbrechen, sich um ihn sorgen und ihn zu unterstützen versuchen, sichern sie gleichzeitig seine Versorgung mit ihrer Lebensenergie.

Das Mitgefühl ihrer Opfer senkt deren Aufmerksamkeit für die natürlichen Alarmsignale bei energetischen Angriffen (z. B. plötzliches Unwohlsein oder die Erschöpfung nach der Begegnung mit einem Energie-Vampir). Und durch die Aufmerksamkeit, die sie ihm schenken, fließt ganz automatisch Energie in Richtung des armen, hilfsbedürftigen Energie-Vampirs, der damit sein eigentliches Ziel auch schon erreicht hat.

»Suchende« Energie-Vampire neigen darüber hinaus dazu, sich in jeder Hinsicht stark nach ihren vermeintlichen Freunden, also ihren Opfern auszurichten: Sie passen sich an ihre Ansichten an, begeistern sich für dieselben Hobbies und Aktivitäten, und kopieren oft sogar ihr Outfit und Styling. Und bei all dem suchen sie natürlich immer wieder die Ratschläge und Meinungen ihrer vermeintlichen Vorbilder, denn je stärker sich diese mit ihnen beschäftigen, desto mehr Energie können sie ihnen entziehen.

Natürlich verliert ein »suchender« Energie-Vampir immer wieder einmal ein Opfer, da die meisten Menschen von solch dauerbedürftigen, problembeladenen Zeitgenossen früher oder später die Nase voll haben und fluchtartig das Weite suchen – spätestens dann, wenn der Energie-Vampir ihren Beschützerinstinkt und ihre Hilfsbereitschaft zu stark beansprucht hat und ihr Energiehaushalt schon deutliche Mangelerscheinungen aufweist. Solch ein »verräterisches« Verhalten eines einstigen Freundes oder Geliebten liefert dem »suchenden« Energie-Vampir jedoch auch gleich wieder eine neue Basis, um das nächste Opfer einzufangen: Irgendjemand wird sich sicher finden, der ihm über den Verlust hinweghelfen und Trost spenden wird – und damit allzu leicht den alten Energie-Spender ersetzt.

III. Haften: Ich brauch dich und lass dich nicht mehr los!

Die dritte verbreitete Saug-Technik – das »Haften« – ähnelt ein bisschen dem »Suchen«. Auch hier geht es dem Energie-Vampir darum, das Mitgefühl seines Opfers zu wecken. Beim »Haften« ist die Vorgehensweise allerdings viel gezielter: Hier versucht der Energie-Vampir, zu einer bestimmten Person eine so starke Bindung aufzubauen, dass er sich auf Dauer bei diesem »Wirt« mit Lebensenergie versorgen kann.

Das »Haften« führt immer zu einer starken Abhängigkeit! Besonders häufig wird es dem eigenen Partner oder dem besten Freund gegenüber eingesetzt. Nur selten versuchen Energie-Vampire, mit dieser Methode flüchtigen Bekannten die Energie zu rauben, da es kaum jemand längere Zeit über sich ergehen ließe, der keine intensive Bindung zum Energie-Vampir hat.

Beim »Haften« gibt sich der Energie-Vampir die größte Mühe, sein Opfer so stark wie möglich an sich zu binden – und entwickelt dabei alle Eigenschaften einer menschlichen Klette. Er macht den Eindruck, dass er alles für seinen Partner bzw. für sein Opfer tun würde, und gibt im Zweifelsfall sogar seine eigenen Interessen und seine Lebenspläne auf – fordert auf der anderen Seite dafür jedoch immer mehr Aufmerksamkeit und ewige Dankbarkeit.

Der aufopferungsvolle Vampir

»Haftende« Energie-Vampire machen ihren Partner oft gleich selbst zu ihrem Lebenszweck: Sie versuchen, ihm alle Wünsche von den Augen abzulesen, besorgen sein Lieblingsessen, werfen sich für ihn in Schale, auch wenn es gar nicht nötig wäre, sehen all seine Lieblingsfilme mit ihm an und geben sich auch sonst die größte Mühe, ihm immer alles recht zu machen – Hauptsache, er schenkt ihnen dafür möglichst viel Anerkennung und damit Lebensenergie.

Ein »haftender« Energie-Vampir ist sehr anhänglich und erträgt keine längeren Trennungen von seinem Haupt-Energielieferanten. Oft ist dieser nämlich praktisch das einzige Opfer, und der Energie-Vampir leidet in seiner Abwesenheit sehr schnell unter innerer »Auszehrung«. In Extremfällen wird ein solcher Energie-Vampir alle Hebel in Bewegung setzen, um seinen Partner keinen Schritt von seiner Seite weichen zu lassen, und er übertrifft dabei sogar noch die eifersüchtigsten Ehepartner.

Eifersucht ist allerdings auch sehr charakteristisch für »haftende« Energie-Vampire: Oft leben sie nämlich in ständiger Angst, ihr Opfer zu verlieren und sich eine neue Energiequelle suchen zu müssen. Das intensive Festhalten erfordert relativ viel Zeit und Engagement von Seiten des Energie-Vampirs, da er sich normalerweise viel Mühe gibt, um sein Opfer so fest wie möglich um den Finger zu wickeln. Deshalb ist der Verlust seines Opfers für einen »haftenden« Energie-Vampir auch besonders bedrohlich und seine Reaktionen können entsprechend dramatisch sein ...

Vampir-Alarm! Wann Sie misstrauisch werden sollten

Wie können Sie Angriffe auf Ihren Energiehaushalt erkennen? Wie finden Sie heraus, ob Sie auf dem besten Wege sind, zum Opfer eines Energie-Vampirs zu werden? Ganz einfach: Den sichersten Hinweis darauf liefern Ihre Gefühle!

Neulich traf ich mich mit einem alten Freund, den ich schon lange nicht mehr gesehen hatte. Wir saßen im Café und unterhielten uns, aber noch bevor ich den letzten Schaumrest aus meiner Latte Macchiato gelöffelt hatte, wurde mir auf einmal bewusst, dass ich mich irgendwie unwohl fühlte. Ich konnte kaum noch ruhig auf meinem Stuhl sitzen und hatte immer stärker das Bedürfnis, aufzubrechen – von Minute zu Minute erschien es mir verlockender, draußen im Sonnenschein davonzuspazieren. Ich musste die Fortsetzung unseres Treffens einfach auf einen anderen Tag verschieben und gehen – je schneller, desto besser!

Als ich einige Stunden später – mit frisch aufgefüllten Energiereserven – über dieses Erlebnis nachdachte, wurde mir plötzlich klar, warum ich mich auf einmal so unwohl gefühlt hatte: Mein lieber alter Freund hatte sich bei unserem Treffen sehr geschickt an meiner Energie bedient – und ich war wegen der Wiedersehensfreude nach so langer Zeit schrecklich unachtsam gewesen. So hatte ich weder darauf geachtet, mich zu schützen, noch bewusst bemerkt, was da eigentlich geschah.

Nun ja, »nobody's perfect«, wie es so schön heißt ... Ich wäre nie auf den Gedanken gekommen, dass genau dieser Freund inzwischen zum Energie-Vampir geworden sein könnte, und seine Vorgehensweise war an Subtilität kaum zu übertreffen. Nur mein Gefühl, meine plötzliche innere Unruhe hatten mich in diesem Fall vor einem noch größeren Energieverlust bewahrt – und zum Glück beachte ich solche Gefühle stets so gut, dass ich auch diesmal darauf gehört und mich schnell vom Ort des Geschehens zurückgezogen habe.

Ihre persönliche Alarmanlage

Gemeinsam mit Ihrer inneren Stimme bilden Ihre Gefühle eine persönliche Alarmanlage, die bei unbefugtem Zugriff auf Ihre Lebensenergie sofort anschlägt. Dieser Alarm ist nur leider nicht sehr lautstark – anstelle von Sirenen und Blinklichtern stehen ihm nur plötzliche Gefühlsänderungen zur Verfügung. Mit einem bisschen Übung und Aufmerksamkeit können Sie diese Signale jedoch genauso deutlich wahrnehmen wie bei einer richtigen Alarmanlage, und sie haben den Vorteil, dass sie zunächst nur von Ihnen selbst bemerkt werden.

Falls Sie also einen Energie-Vampir in Ihrer Umgebung vermuten (und vielleicht durch die Tests im letzten Kapitel sogar schon ahnen, um wen genau es sich handelt), sollten Sie ab sofort besonders gut auf Ihre Gefühle achten – und wenn Sie erst ein bisschen Übung haben, möglichst auch in allen anderen Situationen.

Dies sind die häufigsten Signale Ihres inneren Vampir-Alarms:

— Sie sind plötzlich niedergeschlagen oder lustlos, obwohl Sie sich gerade noch ganz wohl gefühlt haben.

— Sie fühlen sich plötzlich gereizt oder verärgert, obwohl es keinen Anlass dafür gibt.

— Sie können sich kaum noch ruhig auf der Stelle halten, wippen von einem Fuß auf den anderen, trommeln mit den Fingern oder wechseln alle paar Minuten Ihre Sitzhaltung.

— Ihnen fallen plötzlich immer mehr Dinge ein, die Sie am liebsten sofort erledigen möchten.

— Obwohl Sie sich angeregt unterhalten, müssen Sie immer häufiger gähnen und fühlen sich dabei von Minute zu Minute müder (gilt allerdings nicht zu Ihrer normalen Schlafenszeit oder nach stundenlangen Marathon-Sitzungen!).

— Obwohl Sie versuchen, sich auf ein Gespräch zu konzentrieren, lenkt irgendetwas Ihre Aufmerksamkeit immer wieder auf alle möglichen anderen Dinge, wie die Farbe der Tischdecke, den Sonnenschein draußen vor dem Fenster, das Summen einer Fliege, die Unterhaltung am Nebentisch …

— Sie bekommen ein flaues Gefühl in der Magengegend (manchmal auch in Bauch, Brust oder Kopf), das sich immer weiter ausbreitet, und fühlen sich plötzlich so schwach, dass Sie sich am liebsten hinlegen möchten.

— Wie aus heiterem Himmel bekommen Sie Herzklopfen, Kopfschmerzen oder stechende Schmerzen in Rücken, Armen oder Beinen.

Sobald eines oder mehrere der typischen Signale auftreten, sollten Sie so schnell wie möglich in sich hineinhorchen und versuchen herauszufinden, wodurch der Alarm ausgelöst wurde: Ist es Ihr Gesprächspartner, stecken Sie vielleicht in einer energieraubenden Situation oder liegt es an dem Ort, an dem Sie sich gerade aufhalten? Mit an Sicherheit grenzender Wahrscheinlichkeit wird Ihnen nämlich in einem solchen Moment von irgendwoher Energie geraubt, und Sie sollten das so schnell wie möglich unterbinden.

Der nächste Schritt ist daher, Ihre energetischen Schutzmaßnahmen zu verstärken. Hierbei hilft es natürlich, wenn Sie die Quelle des Energieraubs schon entdecken konnten, aber es ist keine unbedingte Voraussetzung. Schließlich können Sie sich gegen jede Art von Energieraub schützen, indem Sie Ihre Aura stärken und Ihre Chakras schützen (die besten Methoden dafür finden Sie ab Seite 213) – und/oder so schnell wie möglich einen anderen Ort und andere Gesellschaft aufsuchen.

Die verschiedenen Typen von Energie-Vampiren

Die Methoden, die ein Energie-Vampir einsetzt, sind zwar charakteristisch für ihn, aber auch sehr wandelbar: Gegenüber jedem potentiellen Opfer kann eine andere Methode ins Spiel kommen, und bei Bedarf wechseln viele Energie-Vampire auch bei ein und demselben Opfer öfters ihre Methode, um an ihr Ziel zu kommen. Die verschiedenen Saug-Techniken stehen schließlich allen Energie-Vampiren zur Verfügung, und sie werden auch von allen fleißig genutzt ...

Trotzdem gibt es verschiedene Typen von Energie-Vampiren. Sie unterscheiden sich nicht dadurch, *wie* der Energie-Vampir an die Lebensenergie anderer Menschen gelangt, sondern dadurch, *wo* er sie anzapft: an welchem Chakra nämlich er seinen Opfern die entsprechende Energie entzieht.

Die 7 Vampir-Typen und die 7 Chakras

Die Chakras versorgen jeden Bereich unseres Körpers mit der benötigten Lebensenergie. Doch nicht nur der Körper – auch Seele und Geist werden von den Chakras genährt, die die universelle Lebensenergie in ihre verschiedenen Teilaspekte transformieren. Jedes Chakra ist dabei für eine bestimmte Art von Energie zuständig, die wichtig für unser gesamtes Wesen ist:

– Das 1. Chakra liefert die Lebenskraft schlechthin, die für Überlebenswillen und Durchsetzungskraft benötigt wird.

– Das 2. Chakra versorgt uns mit der Sexualenergie, die das sinnliche Erleben ermöglicht und die Kreativität und die Schaffenskraft fördert.

– Das 3. Chakra ist für die Heilenergie zuständig, die für Gesundheit und Einheit von Körper, Geist und Seele benötigt wird und damit auch für ein gesundes Selbstbewusstsein.

– Das 4. Chakra liefert die Liebesenergie, die für ein gesundes Gefühlsleben wichtig ist und uns ein harmonisches Zusammenleben mit anderen Menschen und dem gesamten Universum ermöglicht.

– Das 5. Chakra ist für die Kommunikative Energie zuständig, die wir für die Verständigung mit anderen brauchen, für einen gesunden Selbstausdruck und dafür, unsere Gedanken und Gefühle mitteilen zu können.

– Das 6. Chakra liefert die Gedankenenergie, die für alle geistigen Prozesse benötigt wird und die unsere mentale Gesundheit sichert.

– Das 7. Chakra versorgt uns mit der Spirituellen Energie, die uns das Einssein mit dem Universum, das Streben nach höheren Zielen und das Finden unserer höheren Bestimmung im Leben ermöglicht.

Jeder Energie-Vampir wird eindeutig dadurch charakterisiert, welchem Chakra er die Energie entzieht. Energie-Vampire greifen immer genau die Chakras an, die bei ihnen selbst blockiert sind und deshalb nicht genug von der entsprechenden Energie liefern können – so kompensieren sie den Energiemangel, der im Einflussbereich des blockierten Chakras entsteht. Allerdings laufen diese Vorgänge so gut wie nie bewusst ab – weder bei den Opfern, noch bei den Energie-Vampiren – was die schädlichen Folgen jedoch nicht mindert!

1. Chakra – Lebenskraft

Das 1. Chakra liefert die Lebenskraft schlechthin – die Grundlage für unseren Überlebenswillen und unsere Durchsetzungskraft. Sie stärkt unseren Selbsterhaltungstrieb und unser Urvertrauen. Die Energie des 1. Chakras hat eine sehr erdende Qualität und hilft uns dabei, mit beiden Beinen fest auf dem Boden zu stehen.

Bei einem auf das 1. Chakra spezialisierten Energie-Vampir drückt sich die Energie dieses Chakras meist in einer starken Fixierung auf seine materiellen Bedürfnisse aus. Ein Lebenskraft-Vampir ist immer auf der Suche nach der Absicherung seiner Bedürfnisse. Daher beschränkt er sich nicht darauf, die Energie seiner Opfer zu rauben – am liebsten möchte er von ihnen auch sonst bei jeder Gelegenheit versorgt und verhätschelt werden.

Die für das 1. Chakra charakteristische Durchsetzungskraft sorgt außerdem dafür, dass dieser Typ von Energie-Vampir sein Ziel mit allen ihm zur Verfügung stehenden Mitteln verfolgt – er kann ein besonders hartnäckiger »Blutsauger« sein und lässt sein Opfer so schnell nicht wieder aus seinen Fängen entkommen. Sein Verhalten lässt dabei immer wieder seine Selbstsucht durchscheinen, die für ihn eine seiner stärksten Antriebskräfte ist.

Ein typisches Beispiel für einen solchen Lebenskraft-Vampir ist der unaufhaltsame Karrieremensch, der für seinen Erfolg praktisch über Leichen gehen würde. Schon kurz nach seinem Einstieg in einem Unternehmen versucht er, alle anderen nach seiner Pfeife tanzen zu lassen – und dabei ist er leider meistens auch noch schrecklich erfolgreich.

Sein besonderer Trick ist seine ausgeprägte »Radfahrer-Mentalität« (passionierte Radfahrer mögen mir diesen Vergleich verzeihen): nach oben buckeln und nach unten treten. Seinen Vorgesetzten gegenüber ist dieser Typ ein eifriger, engagierter Mitarbeiter mit höheren Ambitionen. Untergebene lässt er dagegen gerne seine Macht und seinen Einfluss spüren und beutet sie nach allen Regeln der Kunst aus – und zwar auch auf energetischer Ebene.

Vor allem viele Sekretärinnen könnten ein Lied davon singen, wie auszehrend die Arbeit unter einem solchen Lebenskraft-Vampir sein kann. Dabei leiden sie allerdings nicht nur unter einem enormen Arbeitspensum und der einen oder anderen Schikane ihres Chefs, sondern auch unter dem ständigen Energieraub, dem sie in seiner Gegenwart ausgesetzt sind. Aber vergessen Sie nicht: Genauso oft können Sie diesem Typ im familiären Umfeld oder in Ihrem Freundeskreis zum Opfer fallen!

▪ Werden Sie ausgesaugt?

Wenn ein Mangel an der Lebenskraft des 1. Chakras auftritt, zeigt sich das zuerst in ständig wachsendem Misstrauen: Vermutlich wird es Ihnen immer schwerer fallen, sich auf andere Menschen und sogar auf sich selbst zu verlassen. Mangelndes Vertrauen in das Leben führt bei Menschen mit zu wenig Lebenskraft auch oft zu depressiven Verstimmungen, aus denen sie sich durch den zusätzlich schwindenden Durchsetzungswillen auch nur schwer wieder befreien können. Sie leiden außerdem immer wieder unter Existenzängsten, da sie es nicht mehr wirklich wagen, darauf zu vertrauen, dass das Leben selbst sie mit allem Nötigen versorgt.

2. Chakra – Sexualenergie

Das 2. Chakra ist das Zentrum von Sexualität und Sinnlichkeit. Es versorgt uns mit dem Aspekt der universellen Lebensenergie, der das sinnliche Erleben, die Kreativität und die Schaffenskraft speist. Diese Sexualenergie ermöglicht es uns, das Leben lustvoll und mit allen Sinnen zu genießen – und sie ist natürlich auch die Grundlage für eine erfüllte Sexualität.

Die sexuelle Energie wird jedoch für alle schöpferischen Aktivitäten benötigt, nicht nur, um neues Leben zu zeugen, sondern auch für alle kreativen Tätigkeiten. Ohne sexuelle Energie würde unsere Kreativität brachliegen, sie könnte sich weder in künstlerischen Akten noch in neuen Ideen ausdrücken. Und erst durch die Energie des 2. Chakras können wir die Welt um uns mit allen Sinnen wahrnehmen und genießen – sie bewahrt uns davor, abgestumpft und roboterhaft durchs Leben zu gehen.

Auf das 2. Chakra konzentrierte Energie-Vampire zeichnen sich in aller Regel durch eine starke Überbetonung ihrer Sexualität aus. Sie versuchen ihre Opfer daher meist auf sexueller Ebene an den Haken zu bekommen – und in ihr Bett. Dabei machen sie es sich zunutze, dass es beim Sex ganz automatisch zu einem intensiven Austausch von Energie kommt – dieser Austausch wird von einem Sexualenergie-Vampir jedoch so manipuliert, dass er dabei wesentlich mehr Energie bekommt, als er gibt.

Oft ist dieser Typ Energie-Vampir sexuell sehr aktiv und ständig auf der Suche nach neuen Sexpartnern. Es kommt jedoch auch vor, dass er sich mit einem Partner begnügt, dabei aber sehr stark auf den sexuellen Aspekt der Beziehung fixiert ist. Diese Konzentration auf Sex tritt auch dann auf, wenn er aufgrund von sexuellen Funktionsstörungen gar nicht befriedigend erlebt werden kann – manchmal wird die Fixierung darauf dadurch sogar noch verstärkt.

Sexualenergie-Vampire sind meist sehr einfallsreich, wenn es darum geht, ihr Opfer unter ihren Einfluss zu bringen. Oft nutzen sie dabei auch eine echte oder vorgetäuschte künstlerische Begabung aus, sich für die Menschen in ihrer Umgebung interessanter zu machen.

Typische Beispiele für Sexualenergie-Vampire sind die klassischen Ladykiller (männlich) oder männermordenden Vamps (weiblich), die in Scharen durch Filme und Romane geistern. Unwiderstehlich, immer auf der Suche nach einer neuen Eroberung, stets umringt von schönen Frauen oder attraktiven, reichen Männern und unersättlich im Bett – viele auf das 2. Chakra konzentrierte Energie-Vampire eifern bewusst oder unbewusst diesem »Ideal« nach.

Ein Sexualenergie-Vampir spielt geschickt mit seiner sexuellen Anziehungskraft und zeigt sich nach außen hin möglichst nur von seiner begehrenswertesten Seite. Sobald er jedoch hat, was er will (die Eroberung und damit die Energie seines Opfers), lässt er sein Opfer links liegen und geht seinen eigenen Interessen nach – bis er wieder neue Energie benötigt.

■ Werden Sie ausgesaugt?

Ein Mangel an sexueller Energie erschwert die sinnliche Wahrnehmung des Lebens. Falls Sie von einem Sexualenergie-Vampir angegriffen werden, wird es Ihnen wahrscheinlich immer schwerer fallen, Ihr Leben zu genießen und auch auf tieferer Ebene die Erlebnisse und Erfahrungen zu schätzen, die es für Sie bereithält.

Wird Ihre sexuelle Energie angezapft, kann sich dies auch in sexuellen Problemen ausdrücken, vor allem in fehlender Lust auf Sex oder in Schwierigkeiten dabei, wirkliche sexuelle Erfüllung zu erleben. Oft zeigt sich solch ein Mangel aber einfach in fehlender Lebenslust an sich oder in einer blockierten Kreativität. Wer über zu wenig Sexualenergie verfügt, läuft abgestumpft und ohne neue Ideen oder eigenständige Aktivitäten durchs Leben – und selbst wenn er diese schöpferische Leere in sich bemerkt, lässt sie ihn doch erschreckend kalt.

Das Fehlen von Sinnlichkeit und Lebenslust führt leider auch immer wieder dazu, dass manche Menschen anfällig für alle Arten von Rauschmitteln werden – sie versuchen so, die ihnen fehlende Energie und Sinnes-Erfahrung zu ersetzen, und verlieren sich im schlimmsten Fall zusätzlich noch in der Sucht.

3. Chakra – Heilenergie

Das 3. Chakra ist das Zentrum des Selbstbewusstseins und der Einheit von Körper, Seele und Geist. Es versorgt uns mit demjenigen Aspekt der universellen Lebensenergie, der das gesunde Zusammenspiel unseres gesamten Selbst erst ermöglicht. Da unsere körperliche Gesundheit unter anderem davon abhängig ist, wie wir uns selbst betrachten und uns selbst gegenüber eingestellt sind, beeinflusst die Heilenergie des 3. Chakras nicht nur unser Selbstbewusstsein, sondern auch unseren Gesundheitszustand.

Ein Energie-Vampir, der auf das 3. Chakra konzentriert ist, trägt nach außen hin meist sehr viel Selbstbewusstsein zur Schau. Oft tyrannisiert er seine Umgebung, von der er die bedingungslose Unterwerfung unter seinen Willen erwartet – denn schließlich kommt er so am effektivsten an die Lebensenergie seiner Mitmenschen.

Heilenergie-Vampire streben vor allem nach Macht über andere, und um diese Macht zu erlangen, ist ihnen praktisch jedes Mittel recht. Wenn sie jemanden erst einmal unter ihrer Kontrolle haben, fällt es dem Betreffenden oft sehr schwer, sich wieder daraus zu befreien. Das Opfer eines Heilenergie-Vampirs steckt nämlich schnell in einem regelrechten Teufelskreis: Je mehr es die Überlegenheit des Energie-Vampirs akzeptiert, desto mehr Heilenergie kann ihm dieser entziehen; das schwächt das Selbstbewusstsein des Opfers, das sich dadurch wiederum leichter der Macht des Energie-Vampirs unterwirft – und immer so weiter.

Ein Heilenergie-Vampir ist darüber hinaus in der Regel so von sich selbst überzeugt, dass er es als Verrat und persönliche Niederlage ansieht, wenn eines seiner Opfer gegen seinen Einfluss ankämpft. Deshalb wird er alle Register ziehen, um die Zügel in der Hand behalten zu können.

Ein gutes Beispiel für einen solchen Energie-Vampir ist der in vielen amerikanischen Polit-Thrillern auftauchende machtgierige Politiker, der buchstäblich über Leichen geht, um sich in immer noch einflussreichere Positionen zu bringen. Stets tadellos gekleidet, mit überheblichem Blick, umfangreichen Verschwörungsplänen und umgeben von etlichen Handlangern, die er perfekt im Griff hat.

Solch ein Typ flößt nicht nur auf der Leinwand Angst und Unbehagen ein – im wirklichen Leben ist er ein genauso unangenehmer Zeitgenosse. Er ist zwar zum Glück nur selten so einflussreich wie der Politiker im Film, aber wer mit einem Heilenergie-Vampir zusammenleben oder zusammenarbeiten muss, der weiß, wie schwierig es ist, nicht völlig unter seine Fuchtel zu geraten.

Ein Heilenergie-Vampir als Chef (Chefin) nutzt jede Gelegenheit, um die Untergebenen ein wenig herumzukommandieren, und er wird keine abweichende Meinung oder Kritik an seinen Entscheidungen akzeptieren. Und auch im Privatleben macht so mancher Heilenergie-Vampir leicht den Eindruck, generalstabsmäßig das Leben seiner Familie zu organisieren und für jeden immer schon im Voraus die besten Entscheidungen getroffen zu haben.

▣ Werden Sie ausgesaugt?

Ein Mangel an Heilenergie drückt sich als Erstes in einem schwindenden Selbstbewusstsein aus. Wer betroffen ist, verliert sein gesundes Bewusstsein für seine eigene Persönlichkeit und erlebt Körper, Seele und Geist als nur lose zusammenhängende und oft gegensätzliche Teile seiner selbst. Daraus entsteht eine tiefe Unsicherheit, die zu einem ständigen Infragestellen der eigenen Identität führt.

Ein Mangel an Heilenergie führt oft auch zu einem gestörten Selbstwertgefühl. Da der Betroffene seine eigenen Qualitäten, Talente und Vorzüge nicht mehr klar erkennen kann, verliert er nach und nach seine Selbstachtung und fürchtet immer mehr, eigentlich wertlos und zu nichts nütze zu sein.

4. Chakra – Liebesenergie

Das 4. Chakra ist das Zentrum von Liebe, Zuneigung und Mitgefühl. Es versorgt uns mit der Liebesenergie, die uns ein harmonisches Zusammenleben mit der Welt um uns erst ermöglicht. Diese Energie speist nicht nur die Liebesbeziehung zu unserem Partner, sondern eine offene, liebevolle Haltung gegenüber allen Menschen – und auch gegenüber uns selbst. Deshalb ist die Energie des 4. Chakras auch die Basis für ein gesundes Gefühlsleben, bei dem alle Gefühlsregungen erkannt, akzeptiert und bei Bedarf transformiert werden können. Sie macht es möglich, dass wir uns in andere Menschen hineinversetzen und Mitgefühl und Verständnis für sie entwickeln können. Daher ist die Liebesenergie auch die Grundlage für die nötige Toleranz, mit der allein wir unsere Mitmenschen und uns selbst so annehmen können, wie wir sind.

Ein Energie-Vampir, der sich auf das 4. Chakra konzentriert, will von seinen Opfern vor allem eines: ihre Dankbarkeit und Ergebenheit. Dafür überschüttet er sie mit allen Arten von Zuwendung – ein Liebesenergie-Vampir hat immer ein offenes Ohr für alle Probleme (und schnell verschiedene Lösungsvorschläge parat), er springt zu beinahe jeder Tages- und Nachtzeit als Kummerkasten, Babysitter oder Taxi-Dienst ein, und auch sonst erfüllt er Ihnen fast jeden Wunsch, wenn Sie ihn nur lieb darum bitten.

So viel Aufmerksamkeit sieht auf den ersten Blick sehr schön aus, aber bei einem Liebesenergie-Vampir bemerkt man beim zweiten Blick eine kleine Unstimmigkeit: Er erwartet für all seine Anstrengungen etwas ganz Bestimmtes, nämlich praktisch ewige Dankbarkeit und Hingabe. »Weißt du noch damals, als ich dir bei ... geholfen habe ...« ist eine seiner bevorzugten Formulierungen. Der Liebesenergie-Vampir erinnert

seine Opfer am liebsten ganz nebenbei und möglichst unauffällig an all seine guten Taten. So redet er ihnen nach und nach
ein, dass sie ihm ja einiges schuldig sind – und sichert sich so
einen dauerhaften Zugang zu ihrer Lebensenergie.

Ein typisches Beispiel für einen Liebesenergie-Vampir ist
die aufopferungsvolle Samariterin, die gefragt oder ungefragt
bei jeder Gelegenheit ihre Hilfe anbietet. Egal, ob beim Umzug,
vor einem wichtigen Abgabetermin oder wenn die halbe Familie krank im Bett liegt: Dieser Frau für alle Fälle fällt immer
eine Möglichkeit ein, Ihnen unter die Arme zu greifen. Seltsam
ist nur, dass sich die meisten ihrer »Freunde« über kurz oder
lang schnell wieder aus dem Staub machen – nämlich dann,
wenn sie bemerken, dass sie für die Hilfeleistungen einen hohen Preis bezahlen müssen.

Sobald ein Liebesenergie-Vampir seine Opfer durch etwas
Einsatz erst einmal am Haken hat, beginnt er damit, Energie
aufzusaugen: Er (oder sie) meldet sich dann seinerseits bei jedem kleinen Problemchen, findet immer einen Grund für ein
Treffen und erwartet, dass man ihm jede Menge Zeit und
Dankbarkeit schenkt – und damit die eigene wertvolle Lebensenergie. Die meisten Liebesenergie-Vampire sind darüber hinaus sehr geschickt darin, das schlechte Gewissen ihrer Opfer
zu wecken, sodass es immer schwerer wird, sich ihrem Einfluss schließlich wieder zu entziehen.

▪ Werden Sie ausgesaugt?

Wenn Sie von einem Liebesenergie-Vampir befallen sind, wird
es Ihnen zunehmend schwer fallen, Ihr Herz ganz für Ihre
Mitmenschen zu öffnen. Selbst in vertrauten Beziehungen
herrscht dann oft eine gewisse Distanziertheit, die das Miteinander nicht ganz so innig werden lässt, wie man es sich wünschen würde. Wer unter einem Mangel an Liebesenergie lei-

det, hat bald keinen richtigen Zugang mehr zu seinen Gefüh-
len – und wirkt auf seine Umgebung dann leicht mal ein bisschen gefühlskalt.

Die meisten Menschen mit zu wenig Liebesenergie versuchen jedoch instinktiv, ihre Gefühlsarmut durch einen besonders herzlichen Umgang mit ihren Mitmenschen zu verbergen.
Sie geben sich betont freundlich und hilfsbereit – aber leider
macht ihre Freundlichkeit dabei oft einen etwas unpersönli-
chen Eindruck. Wer unter einem Mangel an Liebesenergie leidet, neigt darüber hinaus dazu, seine Mitmenschen zu sehr zu
vereinnahmen – er versucht, die fehlende Qualität des Zusam-
menseins durch mehr Quantität auszugleichen und will umso
mehr Zeit mit seinen Lieben verbringen, je weniger er in der
Lage ist, ihnen gegenüber wirklich tiefe Liebe zu empfinden.

5. Chakra – Kommunikationsenergie

Das 5. Chakra ist das Zentrum von Sprache und Kommunikation, und es versorgt uns mit Kommunikativer Energie. Diese
Energie ist nötig, damit wir uns miteinander verständigen können – sie ermöglicht es uns erst, unsere Gedanken und Gefühle in Worte zu fassen und uns so auszudrücken, dass wir
auch verstanden werden. Ein gesunder Selbstausdruck, bei
dem unsere Persönlichkeit und unsere ganze Originalität zum
Vorschein kommen können, ist nur durch die Kommunikationsenergie des 5. Chakras möglich.

Energie-Vampire, die auf dieses Chakra spezialisiert sind,
entwickeln sich früher oder später zu wahren Meistern der
Kommunikation. Ihre rhetorischen Fähigkeiten sind ihre effektivste Waffe, und sie setzen sie großzügig zum Energieraub
ein. Wenn Sie einem Kommunikationsenergie-Vampir begeg-

nen, steht Ihnen ein längeres Gespräch bevor – ob Sie wollen oder nicht.

Meist wird der Energie-Vampir Sie jedoch so geschickt ins Gespräch verwickeln, dass sie überhaupt keine Gelegenheit bekommen, auch nur an »Flucht« zu denken. Und ebenso oft werden Sie sich danach gar nicht mehr so genau daran erinnern können, weshalb Sie sich mit diesem Menschen überhaupt so lange unterhalten haben – eine leichte Verwirrtheit ist nämlich eines der ersten Symptome bei einem starken Verlust an Kommunikativer Energie.

Ein weiteres Kennzeichen von Kommunikationsenergie-Vampiren ist, dass sie scheinbar immer ganz genau über alles Bescheid wissen – sie sind wahre Ozeane des Wissens. Ganz gleich, um was sich die Unterhaltung dreht – dieser Typ von Energie-Vampir weiß immer etwas mehr darüber als alle anderen. Dabei schafft er es, seine Informationen als absolut zutreffende Tatsachen erscheinen zu lassen, auch wenn sie tatsächlich oft nur Halbwissen aus dritter Hand sind. Und falls der Kommunikationsenergie-Vampir tatsächlich einmal nichts zu einem Thema zu sagen haben sollte, ist er entweder krank, oder Sie werden nach kurzer Zeit verblüfft feststellen, dass Sie sich plötzlich über etwas ganz anderes mit ihm unterhalten.

Indem solch ein Energie-Vampir so geschickt die Aufmerksamkeit seiner Zuhörer bannt, geschieht auf energetischer Ebene natürlich noch viel mehr: Durch das aufmerksame Zuhören und ihre Bewunderung für sein umfassendes Wissen legen die Zuhörer dem Energie-Vampir gewissermaßen den Hals zwischen die Zähne – er erhält dadurch freien Zugang zu ihrer Energie, und je mehr Energie er bekommt, desto brillanter werden seine Ausführungen.

Besonders angreifbar macht man sich dabei, wenn man selbst auch etwas zur meist eher einseitigen Unterhaltung beisteuern möchte und sich dazu hinreißen lässt, eigene Ansichten und Erfahrungen preiszugeben. Der Kommunikationsenergie-Vampir wird sie geschickt dazu nutzen, sein eigenes »Wissen« auf diesen Gebieten noch mehr strahlen zu lassen. Im schlimmsten Fall (für das Opfer) wird er sogar seinen Gesprächspartner mit dessen eigenen Argumenten abwerten – damit der ihm noch hilfloser ausgeliefert ist.

▥ Werden Sie ausgesaugt?

Ein Mangel an Kommunikativer Energie zeigt sich am deutlichsten in mehr oder weniger starken Ausdrucksschwierigkeiten. Wer betroffen ist, dem fällt es zunehmend schwerer, seine Gedanken in Worte zu fassen – ihm wollen die richtigen Worte dafür einfach nicht mehr einfallen. Oft macht sich auch eine milde Verwirrtheit breit: Man weiß gar nicht mehr, was man einen Moment vorher noch sagen wollte oder was einen an den Argumenten seines Gegenübers gerade noch so gestört hat. In extremen Fällen und bei entsprechender Veranlagung können sogar Sprachfehler wie Stottern oder Lispeln auftreten oder sich verstärken.

Darüber hinaus wächst mit dem Mangel an Kommunikationsenergie auch die Hemmung, sich überhaupt auszudrücken. Die eigene Meinung kommt einem plötzlich nicht mehr wichtig genug vor, um sie überhaupt mitzuteilen. Man zweifelt an seinem Wissen und wagt kaum noch, seine Gedanken und Gefühle überhaupt auszusprechen.

6. Chakra – Gedankenenergie

Das 6. Chakra ist das Zentrum von Weisheit, Erkenntnis und Intuition. Es versorgt uns mit der Gedankenenergie, die alle geistigen Prozesse fördert und für mentale Gesundheit sorgt.

Diese Energie erlaubt es Ihnen, Ihre Erfahrungen und Einsichten in sinnvolle Zusammenhänge zu bringen und zu tieferen Erkenntnissen zu gelangen, die über die oberflächliche Betrachtung der Dinge weit hinausgehen. Die Gedankenenergie ist außerdem nötig, um unsere Gedanken zu kontrollieren und unsere Überlegungen in die richtigen Richtungen zu lenken.

Darüber hinaus ist diese Energie die Grundlage für die Intuition, mit deren Hilfe wir scheinbar ohne Nachzudenken die Antworten und Lösungen für schwierige Fragen und Probleme erkennen können, denn sie verbindet uns mit unserem Höheren Selbst. Und sie ist für die Entfaltung unserer Fantasie nötig, da diese inneren Bilder sich aus derselben Quelle speisen wie unsere Gedanken.

Ein auf das 6. Chakra konzentrierter Energie-Vampir ist oft ganz besonders gut darin, die Stärken und Schwächen seines Gegenübers zu erfassen und für seine Zwecke auszunützen. Er ist sozusagen das Chamäleon unter den Energie-Vampiren und extrem anpassungsfähig. Gedankenenergie-Vampire erkennen schon nach wenigen Minuten mit einem neuen Opfer, auf welche Weise sie seine Aufmerksamkeit am besten fesseln können. In der Regel versuchen sie, ihre Opfer für sich zu begeistern, indem sie ihnen genau das von sich erzählen, was diese hören wollen: Für den Hilfsbedürftigen werden sie zum weisen Ratgeber, Vernunftmenschen beeindrucken sie mit ihren intellektuellen Fähigkeiten, Außenseitern begegnen sie mit Verständnis, von hilfsbereiten Seelen lassen sie sich gerne bemuttern und für abenteuerlustige Zeitgenossen kehren sie den faszinierenden Exoten hervor. Obwohl ihre Wandlungsfähigkeit an sich anerkennenswert ist, sind ihre Ziele es natürlich nicht: Wer sich auf einen Gedankenenergie-Vampir einlässt, der wird nach allen Regeln der Kunst seiner Energie beraubt.

Gedankenenergie-Vampire sind bei ihrem Treiben nicht wählerisch, sondern ergreifen ganz im Gegenteil meist jede kleinste Gelegenheit zum Energieraub. Daher halten sie sich auch oft nicht lange mit demselben Opfer auf – wer glaubt, in einem Gedankenenergie-Vampir einen neuen Freund gefunden zu haben, der wird schnell eines Besseren belehrt. Und dabei hat er zu allem Überfluss auch noch eine Menge Energie verloren!

▨ Werden Sie ausgesaugt?

Wer es mit Gedankenenergie-Vampiren zu tun hat, bemerkt das meist zunächst daran, dass er kaum noch einen klaren Gedanken fassen kann. Anders als bei einem Mangel an Kommunikativer Energie, wo die Gedanken sich nicht in Worte fassen lassen oder gleich wieder vergessen werden, fehlt bei einem Mangel an Gedankenenergie allein schon die Konzentration, die nötig wäre, um überhaupt klar zu denken – der Geist springt dabei hin und her und bleibt einfach nicht lange genug bei einem Thema, um überhaupt darüber nachzudenken.

Die fehlende Gedankenenergie zeigt sich jedoch nicht nur in Konzentrationsproblemen, sie beeinträchtigt die geistigen Fähigkeiten insgesamt. So fällt es einem plötzlich ungewohnt schwer, Zusammenhänge zu erkennen oder neues Wissen zu erlernen. Und auch die Fantasie ist nicht so lebhaft wie sonst, sondern wirr und immer wieder auf dieselben Bilder konzentriert.

7. Chakra – Spirituelle Energie

Das 7. Chakra ist das Zentrum von Spiritualität und Selbstverwirklichung. Es versorgt uns mit der Spirituellen Energie, die die Suche nach höheren Zielen unterstützt und uns dabei hilft, unsere wirkliche Bestimmung im Leben zu finden. Diese Energie ermöglicht es uns außerdem, unsere Einheit mit dem Universum zu erfahren – eine Erfahrung, die tiefen Frieden mit sich bringt und von Eingeweihten aller Zeiten als wichtiger Schritt auf dem Weg zu höchster Erkenntnis, Erleuchtung und Glückseligkeit betrachtet wurde.

Während die Lebenskraft des 1. Chakras der erdverbundenste Aspekt der universellen Lebensenergie ist, ist die Spirituelle Energie des 7. Chakras ihre feinste Ausdrucksform und entspricht somit dem höchsten Energieniveau, das vom menschlichen Energiesystem unter normalen Umständen transformiert werden kann.

Ein Energie-Vampir, der auf das 7. Chakra spezialisiert ist, raubt seinen Opfern genau diese Spirituelle Energie. Sie fragen sich sicher, wie es möglich ist, an einer Energie von so hohem Niveau etwas so Verwerfliches wie Energieraub zu betreiben. Für einen Spirituelle-Energie-Vampir ist sie jedoch eine Energiequelle wie jede andere auch – schließlich ist er nur durch seine eigenen Blockaden in diesem Bereich gerade auf sie fixiert, und nicht aus eigener Entscheidung.

Spirituelle Energie-Vampire spielen dabei jedoch leider oft mit der Spiritualität anderer Menschen, und das macht sie besonders gefährlich. Vampire dieses Typs kennen sich oft recht gut in bestimmten esoterischen Lehren aus, und mit diesem Wissen machen sie Jagd auf ihre Opfer. Sobald ein Gespräch mit ihnen diese Bereiche berührt (und dafür sorgen sie früher oder später), geben sie sich den Anschein, besonders erfahren und fortgeschritten auf dem Weg der einen oder anderen Weisheitslehre zu sein. Sie setzen ihr – meist nur angelesenes – Wissen und ihre Überzeugungskraft geschickt dazu ein, ihr Opfer so zu manipulieren, dass es ihre Überlegenheit auf spirituellem Gebiet anerkennt und ihre Führung akzeptiert.

Spirituelle Energie-Vampire geben ihren Opfern sehr gerne esoterische Ratschläge, doch je stärker sich jemand auf ihre Anleitungen einlässt, desto angreifbarer macht er sich auf energetischer Ebene. Vampire, die vorwiegend Spirituelle Energie aufsaugen, machen ihren Opfern oft weis, etwas ganz Besonderes, Großartiges in ihnen zu erkennen, das mit ihrer Hilfe schnell und leicht entwickelt werden kann. In Wirklichkeit meinen sie damit allerdings nur die wenig erstrebenswerte Fähigkeit, unfreiwillig so viel Energie wie möglich zu spenden.

▪ Werden Sie ausgesaugt?

Ein Mangel an Spiritueller Energie zeigt sich schnell daran, dass man den eigenen spirituellen Weg und die eigenen Ziele immer mehr aus den Augen verliert, während man immer stärker auf die Anleitungen anderer Menschen hört – sogar dann, wenn diese den eigenen Anschauungen und Wünschen eigentlich widersprechen.

Hinzu kommt, dass die fehlende Spirituelle Energie ein Gefühl der inneren Leere erzeugt – ein Gefühl, das die Betroffenen zunehmend unzufriedener und unglücklicher werden lässt. Leider fällt es dann immer schwerer, aus dieser unangenehmen Situation wieder herauszukommen, vor allem da die Auslöser normalerweise völlig im Dunkeln liegen. Ein Mangel an Spiritueller Energie verursacht zudem sehr oft eine innere Antriebslosigkeit und damit depressive Zustände, die selbst den ersten Schritt aus der Krise schon wie eine unüberwindbare Anstrengung und jede dafür nötige Entscheidung wie eine sinnlose Qual aussehen lassen.

Vampir-Typen und ihre Vorlieben

Es ist Ihnen sicher schon aufgefallen: Manche Vampir-Typen scheinen für bestimmte »Saug-Techniken« wie geschaffen zu sein, während man sich andere Methoden kaum bei ihnen vorstellen kann. So werden Sie beispielsweise so gut wie nie einen Liebesenergie-Vampir antreffen, der sich der Methode des »Beherrschens« bedient. Einem Heilenergie-Vampir liegt das »Beherrschen« dagegen praktisch im Blut.

Jeder der verschiedenen Typen von Energie-Vampiren bevorzugt seine eigenen Methoden. Wenn Sie einem bestimmten Typ begegnen, sollten Sie auf seine »Masche« gefasst sein – nur wer seine Gegner gut kennt, kann optimal reagieren. Deshalb hilft die Kenntnis dieser Vorlieben Ihnen dabei, die passendsten Gegenmaßnahmen für jeden einzelnen Vampir in Ihrer Umgebung auszuwählen.

Der Lebenskraft-Vampir

Der Lebenskraft-Vampir wählt am weitaus häufigsten die Methode »Beherrschen«. Sie erlaubt es ihm am besten, mit aller Macht seine Ziele zu verfolgen und die für ihn charakteristische Durchsetzungskraft zum Einsatz zu bringen. Es gibt jedoch auch immer wieder Lebenskraft-Vampire, die sich der Methode des »Haftens« bedienen, denn auch hier kommt ihnen ihr Durchhaltevermögen sehr entgegen.

»Beherrschende« Lebenskraft-Vampire finden sich sehr oft im beruflichen Umfeld, aber auch im Freundeskreis. Das »Haften« setzen sie dagegen lieber dem eigenen Partner gegenüber ein – vor allem dann, wenn sie sonst wenig Auswahl an Opfern haben, weil sie nicht unter Kollegen arbeiten oder nur wenige Freunde haben.

Der Sexualenergie-Vampir

Bei Sexualenergie-Vampiren sehen die Vorlieben ganz ähnlich aus: Am weitaus häufigsten wählen sie die Methode des »Beherrschens«. Sie passt am besten zu ihrer Aktivität auf sexueller Ebene, da dieser Vampir-Typ die meiste Energie von seinen Opfern rauben kann, wenn er den aktiven Part des Eroberns und Verführens übernimmt und vor allem im Bett immer die Kontrolle behält.

In festen Partnerschaften findet man jedoch auch viele Sexualenergie-Vampire, die sich mehr auf die Methode des »Haftens« verlegt haben. Sie geben sich dann die größte Mühe, ihren Partner besonders auf sexueller Ebene so fest wie möglich an sich zu binden.

Der Heilenergie-Vampir

Ein Heilenergie-Vampir will vor allem eins: Macht über seine Opfer! Daher ist das »Beherrschen« die effektivste Methode für diesen Typ von Energie-Vampir. Er schreckt leider nicht davor zurück, seine Opfer auch mit aggressiven Mitteln einzuschüchtern und seine Überlegenheit über sie bei jeder Gelegenheit auszuspielen. Daher ist der Heilenergie-Vampir der unangenehmste Vampir-Typ, dem Sie begegnen können – sein Treiben fällt allerdings auch am meisten auf und sorgt dafür, dass viele seiner Opfer schon nach kurzer Zeit versuchen, sich von seinem Einfluss zu befreien.

Kein Heilenergie-Vampir würde sich dazu hinreißen lassen, für die Methode des »Suchens« einen hilflosen und passiven Eindruck erwecken zu wollen, oder durch »Haften« Engagement *für* eine andere Person zu zeigen – der Heilenergie-Vampir erwartet stattdessen, dass alle anderen entweder ganz von alleine oder aus Furcht vor ihm nach seiner Pfeife tanzen.

Der Liebesenergie-Vampir

Die Vorgehensweise seiner Wahl ist zunächst einmal das »Haften«. Er wendet es nicht nur bei seinem Partner an, sondern bei jedem Opfer, das er erwischen kann – am liebsten jedoch im Freundeskreis. Wenn der Liebesenergie-Vampir sein Opfer dann erst einmal am Haken hat, wechselt er allerdings in vielen Fällen zur Methode »Suchen«, weil er sich dafür weniger anstrengen muss. Wer kann schließlich schon einer ratsuchenden Freundin die Unterstützung versagen, wenn sie sich früher doch auch so hilfsbereit gezeigt hat?

Das »Beherrschen« ist für einen Liebesenergie-Vampir eine ziemlich untypische Methode, die für ihn eigentlich nicht infrage kommt.

Der Kommunikationsenergie-Vampir

Ein Kommunikationsenergie-Vampir ist mit der Methode »Beherrschen« ganz in seinem Element – und von allen Vampir-Typen kann er sie am subtilsten anwenden. Wenn ein solcher Energie-Vampir auch nur über ein bisschen rhetorisches Talent verfügt, redet er Ihnen ein gewaltiges Loch in Ihre Energiereserven, ohne dass Sie zunächst auch nur das Geringste davon mitbekommen. Kommunikative-Energie-Vampire haben es normalerweise gar nicht nötig, beim »Beherrschen« auf aggressivere Weise vorzugehen, denn allein schon mit ihren Worten stecken sie ihre Opfer im Handumdrehen in die Tasche. Vor ihnen muss man wirklich gut auf der Hut sein!

Etwas weniger gefährlich, aber trotzdem noch sehr anstrengend sind Kommunikative-Energie-Vampire, die sich auf die Methode »Suchen« verlegt haben (zum Glück liegt das »Beherrschen« auch nicht allen Exemplaren dieses Typs). Ein »suchender« Kommunikative-Energie-Vampir ist einfach Klasse im Jammern: Er hat immer ein Problem parat, dass er Ihnen in allen überflüssigen und unangenehmen Einzelheiten erzählen möchte, und er nimmt sich leider auch noch alle Zeit der Welt dafür.

Der unliebsame Verwandte, der einem in allen (farbigen) Details seine Gallenblasen-Operation mit sämtlichen dazugehörigen Komplikationen schildert (und die Leiden seiner Krankenhaus-Bettnachbarn gleich mit dazu), ist solch ein Fall – man kann ihm nicht entfliehen, ohne wirklich sehr unhöflich zu sein, aber mit jedem seiner Sätze kann man seine eigene Energie praktisch dahinschwinden fühlen.

Der Gedankenenergie-Vampir

Auch Gedankenenergie-Vampire greifen am häufigsten auf die Methode »Beherrschen« zurück. Sie eignet sich einfach am besten dafür, die Schwächen ihrer Opfer optimal auszunützen. Bei Bedarf können sie jedoch auch schnell in den »Suchen«-Modus umschalten, denn einige Opfer lassen sich mit dieser Methode noch um einiges leichter aussaugen. Nur das »Haften« liegt Gedankenenergie-Vampiren nicht so richtig, da sie dabei zu viel Engagement für ein bestimmtes Opfer aufbringen müssten. Sie machen es sich lieber möglichst leicht und flattern wie eine Fledermaus im Zickzack von einem Opfer zum nächsten.

Der Spirituelle-Energie-Vampir

Der Spirituelle-Energie-Vampir beschränkt sich wie der Heilenergie-Vampir fast ausschließlich auf eine Methode: auf das »Beherrschen«. Er möchte schließlich erreichen, dass seine Opfer ihn als spirituell fortgeschrittenen, weisen Führer anerkennen, und dazu passt weder das »Suchen« noch das »Haften«, da er bei beiden Methoden die eine oder andere Schwäche eingestehen müsste. Spirituelle Energie-Vampire gehen beim »Beherrschen« allerdings auch lieber auf subtile Weise vor, denn zu viel Aggressivität passt ebenfalls nicht zu ihrer Rolle und würde ihre Opfer daher schnell misstrauisch machen.

Wie Sie sehen, ist das »Beherrschen« die bei allen Vampir-Typen am weitesten verbreitete Methode. Sie gehört bei allen Typen außer beim Liebesenergie-Vampir zum festen Repertoire und wird auch insgesamt am häufigsten eingesetzt. Immerhin lässt das »Beherrschen« eine weite Bandbreite von Verhaltensweisen zu, von subtilen Überredungskünsten bis hin zu aggressiver Gewaltbereitschaft. Ebenso wichtig ist allerdings, dass das »Beherrschen« der Natur des Energie-Vampirismus selbst am besten entspricht. Ein Energieräuber ist schließlich von Haus aus kein freundlicher Zeitgenosse – er will »nur Ihr Bestes«, nämlich Ihre Lebensenergie.

Doch keine Sorge: Mit Hilfe der Gegenmaßnahmen aus dem Praxisteil dieses Buches können Sie auch die hinterhältigsten, verschlagensten und geübtesten Energie-Vampire so sicher vertreiben wie mit einem ganzen Bündel Knoblauchzwiebeln!

Kurz nach Mitternacht ...

Im Film steigen die Vampire meist erst bei Einbruch der Dunkelheit oder pünktlich um Mitternacht aus ihrer Gruft. Energie-Vampire halten sich bei ihren Angriffen dagegen leider nicht an solch feste Termine – sie lauern ihren Opfern zu jeder Tages- und Nachtzeit auf und lassen sich auch von strahlendem Sonnenschein nicht davon abhalten, ihrem düsteren Treiben nachzugehen.

Trotzdem ist die Gefahr, von einem Energie-Vampir ausgesaugt zu werden, nicht immer gleich groß. Sie hängt zwar nicht von der Tageszeit, dafür aber von Ihrer persönlichen Tagesform ab: Wenn Sie vor Energie strotzend und völlig in sich ruhend durch den Tag schreiten, haben Energie-Vampire bei Ihnen so gut wie keine Chance. Ihr hohes Energie-Niveau verstärkt dann nämlich die Abwehrkräfte Ihrer Aura, und durch Ihre innere Ausgeglichenheit bieten Sie kaum Angriffsflächen.

Wenn Sie wach und achtsam durchs Leben gehen und sich zudem mit ein paar einfachen Gegenmaßnahmen schützen, prallen Energie-Vampire von Ihnen ab, als wären Sie von einem unsichtbaren Schutzschild umhüllt (was dann ja tatsächlich auch der Fall ist!). Ganz anders sieht es dagegen aus, wenn Sie unaufmerksam oder von Sorgen und Problemen abgelenkt sind. In dem Moment, wo Sie verärgert, zerstreut, belastet oder gestresst sind, bieten Sie ein leichtes Angriffsziel für jeden Energie-Vampir.

Das Schlimmste ist, dass Energie-Vampire uns gerade dann sehr leicht Energie rauben können, wenn wir sie selbst am dringendsten benötigen würden! Deshalb ist es wichtig zu wissen, wann wir besonders anfällig für Angriffe auf das eigene Energiesystem sind. Indem wir bei solchen Gelegenheiten gezielt auf unsere Schutzmaßnahmen achten, können wir das Risiko für einen Energieraub ganz gewaltig reduzieren – und so manchen Energie-Vampir ganz schnell wieder in seine Gruft verbannen ...

Wann Sie besonders interessant für einen Energie-Vampir sind

Manche Momente im Leben öffnen lästigen Energie-Vampiren Tür und Tor: Sie kommen dann so zuverlässig angeschlichen, als hätte es im Vampirschloss gerade Mitternacht geschlagen. Bei den folgenden Umständen sollten Sie daher besonders gut auf Angriffe von unerwarteter Seite achten:

Innere Unsicherheit

Sie stehen vor einer wichtigen Entscheidung, müssen sich im neuen Job zurechtfinden, haben gerade vielleicht Ihren zukünftigen Traumpartner kennen gelernt oder werden in einer geselligen Runde fremden Menschen vorgestellt?

Diese und noch viele andere Situationen können einen leicht verunsichern. Auch wenn man es nach außen hin nicht zeigt, schlägt einem innerlich das Herz bis zum Hals und man fragt sich immer wieder, ob man die Situation souverän überstehen wird.

Solche Momente innerer Unsicherheit sind umso verlockender für einen Energie-Vampir, je länger sie andauern. Ein Opfer, das schon mit seiner eigenen Unsicherheit zu kämpfen hat, bemerkt kaum noch, wenn ihm auch von außen Energie entzogen wird.

Die Ursachen für die Unsicherheit sind darüber hinaus willkommene Ansatzpunkte für ausführliche Gespräche und mehr oder weniger gute Ratschläge, mit denen der Energie-Vampir sein Opfer an den energetischen Haken bekommt. Und wenn es ihm für seine vermeintliche Aufmerksamkeit auch noch dankbar ist, ist schon der Grundstein für den nächsten Energieraub gelegt ...

Ebenso leicht ist es allerdings möglich, dass ein Energie-Vampir Augenblicke der Unsicherheit nutzt, um sein Opfer einzuschüchtern und es noch stärker zu verunsichern – auch damit verschafft er sich spielend leicht einen dauerhaften Zugang zu dessen Lebensenergie.

Innere Unsicherheit macht uns besonders anfällig für die Methode des »Beherrschens«. Achten Sie in Zeiten, in denen Sie sich unsicher fühlen oder ängstlich sind, verstärkt auf Personen, die Sie ohne Ihren ausdrücklichen Willen in Gespräche über den Grund Ihrer Unsicherheit (oder Ängstlichkeit) verwickeln. Hüten Sie sich auch vor Ratschlägen, um die Sie nicht ausdrücklich gebeten haben, da sie Ihre Unsicherheit noch verstärken dürften.

Gutmütigkeit und Vertrauensseligkeit

Es ist natürlich sehr schön, wohlgemut und vertrauensvoll auf seine Mitmenschen zuzugehen. Wenn ein Energie-Vampir in der Nähe ist, kann das allerdings auch zu einigen Energieverlusten führen. Viele Energie-Vampire haben einen guten Riecher dafür, wenn jemand auch nur einen Tick zu gutmütig und vertrauensselig ist – und nutzen diese Gelegenheit dann sofort für einen kleinen Raubzug.

Momente großer Offenheit sind einerseits wunderbar, andererseits aber eben auch nicht immer ungefährlich. Sie entstehen

meist, wenn man (beispielsweise nach einem besonders schönen Erlebnis) nur noch die guten Seiten der Welt sehen will und
vor allem Unangenehmen fest die Augen verschließt. Doch das
Leben besteht nicht nur aus angenehmen Dingen – Probleme,
Gefahren und andere Herausforderungen gehören ebenso dazu
und sind sogar wichtig, damit man daran wachsen und seine
persönlichen Stärken zur vollen Entfaltung bringen kann.

Wer sich aus lauter Idealismus oder Naivität der Überzeugung hingibt, dass alle Menschen, denen er begegnet, nur das
Beste im Sinne haben und seine vollste Zuwendung verdienen,
wird schnell einen Energie-Vampir am Hals haben. Denn auch
wenn wir tatsächlich alle unsere guten Seiten haben, gibt
es doch viele Menschen, die diese Seiten bei sich selbst nicht
kennen und sich mit solch unerfreulichen Verhaltensweisen
wie Energie-Vampirismus durchs Leben schlagen. Wer diesen
Energie-Vampiren zu gutmütig und naiv begegnet, ist ein will-
kommener Energiespender für sie.

Falls Sie sich auch schon öfter dabei ertappt haben, dass Sie
die Welt nur durch eine rosarote Brille betrachteten und wie
auf flauschigen Wattewölkchen durchs Leben schwebten, sollten Sie solchen Momenten in energetischer Hinsicht verstärkt
Ihre Aufmerksamkeit schenken. Sicher ist es schön, die Dinge
gelegentlich nur von ihrer besten Seite zu betrachten, aber nur,
solange sich dabei kein Energie-Vampir an Ihrer Lebensenergie bedient!

Reservieren Sie also Ihr Wohlwollen und Ihr Vertrauen bei
solchen Gelegenheiten am besten nur für die Menschen in
Ihrer Umgebung, denen ihre eigenen Interessen nicht wichtiger sind als die Ihren. So vermeiden Sie es, dass plötzlich wie
aus dem Nichts hilfsbedürftige Wesen auftauchen, die unbedingt ein wenig Zuwendung brauchen – und dabei hinterrücks
doch nur eine Menge Energie abzapfen.

Gutmütigkeit und Vertrauensseligkeit werden von Energie-Vampiren am häufigsten mit der Methode »Suchen« ausgenützt – denn wer würde in einer solchen Stimmung schon einer ratsuchenden Seele die Unterstützung verweigern? Achten Sie in solchen Momenten also besonders auf Personen, die plötzlich ganz unvermutete neue Sorgen und Probleme ins Gespräch bringen. Und hüten Sie sich vor Unbekannten, die aus heiterem Himmel hilfesuchend vor Ihnen stehen!

Das bedeutet nun natürlich nicht, dass Sie ab sofort grundsätzlich die Augen vor den Nöten Ihrer Nächsten verschließen sollen. Ich möchte Ihnen nur dringend empfehlen, bei aller Hilfsbereitschaft immer auch auf sich selbst und Ihr eigenes Wohlbefinden zu achten und sich falls nötig mit geeigneten Maßnahmen zu schützen!

Hals-über-Kopf-Liebe

Verliebtsein ist eine der wundervollsten Sachen der Welt, und es kann uns ganz schön um den Verstand bringen. Je stärker das Verliebtsein ist, desto eher sind wir dazu bereit, alles andere dafür zu vernachlässigen – vor allem in den ersten Wochen und Monaten, bevor sich aus dem inneren Feuerwerk von Anziehung und verliebtem Kribbeln im Bauch eine beständige, innige Liebe entwickelt.

Wer Hals über Kopf verliebt ist, lebt in einem hormonellen Ausnahmezustand, und oft spielen seine Gefühle schon beim Gedanken an die neue Liebe völlig verrückt. Dieser innere Aufruhr zeigt sich auch auf energetischer Ebene, denn auch das feinstoffliche Energiesystem wird davon mehr oder weniger stark durcheinander gewirbelt.

In einem solchen Moment denkt man natürlich nur selten an irgendwelche Schutzmaßnahmen – man ist schließlich überglücklich und möchte am liebsten die ganze Welt umarmen. Für einen Energie-Vampir ist solch eine Situation deshalb optimal – wenn er sich an der Lebensenergie eines derart verliebten Menschen bedient, wird der den Verlust meistens nicht einmal bemerken.

Hals-über-Kopf-Liebe zieht daher alle Vampir-Typen magnetisch an, denn sie lässt sich mit jeder Methode hervorragend ausnützen. Jeder Verliebte ist empfänglich für alle möglichen Ratschläge (»Beherrschen«) und hat genug Energie übrig für hilfsbedürftige, von niemandem geliebte Mitmenschen (»Suchen«). Auch fürs »Haften« bietet er genug Angriffsfläche – zum einen für wohlmeinende Freunde, die sich als Dauer-Gesprächspartner in Liebesdingen zur Verfügung stellen (und später viel Dankbarkeit dafür zurückfordern), und zum anderen für das Objekt der Begierde selbst, denn auch der absolute Traumpartner kann sich leider manchmal als heimlicher Energie-Vampir erweisen ...

Falls es Sie also demnächst einmal so richtig erwischen sollte oder Sie vielleicht jetzt schon Hals über Kopf in jemanden verliebt sind, kann ich Ihnen nur eines raten: Behalten Sie einen klaren Kopf! Verliebtsein ist schön, und natürlich sollten Sie es in vollen Zügen genießen – aber es lohnt sich, dabei trotzdem auf mögliche Energie-Vampire zu achten. Der wichtigste Schutz besteht in solchen Momenten darin, Ihr energetisches Gleichgewicht gezielt zu stärken und Ihre Aura und Ihre Chakras zu schützen, denn so verringern Sie Ihre Anziehungskraft auf alle Energie-Vampire ganz erheblich – und können das Verliebtsein innerlich gestärkt und bewusst genießen.

Wie züchte ich mir einen Energie-Vampir?

Inzwischen wissen Sie ja schon, dass Energie-Vampire nicht durch den Biss eines Artgenossen entstehen, sondern durch die eigenen Ängste und Energieblockaden – und dass dieses Problem im Prinzip jeden von uns treffen kann. Es besteht dabei aber sogar die Möglichkeit, dass ein Mensch mit entsprechender Veranlagung durch das Verhalten anderer regelrecht dazu verführt wird, sich an deren Energie zu bedienen.

Die erste, intensive Zeit einer neuen Liebe kann diese Möglichkeit mit sich bringen. Und da Sie sich mit Sicherheit keinen eigenen Energie-Vampir züchten wollen, sollten Sie ein paar Punkte beachten: Wer verliebt ist, tauscht mit seinem Liebes-Partner ganz natürlich große Mengen an Energie aus. Nicht nur beim Sex, sondern auch in vielen anderen Momenten ist der Energiefluss zwischen zwei verliebten Menschen etwas sehr Verbindendes, und je stärker die Liebe ist, desto mehr Energie fließt dabei vom einen zum anderen.

Manche Menschen erfahren ihr Verliebtsein allerdings besonders intensiv. Wenn sie Hals über Kopf verliebt sind, erscheint ihnen alles andere völlig unwichtig, und sie würden alles für den geliebten Menschen tun. Dadurch überschütten sie ihn geradezu mit ihrer Energie. Ein solch übergroßes Engagement kann jedoch nicht nur der gerade entstehenden Partnerschaft schaden (es gibt Menschen, die vor so viel Liebe sogar die Flucht ergreifen); es kann auch dazu führen, dass ein Partner mit entsprechenden Neigungen sich zum Energie-Vampir entwickelt. Das passiert vor allem dann, wenn er davon abhängig wird, von seiner/seinem Liebsten ständig mit frischer Energie versorgt zu werden.

Wenn die anfängliche Verliebtheit dann abklingt und die Liebe in ruhigere Gewässer treibt, lässt meist auch das Engagement des zuvor über alle Maßen verliebten, aufopferungsvollen Partners ein wenig nach und pendelt sich auf einem normalen Niveau ein. Für den bisher so verwöhnten, angehenden Energie-Vampir bedeutet das jedoch einen herben Energie-Verlust. So beginnt er dann oft unbewusst damit, sich die ersehnte Energie auf eigene Faust zu holen – und fertig ist der Energie-Vampir!

Um negative Entwicklungen zu vermeiden, ist es hilfreich, sich in Liebesbeziehungen immer auch mit sich selbst und seinen eigenen Bedürfnissen zu beschäftigen. Dies gilt vor allem dann, wenn wir dazu neigen, all unsere Kräfte in unseren Partner zu investieren, die wir zumindest teilweise auch für uns selbst bräuchten. Indem wir liebevoll, aber bewusst Grenzen setzen, können wir dazu beitragen, dass unser Liebster energetisch auf seinen eigenen Beinen stehen bleibt — und verhindern so, dass eine mögliche Veranlagung zum Energie-Vampirismus bei ihm zum Ausbruch kommt.

Opfer-Typen: Wer am stärksten gefährdet ist

Manche Menschen können kaum nachvollziehen, was ein Energie-Vampir überhaupt sein soll, weil sie scheinbar von Natur aus resistent gegen solche Energieräuber sind. Energie-Vampire machen einen weiten Bogen um sie und suchen lieber ein leichteres Opfer, bevor sie sich an einem energetisch so starken Menschen die Zähne ausbeißen.

Andere Menschen machen dagegen fast den Eindruck, aus den Fängen eines Energie-Vampirs direkt vor die Zähne des nächsten zu stolpern – irgendjemand oder irgendetwas raubt ihnen fast immer die Energie, die sie für ihre Aufgaben und Ziele bräuchten. Sie ziehen durch ihren Charakter oder durch ihre Gewohnheiten Energie-Vampire geradezu magisch an. Natürlich ist es für solche Opfer-Typen umso wichtiger, sich gut vor Energie-Vampiren zu schützen.

Aus dem Test »Geisterstunden« von Seite 36 ff. wissen Sie schon, ob Sie möglicherweise zu diesen Unglücklichen gehören. Hier möchte ich Ihnen die häufigsten Opfer-Typen jedoch noch genauer vorstellen. Falls Sie sich in einem davon zumindest teilweise wieder erkennen sollten, ist das schließlich kein Grund zur Verzweiflung – es lohnt sich dann allerdings doppelt, sich noch etwas genauer mit den Schutzmaßnahmen aus dem Praxisteil ab Seite 163 zu beschäftigen.

Der Helfer

Der Helfer ist eines der begehrtesten Opfer unter menschlichen Energie-Vampiren. Er hat immer ein offenes Ohr für die Sorgen und Probleme seiner Mitmenschen, versucht für alles eine Lösung zu finden und springt oft sogar dann als helfende Hand ein, wenn er dafür seine eigenen Aufgaben vernachlässigen muss. Wer einen Helfer um Rat oder Hilfe bittet, muss nicht lange warten, denn diese Menschen können es einfach nicht ertragen, wenn sie jemanden leiden sehen.

Von so viel Hilfsbereitschaft werden Energie-Vampire natürlich angezogen wie Motten vom Licht. Vor allem mit der Methode »Suchen« ist der Helfer spielend leicht auszusaugen. Und weil Helfer so nette und aufopferungsvolle Menschen sind, dauert es ziemlich lange, bis sie aus lauter Erschöpfung durch den Energieverlust ihre Hilfsbereitschaft einmal einschränken.

Helfer sollten daher immer gut auf ihr Energie-Niveau achten und bei einem verdächtigen Absinken schnell danach Ausschau halten, wo ein Energie-Vampir am Werk sein könnte.

Der Idealist

Der Idealist ähnelt dem Helfer-Typ in seiner Gutmütigkeit, aber er zeigt nicht dessen tatkräftige Hilfsbereitschaft und Aufopferungsbereitschaft. Ein Idealist sieht allerdings in jedem Menschen nur das Gute und ist sich sicher, dass Hass, Streit, Böswilligkeit oder Gewalt in Wirklichkeit nur durch Missverständnisse oder unglückliche Erfahrungen entstehen. Daher ist dieser Opfer-Typ immer dazu bereit, jedem zu verzeihen, der ihm oder anderen Böses getan hat – wenn man ihn nur darum bittet.

Da der Idealist so verständnisvoll ist, bietet er allen Energie-Vampiren leider ein leichtes Spiel. Sie können darauf hoffen, sich immer wieder an seiner Energie bedienen zu können, wenn sie nach jedem drastischen Angriff ein wenig echte oder auch gespielte Reue zeigen. Ein Idealist wird auch nach Streit und heftigen Diskussionen noch für sie da sein, weil er an den guten Kern in jedem Menschen glaubt – besonders bei den Personen in seiner unmittelbaren Umgebung.

Daher ist es für einen Idealisten besonders wichtig, immer gute Schutzmaßnahmen aufrechtzuerhalten – und deutliche Grenzen zu ziehen, sobald jemand zu offensichtlich mit seiner Gutmütigkeit spielt, denn dabei könnte es sich leicht um einen Energie-Vampir handeln.

Der Sinnsucher

Der Sinnsucher wirkt vor allem auf Spirituelle-Energie-Vampire anziehend, aber auch die übrigen Vampir-Typen bedienen sich gerne an seinen Energie-Reserven. Sinnsucher werden praktisch nur mit den Methoden »Beherrschen« oder »Haften«

angegriffen, denn das »Suchen« ähnelt ihrem eigenen Wesen zu sehr. Sie haben das Gefühl, ihren Platz in der Welt noch nicht richtig gefunden zu haben, und sind deshalb ständig selbst auf der Suche – allerdings anders als ein Energie-Vampir, der die Verantwortung dafür gerne an seine Opfer abgibt.

Sinnsucher nehmen die Suche nach ihrem Lebenssinn und ihren Zielen selbst in die Hand, und sie halten immer Augen und Ohren offen für alle Hinweise, die sie auf den richtigen Weg führen könnten. Daher sind sie sehr anfällig für Energie-Vampire, die geistige oder spirituelle Überlegenheit vorgeben und ihnen vorspiegeln, sie bei ihrer Suche unterstützen zu können. Je nachdem, wie intensiv ein Sinnsucher gerade mit seiner Suche beschäftigt ist, lässt er sich von einem überzeugenden Energie-Vampir damit leicht verführen und energetisch vereinnahmen.

Für Sinnsucher ist daher Vorsicht angesagt, wenn ihnen plötzlich jemand nahezu ungefragt ihren Lebensweg weisen möchte – denn die wenigsten echten Weisheitslehrer drängen sich ihren Opfern so auf wie ein Energie-Vampir. Sie sollten auf jeden Fall stets auch ihr Energie-Niveau im Auge behalten und damit überprüfen, ob ihnen jemand ihre Kräfte entzieht.

Der Schüchterne

Wer schüchtern ist und von Unsicherheit geplagt durchs Leben geht, hat sowieso schon wenig zu lachen – aber leider ist er auch noch einer der bevorzugtesten Opfer-Typen für alle Energie-Vampire. Energie-Vampire lieben es, wenn sie ein Opfer finden, das es gar nicht wagen würde, Widerstand gegen ihr Treiben zu leisten – und unglücklicherweise trifft das auf viele Menschen des schüchternen Typs genau zu. Sie wurden oft in ihrem Leben schon so viel geplagt, dass sie dabei den Mut oder die Kraft verloren haben, sich energisch zur Wehr zu setzen. Oder ihr Selbstbewusstsein wurde derart geschwächt, dass sie sich über jedes bisschen Aufmerksamkeit von anderen freuen – selbst wenn sie dabei energetisch zur Ader gelassen werden.

Ein Energie-Vampir kommt bei diesem Opfer-Typ eigentlich mit jeder Methode an sein Ziel, da es dem Schüchternen sehr schwer fällt, Grenzen zu ziehen und seine eigenen Interessen zu schützen. Für den Schüchternen ist es daher grundsätzlich wichtig, sein Selbstbewusstsein und sein Energiesystem zu stärken – vor allem seine Aura. Und sobald er sich von jemandem zu sehr vereinnahmt fühlt, ist es höchste Zeit, konkrete Abwehrmaßnahmen gegen einen möglichen Energieraub zu treffen.

Der Träumer

Ein Träumer ist in mancher Hinsicht ein beneidenswerter Mensch: Er läuft ganz in seine eigene Weltsicht eingehüllt durchs Leben und sieht nur das, was ihm gefällt. Wie in einer Seifenblase schwebt er über den Dingen und lebt in seinem persönlichen Traum. Und wenn die Seifenblase platzt (was beim Kontakt mit den raueren Seiten des Lebens immer wieder einmal vorkommt), ersetzt er sie fast immer flugs durch eine neue Träumerei.

Da ein Träumer manche Aspekte der Realität (wie die Steuererklärung) lieber aus seiner Welt ausklammert, ist er den Angriffen von Energie-Vampiren allerdings oft schutzlos ausgeliefert. Ein Energie-Vampir kann die Träumerei dieses Opfer-Typs nämlich gut ausnutzen: Erstens ist sein Opfer normalerweise nicht auf irgendeine Art von Angriff gefasst, weil solche Dinge in seiner rosaroten Traumwelt einfach nicht vorkommen. Und zweitens kann der Energie-Vampir leicht das Vertrauen des Träumers gewinnen, indem er sich an seine Weltsicht anpasst und ihn darin bestärkt.

Für einen Träumer ist es daher immer wichtig, die Realität nicht zu sehr aus den Augen zu verlieren und stets für eine gute Erdung zu sorgen. Und falls sich eine neue Bekanntschaft unvermutet zur Seelenverwandtschaft entwickelt, kann ich nur empfehlen, einen Blick hinter die Kulissen zu wagen, um sicherzugehen, dass es sich dabei nicht um einen Energie-Vampir handelt – und gut auf das eigene Energie-Niveau zu achten.

Ein Vampir an meiner Seite ...

Wer kennt das nicht: Man geht kurz vor Weihnachten ins Einkaufszentrum, um die letzten Geschenke zu besorgen, doch kaum hat man seinen Fuß ins erste Geschäft gesetzt, ist man von all dem Trubel, Lärm und Gedränge (und den unzähligen blinkenden Lichterketten) so entnervt, dass man am liebsten sofort den Rückzug auf die heimische Couch antreten möchte. Oder man trifft schon morgens am Gartentor den schrecklichen Nachbarn, der einen jedes Mal wegen dem Wildwuchs im Garten, den herumtobenden Kindern oder dem Partylärm von vor drei Monaten nervt – und plötzlich ist die gute Laune für den Rest des Tages passé.

Manche Situationen können einem in Sekundenschnelle den letzten Nerv rauben. Man hat danach auf nichts mehr Lust, fühlt sich irgendwie unwohl oder verärgert und möchte sich am liebsten mit einer Decke über dem Kopf ins Bett verkriechen. Nun ja, ganz so schlimm ist es zwar zum Glück nicht immer, doch auch Sie haben sicher schon Situationen erlebt, die Sie im Nu Ihrer gesamten Energie beraubt haben.

Unsichtbare Energie-Vampire

Manche Situationen können uns mindestens genauso effektiv um unsere Lebensenergie bringen wie der geschickteste menschliche Energie-Vampir. Sie saugen unsere Energie auf wie ein schwarzes Loch. Diese unsichtbaren Energie-Vampire haben die gleiche schädliche Wirkung auf uns wie ihre menschlichen Verwandten – sie rauben uns mit unserer Lebensenergie auch die Kraft zum Leben. Dieser Energieverlust führt dann zu den vielfältigen Symptomen, die Sie bereits im letzten Kapitel kennen gelernt haben.

Situative Energie-Vampire sind zwar keine selbstständigen Lebewesen, die aus eigenem Antrieb Jagd auf unsere Lebensenergie machen. Sie sind aber auf feinstofflicher Ebene durchaus greifbare Energieformen, die meist durch die Kraft unserer Gedanken und Emotionen entstehen. Diese Energieformen werden auch als Elementale bezeichnet.

Elementale

Elementale sind keine Lebewesen im eigentlichen Sinne und haben keine materielle Form. Sie existieren nur auf feinstofflicher Ebene als Energieformen, die in den verschiedensten Gestalten wahrgenommen werden können, zum Beispiel als Lichter, Wolken, Blitze, Wirbel oder auch in vage menschlicher oder tierischer Form.

Oft werden Elementale auch als Gedankenform bezeichnet – dieser Begriff ist jedoch leicht irreführend, weil er den Eindruck erweckt, dass sie ausschließlich auf Gedanken basieren. Elementale entstehen jedoch nicht nur durch Gedanken, sondern aus einer komplexen Mischung aus bewussten und unbewussten Gedanken und Emotionen. Jeder von uns erschafft von Kindheit an immer wieder neue Elementale, die ihn durch sein gesamtes Leben hindurch als energetische Anhängsel begleiten können.

Es gibt dabei negative Elementale, die etwa aus Trauer, Wut, Angst oder Verzweiflung entstehen, aber auch positive Elementale, deren Ursprung in großer Freude, Begeisterung, Liebe oder Glückseligkeit liegt. Allerdings entwickeln sich nur negative Elementale zu unsichtbaren Energie-Vampiren und entziehen uns unsere Lebensenergie.

Elementale können sich auf zwei verschiedene Arten in unserem Leben bemerkbar machen. Manche Elementale üben einen ständigen, nahezu unmerklichen Einfluss auf uns aus, der unser Verhalten, unsere Wahrnehmung und oft auch unsere Denkmuster auf bestimmte Bereiche festlegt und in anderen Bereichen blockiert – so zum Beispiel ein Angst-Elemental, das ständig zu Vorsicht und Zurückhaltung mahnt und einen so davon abhält, das Leben auch einmal in vollen Zügen zu genießen und die dazu nötigen Risiken einzugehen.

Weitaus mehr Elementale müssen dagegen erst von bestimmten Situationen aktiviert werden, bevor sie ihre Wirkung entfalten. Dabei besteht immer ein enger Zusammenhang zwischen den auslösenden Situationen und der Entstehung des Elementals. Solche Elementale entwickeln sich unter anderem dann, wenn man in einer unangenehmen Situation immer wieder seine natürlichen Reaktionen (wie Angst oder Wut) unterdrücken muss. Die Energie der damit verbundenen Gedanken und Emotionen ballt sich dann auf feinstofflicher Ebene mit jeder Wiederholung stärker zusammen. Dort bildet sie bald eine nahezu unabhängige Energieform, die aber immer noch durch ihren Auslöser mit ihrem Schöpfer verbunden ist – ein Elemental.

Jedes Mal, wenn wir auf eine ähnliche Situation wieder mit Verdrängung reagieren, nimmt sich dieses Elemental ein bisschen mehr Raum – bis es irgendwann stark genug ist, um sogar unsere Reaktion auf die Auslöser-Situation zu beeinflussen.

Wie ein Elemental entsteht

Stellen Sie sich vor, Sie stünden plötzlich morgens auf dem Weg zur Arbeit wegen einer Baustelle im Stau. Auch am nächsten und an den folgenden Tagen ärgern Sie sich über diese Behinderung, die unsinnige Baustelle, die idiotische Ampelschaltung, die langsamen Arbeiter oder die Autos vor Ihnen, die nicht schnell genug weiterfahren. Sie haben möglicherweise auch noch Angst, zu spät zu kommen, einen wichtigen Termin zu verpassen, Ärger mit dem Chef zu bekommen und am Ende gar Ihren Job zu verlieren.

Jedes Mal, wenn Sie diesen Ärger hinunterschlucken oder die Angst wegstecken müssen, nähren Sie damit ein spezielles Elemental. In diesem Elemental werden nach und nach all Ihre Gedanken, Emotionen und sogar körperlichen Reaktionen gespeichert, die mit dieser unangenehmen Situation zusammenhängen. Nach einer Weile ist dieses Elemental stark genug, um Ihr Herz schon dann schneller schlagen zu lassen, wenn Sie auch nur die ersten Ausläufer des Staus erblicken. Bald wird es vielleicht schon beim Anblick eines Hinweisschilds auf eine Baustelle ausgelöst, selbst wenn Sie dabei gar nicht im Stau landen. Und schließlich wirkt das Elemental bereits beim bloßen Gedanken an die Fahrt zur Arbeit.

Ein Baustellen-Stau mag Ihnen zwar wie ein recht banaler Auslöser für so weit reichende energetische Prozesse vorkommen, aber Sie würden sich wundern, was für Elementale ich während meiner Arbeit mit Menschen schon zu sehen bekommen habe. Je nach Temperament können wir auf die unterschiedlichsten Situationen so stark reagieren, dass daraus ein Elemental entsteht. Und was für den einen eine ganz alltägliche Banalität ist, kann für einen anderen bereits der reine Alptraum sein.

Zu diesem Zeitpunkt ist das Elemental dann meist auch schon ein ausgewachsener Energie-Vampir. Der eigentliche Energie-Vampir ist nämlich nicht irgendeine äußere Situation, sondern das energieraubende Elemental, das durch sie ausgelöst wird.

Wie wird ein Elemental zum Energie-Vampir?

Zum Energie-Vampir wird ein Elemental dann, wenn es durch ständig verdrängte (negative) Gedanken und Emotionen entsteht. Diese Gedanken und Emotionen bestehen auf feinstofflicher Ebene schließlich aus nichts anderem als aus purer Energie, die beim Verdrängen ja irgendwo abgeladen werden muss. Daher entwickelt sich das Elemental im Laufe der Zeit zu einer Art energetischem schwarzen Loch, das diese Energien in seinem Inneren zusammenballt. Je stärker das Elemental wird, desto schneller tritt dieser »Schwarzes-Loch-Effekt« auf und saugt Ihre Lebensenergie auf, schon lange bevor es einen äußeren Anlass dazu gibt.

Für ein Energie-Vampir-Elemental ist es gleichgültig, ob es verdrängte Energie unerwünschter Gedanken und Gefühle aufnimmt oder die Lebensenergie, die wir eigentlich für unser Wohlbefinden brauchen – es saugt völlig undifferenziert Energie auf, so wie ein kosmisches schwarzes Loch alles schluckt, was in sein Gravitationsfeld gerät – sogar Licht!

Des einen Freund, des anderen Feind

Da Elementale ganz individuell als Reaktion auf bestimmte Erlebnisse entstehen, hat jeder Mensch auch seine ganz persönlichen Stress-Situationen, die ihm seine Kräfte rauben. Ein und dieselbe Situation kann einem Menschen Unmengen an Energie entziehen, während sie für jemand anderen völlig harmlos ist. Daher müssen solche »unsichtbaren« Energie-Vampire immer individuell erforscht werden, und es ist nicht leicht, allgemein gültige Aussagen zu treffen.

Es gibt jedoch zum Glück wenigstens ein paar Gemeinsamkeiten, die auch die verschiedensten Energie-Vampir-Situationen miteinander teilen:

1. *Sie lösen negative Gedanken und Emotionen aus*, wie beispielsweise Ärger, Wut, Trauer, Angst, Verzweiflung, Hass oder auch Verachtung. Typische Gedanken dabei sind unter anderem: »Oh nein, nicht schon wieder!« – »Warum muss das immer mir passieren?« – »Das darf doch gar nicht wahr sein!« und Ähnliches.

2. *Sie wiederholen sich.* Je stärker dabei die ausgelösten Emotionen und die Verdrängung sind, desto weniger Wiederholungen sind nötig, um ein energieraubendes Elemental entstehen zu lassen. Ich selbst litt beispielsweise vor Jahren nach zwei unerwarteten, dicht aufeinander folgenden Trauerfällen im Freundeskreis eine Weile unter einem Elemental, das stark genug war, um mir schon beim Anblick eines Friedhofs meine ganze Energie zu entziehen.

3. *Man kann in der betreffenden Situation nicht natürlich reagieren* und seine Emotionen zeigen, sondern muss sich beherrschen und sie verdrängen, sei es aus Höflichkeit, Rücksichtnahme oder mangels Gelegenheit.

4. *Sobald die Situation überstanden ist, fühlt man sich wie ausgelaugt.* Man ist erschöpft, müde oder auch einfach nur

lustlos und muss sich fast dazu zwingen, sich seinen nächsten Aufgaben zu stellen. Manche Menschen reagieren auf den plötzlichen Energieverlust allerdings auch, indem sie von einem Moment auf den anderen genervt und leicht reizbar sind oder körperliche Symptome wie Kopfschmerzen, Übelkeit und dergleichen entwickeln.

Auf Vampir-Jagd

Als moderner Vampir-Jäger benötigen Sie weder ein »Holzpflock-mit-Hammer-Set« noch Schwerter oder ähnliche blutrünstige Werkzeuge. Bei der folgenden kleinen Vampir-Jagd geht es zunächst auch nur darum, mögliche Energie-Vampire aufzuspüren und zu erkennen – die richtigen Maßnahmen für ihre Beseitigung finden Sie dann später im Praxisteil.

Nehmen Sie sich für diese Aufgabe zunächst rund zehn Minuten für ein ausgiebiges Brainstorming Zeit. Dabei begeben Sie sich auf einen Ausflug in Ihre Erinnerung und fahnden nach Erlebnissen und Situationen, die Ihnen in letzter Zeit auf die Nerven gefallen sind. Notieren Sie die entsprechenden Situationen jeweils mit wenigen Stichworten, aber ohne weiter groß darüber nachzudenken – im Moment geht es nur darum, potentielle Energie-Vampir-Situationen aufzuspüren.

Im nächsten Schritt machen sie sich dann daran, die echten Energie-Vampire einzukreisen und die übrigen, »nur« nervtötenden Erlebnisse auszusortieren. Fangen Sie dafür mit der ersten Situation auf Ihrem Notizzettel an: Schließen Sie die Augen, begeben Sie sich in Ihrer Erinnerung in diese Situation und stellen Sie sich alles noch einmal so detailgetreu wie möglich vor Ihrem inneren Auge vor.

Achten Sie darauf, welche Emotionen und Gedanken diese Situation in Ihnen auslöst (aber bitte als möglichst neutraler Beobachter, um nicht aus Versehen ein energieraubendes Elemental auszulösen!). Sobald Sie die Situation klar vor sich sehen, stellen Sie sich die folgenden Fragen dazu:

1. War diese Situation einfach nur nervig, oder hat sie auch negative Emotionen wie Wut, Angst, Trauer, Verzweiflung usw. in mir ausgelöst?

2. War sie ein einmaliges Erlebnis, oder war ich schon öfter in dieser Situation oder in einer ähnlichen, die sich genauso angefühlt hat?

3. Konnte ich mich in dieser Situation frei ausdrücken, oder musste ich mich beherrschen, um meine Emotionen nicht zu zeigen und niemanden merken zu lassen, wie genervt ich war?

4. War ich danach gleich wieder so fit und fröhlich wie zuvor, oder hatte ich noch lange danach schlechte Laune und musste erst einmal eine Pause einlegen, um mich wieder zu erholen?

Versuchen Sie, die Fragen so eindeutig wie möglich zu beantworten, auch wenn Sie dafür Ihr Gedächtnis ein bisschen anstrengen müssen. Falls Sie sich in einem Fall einmal wirklich nicht daran erinnern können, können Sie auch auf Ihre Intuition zurückgreifen und die Frage aus dem Bauch heraus so beantworten, wie es sich am stimmigsten anfühlt.

Die vier Fragen beziehen sich natürlich auf die typischen Kennzeichen von Energie-Vampir-Situationen. Wenn bei allen vier Fragen die jeweils zweite Möglichkeit zutrifft, ist die dazugehörige Situation mit größter Wahrscheinlichkeit einer Ihrer persönlichen Energieräuber, und Sie sollten sie auf Ihrer Liste entsprechend markieren.

Dann lassen Sie die Erinnerung an diese Situation wieder los, atmen dreimal kräftig durch, um auch alle dazugehörigen

Gefühle freizugeben und wenden sich der nächsten Situation auf Ihrer Liste zu. Verfahren Sie mit ihr ganz genauso, und falls sie dabei wieder alle vier Fragen entsprechend beantworten, bekommt auch sie ein Vampir-Erkennungszeichen.

Situationen, bei denen mindestens einmal der erste Teil einer Frage zutrifft, erfüllen nicht alle Merkmale einer Energie-Vampir-Situation. Sie können Sie also zunächst einmal von Ihrer Liste streichen.

Wenn Sie die Vampir-Jagd zu einem späteren Zeitpunkt wiederholen und dabei dieselbe oder eine sehr ähnliche Situation beim Brainstorming auftaucht, können Sie sie ruhig noch einmal einer genauen Prüfung unterziehen – es ist nämlich möglich, dass sie sich bis dahin doch noch zu einem Energieräuber entwickelt hat.

Sonntags bei Schwiegermutter ...

Verstehen Sie mich nicht falsch: Ich möchte hier nichts Böses über Schwiegermütter an sich sagen. Schwiegermütter können die wunderbarsten Menschen der Welt sein. Auch meine eigene Schwiegermutter ist eine ganz reizende, liebenswerte Frau – sie wird mir dieses Kapitel also sicher nicht übel nehmen.

Eine böse Schwiegermutter – und die gibt es tatsächlich! – ist hingegen immer noch eines der besten *Bilder* für einen unliebsamen Verwandten, der einem das Leben so richtig schwer machen kann. Sie können sich sicher vorstellen, was ich damit meine ...

Eine bösartige Schwiegermutter kann an sich schon ein schlimmer Energie-Vampir sein. Doch damit nicht genug können auch Besuche bei ihr sehr belastend werden. Vor allem regelmäßige sonntägliche Familienbesuche erfüllen oft alle Kriterien für eine energieraubende Situation, denn

– sie lösen unangenehme Gedanken und Gefühle aus wie Ärger, Frustration, Verzweiflung oder schlimmstenfalls gar Mordgelüste,
– sie wiederholen sich mit unausweichlicher Regelmäßigkeit,
– man kann seine Meinung darüber nicht laut äußern, ohne eine Ehekrise heraufzubeschwören, und
– es dauert den ganzen Rest des Tages, sich von dieser Tortur zu erholen.

Ganz alltägliche und unscheinbare Situationen wie das sonntägliche Essen bei der Schwiegermutter oder den Eltern sind die häufigsten Energie-Vampir-Situationen überhaupt – und leider auch die schlimmsten. Wer so ausgefallene Situationen wie »Hochzeiten am Strand« oder »Urlaub auf Grönland« zu seinen schlimmsten Energieräubern zählt, muss schließlich nicht befürchten, allzu oft unter ihnen leiden zu müssen. Wenn wir jedoch schon nach jeder Fahrt zur Arbeit nicht nur mit den Nerven, sondern auch mit unseren Energievorräten am Ende sind, ist diese Energie-Vampir-Situation ein echtes Problem.

Vorsicht vor alltäglichen Energie-Vampiren!

Ich möchte Ihnen empfehlen, die bei Ihrer Vampir-Jagd entstandene Liste Ihrer persönlichen Energie-Vampir-Situationen nicht nur nach deren Stärke, sondern vor allem nach ihrer Häufigkeit zu sortieren und zu bekämpfen. Schließlich kann auch ein relativ kleiner Energieverlust bedeutende Folgen haben, wenn er praktisch täglich wiederkehrt – manchmal hat er sogar schlimmere Folgen als ein großer Energieverlust, der höchstens alle paar Jahre auftritt.

Die folgende Liste gibt Ihnen einen Überblick über die 10 häufigsten Energie-Vampir-Situationen, unter denen praktisch jeder von uns irgendwann einmal leidet. Falls Sie bei Ihrer Vampir-Jagd noch auf keine einzige dieser Situationen gestoßen sind, ist das sehr schön für Sie – es ist jedoch auch möglich, dass sie Ihnen wegen ihrer schlichten Alltäglichkeit bisher einfach nur nicht aufgefallen sind.

Es lohnt sich auf jeden Fall, nachzusehen, ob Ihnen eine oder mehrere der folgenden Situationen nicht doch bekannt vorkommen, denn möglicherweise können Sie so noch den einen oder anderen versteckten Energieräuber ausfindig machen.

Die 10 häufigsten Energie-Vampir-Situationen

Im Folgenden präsentiere ich Ihnen die »Top Ten« der Energie-Vampir-Situationen – die genaue Reihenfolge können Sie jedoch ganz an Ihre persönlichen Bedürfnisse anpassen. Vielleicht fällt der eine oder andere Punkt sogar ganz weg, mangels Kindern, Nachbarn oder Auto – dann dürfen Sie die Liste gerne mit anderen nervtötenden Alltagssituationen Ihrer Wahl auffüllen!

Sonntägliche Familienessen und ähnliche Clan-Treffen

Es gibt nichts Schöneres als einen starken Zusammenhalt in der Familie – aber auch nichts Schrecklicheres, als eine zerstrittene Familie, die nur aus Gewohnheit, Tradition oder »weil das eben dazugehört« regelmäßig an einem Ort zusammenkommt. Ob beim Erntedankfest, an Weihnachten, zu Geburtstagen, Hochzeiten, Taufen oder gar beim regelmäßigen Sonntagsessen: Wenn Neid, Zwietracht oder ungelöste Familienprobleme mit am Tisch sitzen, ist die Krise vorprogrammiert.

Solche familiären Psychodramen eignen sich gut für ernste oder auch heitere Filmspektakel. Leider entwickeln sie sich für viele Betroffene aber auch zu ausgesprochenen Energie-Vampiren, die ihnen schon Tage vor jedem unvermeidlichen Treffen nicht nur die Laune verderben, sondern auch ihre Lebensenergie entziehen.

Wenn die Arbeit gar kein Vergnügen ist

Ein großer Anteil von Energie-Vampir-Situationen hat leider mit der Arbeit zu tun. Zwar wünscht sich sicher jeder von uns, dass sein Beruf ihm möglichst das ganze Leben hindurch Freude und Erfüllung schenkt, aber leider ist bei vielen Menschen genau das Gegenteil der Fall. Entweder, weil sie erst gar keine Arbeit in ihrem Traumberuf bekommen, oder weil sie an der Arbeitsstelle selbst widrigen Umständen ausgesetzt sind: Unangenehme Kollegen, Mobbing, Dauerstress, ein nörgelnder Chef, dicke Luft im Team, eine schlechte Auftragslage, die drohende Kündigung oder auch der tägliche Kampf mit dem Computer können den Traumjob schnell zum Alptraum werden lassen.

In solch einer Lage kann sich leicht ein Energie-Vampir-Elemental entwickeln, denn schließlich ist man im schlimmsten Fall an jedem einzelnen Arbeitstag irgendeiner unangenehmen Situation ausgesetzt. Daher möchte ich Ihnen dazu raten, eventuelle berufliche Energie-Vampire grundsätzlich so schnell wie möglich zu bekämpfen – das erspart eine Menge

Energieverluste und vielleicht sogar den Stress, der damit verbunden ist, eine neue Arbeitsstelle zu suchen.

Auch der Weg zur Arbeit kann schon schlauchen

Leider lauern die Energie-Vampire nicht nur in der Arbeit selbst, sondern auch schon auf dem Weg dorthin. Sie wissen ja, der Stau an der Baustelle ... Oder aber auch die vielen müden, frustrierten Gesichter in der U-Bahn, das Gedränge am Bahnsteig, ständig überfüllte Züge, der Stress im Berufsverkehr und nicht zuletzt der grässliche Nieselregen, der bevorzugt dann zu fallen scheint, wenn man morgens aus dem Haus gehen muss.

Auch wenn jeder einzelne Punkt für sich genommen eine Kleinigkeit ist, kann es einem ganz schön viel Energie rauben, wenn man jeden Tag mit solchen Widrigkeiten zu kämpfen hat. Besonders anfällig für Energie-Vampire auf dem Weg zur Arbeit ist man übrigens dann, wenn man auch im Job selbst unter lästigen Energieräubern zu leiden hat. Falls Sie also feststellen, dass schon auf dem morgendlichen Weg zur Arbeit ein kleiner Energie-Vampir auf Sie lauert, sollten Sie sich unbedingt auch im Job selbst auf Vampir-Jagd begeben!

Einkaufsrummel kurz vor Ladenschluss

Sie kommen nach einem langen Arbeitstag nach Hause und stellen fest, dass Sie eigentlich schnell noch mal in den Supermarkt müssen, um den Kühlschrank aufzufüllen. Oder Sie können nur samstags einkaufen gehen, wenn alle Läden voll sind, weil Sie an den übrigen Tagen der Woche gar keine Zeit dafür haben. Auch die Tage kurz vor längeren Feiertagen, wie Weihnachten, eignen sich gut dafür, viele unnütze Viertelstunden vor irgendwelchen Supermarktkassen in der Schlange zu verbringen.

Vielleicht gehören Sie ja zu den Glücklichen, denen der Rummel im Supermarkt kurz vor Ladenschluss nichts ausmacht, und die das Gedränge und die vielen gehetzten Leute um sich herum gar nicht weiter bemerken – dann möchte ich Ihnen hiermit meinen Glückwunsch aussprechen! Wenn Sie dagegen wie ich lieber in Ruhe einkaufen, sich weder um das letzte frische Brot noch um die neuesten Sonderangebote schlagen wollen und auch gerne auf den kleinen oberflächlichen Plausch in der Warteschlange vor der Kasse verzichten, ist dieser Einkaufsrummel auch für Sie ein potentieller Energie-Vampir. Aber machen Sie sich keine Sorgen deswegen: Sie sind in guter und vor allem zahlreicher Gesellschaft!

Kinder-Taxi-Service und andere logistische Herausforderungen

Viele geplagte Mütter werden mir gerne zustimmen: Es gibt kaum etwas Anstrengenderes, als die vielen Termine und Aktivitäten seiner Kinder zu koordinieren, sie mit dem eigenen Terminplan abzustimmen – und dann in Windeseile von A nach B, dann nach C und wieder nach A zu fahren, um alle rechtzeitig irgendwohin zu bringen und wieder abzuholen.

Meine Nachbarin verbringt nahezu täglich einige Stunden im Auto, weil ihre drei Kinder dummerweise in den verschiedensten Sportclubs, Tanz- und Musikschulen sind und auch noch Freunde in allen Ecken der Stadt haben. Am meisten stöhnt sie allerdings darüber, dass sie ständig alles ganz genau planen muss – und dann doch immer wieder Änderungen in letzter Minute eintreten.

Was für meine Nachbarin ihr Kinder-Taxi-Service ist, ist für andere Menschen die Koordination ihrer vielen Freizeitaktivitäten, eines großen Freundeskreises oder mehrerer Neben-jobs. Und auch viele Freiberufler leiden insgeheim darunter, ständig neue Termine und Tagesabläufe planen zu müssen.

Ein guter Terminkalender kann dabei zwar eine große Hilfe sein, aber trotzdem sind diese logistischen Herausforderungen für viele Menschen eine große Belastung. Schließlich muss man neben der ganzen Planung ja auch noch die Termine selbst bewältigen! Umso schlimmer ist es, wenn einem schon bei der Planung ein Energie-Vampir im Nacken sitzt – für viel beschäftigte Menschen lohnt es sich daher, sich wenigstens solche Plagegeister vom Hals zu halten.

Die lieben Nachbarn

Kaum ist es acht Uhr morgens, dann wird auch schon der Rasenmäher angeworfen – an jedem schönen Sonntag. Oder die Stereoanlage wummert bis drei Uhr nachts mit nervtötenden Bässen durchs ganze Haus. Auch das Eigenleben einer Hecke, Nachbars Apfelbaum oder sein Haustier-Zoo können das nachbarschaftliche Zusammenleben ganz schön belasten – und Ihr Energie-Konto ebenfalls. Ganz gleich, ob ein Nachbar ein notorischer Störenfried ist oder ein kleiner Meckerer, der an allem etwas auszusetzen hat – die unvermeidlichen Begegnungen mit ihm können sich leicht zu lästigen Energie-Vampir-Situationen entwickeln.

Natürlich hoffe ich für Sie, dass Ihre Nachbarn allesamt ganz nette, reizende Menschen sind, von denen Sie nicht mehr mitbekommen, als Ihnen lieb ist. Falls es jedoch den einen oder anderen nicht ganz so umgänglichen Nachbarn in Ihrer Umgebung gibt, sollten Sie mit den entsprechenden Schutzmaßnahmen dafür sorgen, dass die Begegnungen mit ihm sich gar nicht erst zu Energieräubern entwickeln können.

Urlaubsbeginn im Stau

Vor allem in Europa ist es ein gewohntes Bild: Die schönste Zeit des Jahres beginnt, und unzählige Menschen verbringen ihre erste Stunden und Tage erstmal auf der Autobahn – im Stau. Ich selbst habe dieses Dilemma bisher immer vermeiden können, weil ich zu solchen Zeiten einfach nicht auf der Straße unterwegs bin. Aber viele Freunde und Bekannte haben mir schon unzählige Geschichten darüber erzählt, wie sie die eine oder andere Stunde im Auto bei glühender Hitze oder auch im Schneesturm totgeschlagen haben, und ich hätte mit keinem von ihnen tauschen mögen. Ich kenne ein Paar, das halb Europa inzwischen nur noch bei Nacht kennt – die beiden fahren längere Strecken grundsätzlich nur noch im Dunkeln, weil sie dann wenigstens freie Fahrt haben ...

Auch wenn man meist nur ein- oder vielleicht zweimal pro Jahr in diese missliche Lage kommen kann, ist der Urlaubsbeginn im Stau doch eine der klassischen Energie-Vampir-Situationen. Wenn man gar nicht anders kann, als genau am gleichen Wochenende wie alle anderen in die Ferien aufzubrechen, sollte man deshalb zumindest auf energetischer Ebene alle Vorsichtsmaßnahmen treffen, damit kein unerwünschter Energie-Vampir mit im Auto sitzt.

Grußkarten und andere »Zwangsarbeiten«

Schreiben Sie gerne? Ich ja, schon von Berufs wegen ... Aber trotzdem gab es für mich jahrelang nichts Schlimmeres, als zu Weihnachten, Ostern oder Geburtstagen die üblichen Grußkarten an Verwandte, Bekannte und Kollegen schreiben zu müssen. Natürlich ist es schön, mal wieder etwas von sich hören zu lassen, und jeder freut sich über die kleine Aufmerksamkeit. Aber sobald ich eine bunt bedruckte Grußkarte vor mir liegen habe, verschlägt es mir die Sprache, und ich bekomme kaum mehr als ein paar oberflächliche Sätze über die Wetterlage heraus.

Da sind auch die vorformulierten Karten mit beschaulichen oder lustigen Sprüchen für alle Gelegenheiten keine große Hilfe, denn die sind mir dann doch zu unpersönlich. Im Urlaub kann man sich wenigstens noch damit herausreden, keinen Briefkasten für die hübschen Ansichtskarten gefunden zu haben ... aber bei allen anderen Gelegenheiten bleibt einem kaum eine andere Wahl, als sich ein paar mehr oder weniger aussagekräftige Worte abzuringen.

Seit mir allerdings aufgefallen ist, dass diese regelmäßigen »Was soll ich nur schreiben?«-Anfälle nichts anderes waren als das Werk eines kleinen Energie-Vampirs, gehört dieses Problem der Vergangenheit an – und ich habe seither von vielen Menschen erfahren, dass solch ein banaler kleiner Energie-Vampir ziemlich vielen von uns das Leben regelmäßig etwas schwerer macht.

Feste feiern, weil man muss

Ein weiterer Klassiker unter den unangenehmen Zwängen, denen man leider von Zeit zu Zeit ausgesetzt ist, sind Feste und Partys zum falschen Zeitpunkt – die man leider trotzdem nicht einfach absagen kann. Ich verbringe für mein Leben gern einen schönen Abend mit Freunden und kann mich für fast jede wilde Party begeistern, aber manchmal bin ich einfach nicht in Feierlaune. Zum Glück bin ich eigenwillig genug, um dann auch einfach mal zu Hause zu bleiben – obwohl es Leute geben soll, die einem deshalb gleich die Freundschaft aufkündigen.

Solch unvermeidliche Geburtstagsfeste, Betriebsfeiern, Premierenpartys und ähnliche gesellschaftliche Aktivitäten können eine ganz schöne Last werden, wenn man ohne eigene Motivation zum Feiern verpflichtet wird. Daher sind sie auch ein beliebter Anlass für die Entstehung kleiner oder großer Energie-Vampire, die einem dann auch noch den letzten Spaß am Feiern rauben – und der Entstehung solch lästiger Plagegeister sollte man so früh wie nur irgend möglich vorbeugen.

Und jetzt alle zusammen

Genauso anstrengend wie unausweichliche Feste können auch alle anderen erzwungenen Gruppenaktivitäten sein. Ob mit der Clique, den Kollegen, allen Verwandten oder im Verein: Gruppenzwang kommt häufiger vor, als manch einer denken würde, und oft ist man sich nicht einmal bewusst, dass man gar nicht aus eigenem Antrieb handelt, sondern weil man muss. Meist schlagen immer wieder dieselben zwei oder drei Personen irgendwelche Aktivitäten vor und reden dann so lange auf alle anderen ein, bis sie dabei mitmachen.

Dabei ist es natürlich gut möglich, dass gerade diese Rädelsführer selbst schon verkappte Energie-Vampire sind. Ebenso häufig entwickelt sich jedoch die Situation an sich zu einem schwarzen Loch für die Lebensenergie einiger Beteiligter. Dann ist es an der Zeit, seine eigenen Wünsche in der Gruppe mehr einzubringen und gleichzeitig gute Gegenmaßnahmen gegen den Energie-Vampir zu treffen.

Angriffe aus der geistigen Welt

Das Universum besteht aus weit mehr, als wir sehen und anfassen können. Neben der materiellen Welt und der feinstofflichen Ebene existieren noch viele weitere Dimensionen und Wesen, die uns direkt oder indirekt mit ihrem Einfluss erreichen können.

Von guten und von bösen Mächten

In jeder Kultur finden sich Hinweise auf die Existenz anderer Dimensionen, von wo aus Einfluss auf unser irdisches Leben genommen wird. Mal sind es göttliche Schöpferwesen, mal Dämonen, Naturgeister oder andere über- und unterirdische Wesenheiten. Auch in den unter vielen Naturvölkern verbreiteten Ahnenkulten gehen die Menschen davon aus, dass die Geister ihrer Vorfahren auf unsichtbare Weise weiter über ihre Familien und ihre Dörfer wachen.

Wenn all diese verschiedenen Götter, Geister und Dämonen gleichzeitig nebeneinander in einer Art jenseitiger Welt existieren würden, dann müsste es dort ein ganz schönes Gedränge geben ... Glücklicherweise beziehen sich viele mythologische und religiöse Überlieferungen jedoch auf dieselbe Arten von Wesenheiten, die von verschiedenen Kulturen in unterschiedlicher Form wahrgenommen und benannt wurden – entsprechend ihren spirituellen Bedürfnissen.

Ein gutes Beispiel ist die oft sehr intensive Heiligenverehrung unter der katholischen Bevölkerung Süd- und Mittelamerikas indianischer Abstammung. Nach der oft zwangsweisen Bekehrung im Zuge der spanischen Eroberung hat die Verehrung bestimmter katholischer Heiliger dort den Platz eingenommen, den vorher der Glaube an die einheimischen Götter innehatte. Den Ureinwohnern muss dabei bewusst geworden sein, dass die Bedeutung mancher Heiliger als Fürsprecher und Helfer bei bestimmten Problemen der Rolle ihrer alten Götter sehr ähnlich war. Der Glaube an höhere Mächte und Wesen ist nämlich durchaus vielfältig und wandelbar – und dennoch ist er überall dort zu finden, wo Menschen ihr Bewusstsein dafür geöffnet haben, dass es neben der materiellen Welt noch andere Dimensionen gibt.

Nicht alle Bewohner der geistigen Welt sind freundlich

Dabei ist praktisch überall auch eine weitere wichtige Erkenntnis gereift: Die unsichtbaren Wesen und Mächte, die in das menschliche Leben eingreifen können, müssen bei weitem nicht immer nur wohlwollend und gut sein. Es gibt fast immer auch deutliche Hinweise auf böse Geister, die den Menschen schaden wollen, und auf Wesen, deren Wohlwollen durch Opfer und Gebete erst erarbeitet werden muss.

Ich möchte hier nun keine neue Einteilung dieser guten oder bösen, wohlwollenden oder hinterhältigen Mächte und Wesenheiten treffen, denn es gibt schon sehr viele und teilweise sehr gute Darstellungen zu diesem Thema. Außerdem bin ich davon überzeugt, dass solch höhere Mächte von jedem Menschen nur auf seine individuelle Weise wahrgenommen und begriffen werden können, die abhängig von seiner Kultur und seiner spirituellen Entwicklung ist. Ein australischer Aborigine gibt einem Wesen aus anderen Dimensionen einen anderen Namen als ein Anhänger der New-Age-Bewegung oder ein katholischer Christ – und es würde den Rahmen dieses Buches sprengen, eine einigermaßen eingehende Darstellung der verschiedenen Wesenheiten, Hierarchien, Bruderschaften usw. zu geben.

Die einzige wesentliche Unterscheidung, die auch für den Umgang mit Energie-Vampiren von grundlegender Bedeutung ist, ist die althergebrachte, simple und doch treffende Unterscheidung in »gut« und »böse«: In Wesen, die der Entwicklung der Menschheit und aller einzelnen Menschen wohlwollend gegenüberstehen und sie unter Umständen sogar unterstützen, und in Wesen, die Menschen für ihre eigenen Zwecke und gegen deren Willen zu manipulieren versuchen und dabei keine Rücksicht auf ihr Wohlergehen nehmen. Wirklich »gute« Mächte werden dabei nie als Energie-Vampire aktiv werden, von ihnen haben Sie nichts zu befürchten. Und die »Bösen«?

Von Ufos, Dämonen und Verschwörungen

Die menschliche Geschichte ist voll von Erzählungen über böse, hinterhältige Wesen, die den Menschen nach dem Leben, der Seele oder anderem trachten – der Vampir-Mythos ist hier nur eine Geschichte unter vielen. Während solche Wesen früher als böse Geister, Dämonen und andere Monster die Menschen quälten, sind heutzutage auch die verschiedensten Wesen von anderen Sternen und aus anderen Dimensionen unter den Gestalten, denen man in einer dunklen Nacht nicht alleine begegnen möchte.

Theorien über Verschwörungen weltlicher Regierungen und Geheimbünde mit technisch überlegenen außerirdischen Invasoren gibt es nicht nur in Hollywood-Streifen, sondern auch in der Esoterik-Abteilung jeder größeren Buchhandlung. Vielleicht hatten Sie sogar schon das eine oder andere dieser Werke in der Hand – und haben sich nach dem Lesen den Kopf darüber zerbrochen, ob es wirklich so viele Entführungen durch experimentierfreudige Aliens gibt, so ausgedehnte unterirdische Versuchsanlagen und so umtriebige Geheimbünde und Logen, die im Verein mit bösen Außer- oder Unterirdischen die Menschheit versklaven wollen.

Ob es all diese Dinge gibt oder nicht, kann ich Ihnen leider auch nicht so einfach beantworten. Was ich aber weiß, ist, dass die *Angst* vor solch unheimlichen, unbezwingbaren Gefahren selbst eine nicht zu unterschätzende Bedrohung für Ihr Energiesystem ist. Ich persönlich habe bei meiner therapeutischen Arbeit weitaus mehr Menschen getroffen, die durch die Angst vor unerklärlichen Phänomenen Opfer eines Energie-Vampirs wurden, als Menschen, die von Wesen aus der geistigen Welt direkt ihrer Energie beraubt wurden – daher sehe ich in energieraubenden Wesen aus anderen Dimensionen ein weitaus geringeres Problem als in durch Angst ausgelösten vampirischen Elementalen.

Überpersönliche Angst-Elementale

Ein guter Freund von mir hat seit seiner Kindheit entsetzliche Angst vor Hunden. Da er damals gleich mehrere sehr unerfreuliche Erlebnisse mit diesen Tieren hatte und sich danach jahrelang beim Anblick jedes noch so harmlosen Schoßhunds mit dieser Angst gequält hat, ist im Laufe der Zeit ein ziemlich starkes Energie-Vampir-Elemental daraus geworden. Es genügt manchmal schon die Erwähnung des H-Wortes – und schon ist der Tag für ihn gelaufen, denn bei jeder Begegnung mit einem Hund entzieht ihm dieser grässliche Energieräuber eine Menge Lebensenergie. Es ist dabei aber wohlgemerkt nicht der Hund, der die Energie raubt, sondern der Elemental, der sich von der Angst vor Hunden nährt!

Stellen Sie sich nun vor, was passiert, wenn viele Menschen gemeinsam Angst vor derselben Sache haben. Die negative Energie addiert sich! Wenn diese Angst groß genug ist, entstehen daraus viele sehr starke Elementale – und da Gleiches und Gleiches sich auf energetischer Ebene besonders stark anzieht, können sich diese individuellen Elementale zu einem großen, überpersönlichen Angst-Elemental – einer Hysterie – verbinden.

Solche überpersönlichen Angst-Elementale entstehen zum Glück nur, wenn die individuellen Elementale vorher schon eine enorme Stärke entwickeln konnten. Außerdem wirken ihnen positive überpersönliche Elementale, die »guten Geister« entgegen – sonst wäre das Leben auf unserem dicht bevölkerten Planeten vermutlich schon lange die reinste Qual ...

Sobald ein überpersönliches Angst-Elemental erst einmal entstanden ist, entzieht es all denen ihre Energie, deren individuelle Elementale zu seiner Entstehung beigetragen haben – und wenn es dadurch noch stärker wird, dehnt es seinen Einfluss auch auf bisher unbeteiligte Menschen aus, wenn sie nur unter derselben Art von Angst leiden. Solche Angst-Elementale manifestierten sich beispielsweise in der Hexenhysterie früherer Jahrhunderte, oder in jüngerer Zeit im »Gespenst des Kommunismus« oder auch ganz aktuell im islamistischen Terrorismus.

Dabei spielt es keine Rolle, wie weit voneinander entfernt sich die einmal betroffenen Personen aufhalten. Da Raum und Zeit auf feinstofflicher Ebene nicht so starren Grenzen unterworfen sind wie auf materieller, kann ein überpersönliches Elemental seine Fühler von Grönland bis Australien ausstrecken.

Sie können sich diese spezielle Art von Elemental wie eine überdimensionale Krake vorstellen: Anfangs erreicht sie mit ihren Fangarmen nur eine begrenzte Anzahl von Menschen, die zu ihrer Entstehung beigetragen haben. Aber je mehr Energie sie diesen Personen rauben kann, desto mehr wächst sie –

und damit geraten immer mehr Menschen in die Reichweite ihrer Tentakel.

Überpersönliche Angst-Elementale haben dieselbe Wirkung wie ganz normale Energie-Vampir-Elementale, nur mit zwei kleinen Unterschieden: Sie können sehr vielen Leuten gleichzeitig ihre Lebensenergie entziehen – und jeder, der unter der entsprechenden Angst leidet, fällt dem bereits existierenden Elemental extrem leicht zum Opfer, kaum dass er auch nur in seine Reichweite kommt.

Wenn Angst ansteckend ist

Natürlich hat ein Energie-Vampir-Elemental, ganz gleich ob individuell oder überpersönlich, kein eigenes Bewusstsein, und es kann keine Pläne schmieden, wie es seinen Einfluss auf immer mehr Menschen ausdehnen kann. Aber leider ist Angst an sich etwas, das ansteckender als die Grippe sein kann – und wir Menschen neigen auch noch dazu, unsere Ängste anderen mitzuteilen und sie damit Stück für Stück weiter zu verbreiten.

Konkrete Ängste wie die Angst vor Hunden sind zum Glück normalerweise kaum ansteckend (es sei denn, man gerät an einen besonders begabten Erzähler). Deshalb entstehen aus ihnen nur dann überpersönliche Angst-Elementale, wenn es sich um schwer fassbare und für den Einzelnen unkontrollierbare Ängste handelt, wie die Angst vor einem Nuklearkrieg oder vor einer Vogelgrippe-Epidemie.

Viel häufiger (und meist auch stärker) sind überpersönliche Angst-Elementale, die ihre Energie aus der Angst vor gänzlich unfassbaren Phänomenen ziehen – wie beispielsweise der Angst vor Außerirdischen, Weltverschwörungen, geheimen Versuchen an Menschen, Dämonen, die die Weltherrschaft anstreben und anderen bösen Geistern.

In früheren Jahrhunderten waren solche Ängste auf Dämonen, Hexen und Teufelswerk gerichtet. Aber nachdem alle Hexen verbrannt waren, die Aufklärung viele Ängste nehmen konnte und schließlich das Thema in mehr oder weniger unterhaltsamen aber stets belanglosen Gruselschockern banalisiert wurde, sind große Teile der Menschheit dazu gezwungen worden, sich nach neuen Auslösern für ihre Angst umzusehen. Und kaum etwas eignet sich dafür so gut wie die geheime Beeinflussung durch böse Mächte aus anderen Dimensionen, anderen Kulturen und unheimlichen Besuchern aus den Tiefen des Alls.

Verstehen Sie mich nicht falsch: Ich kann nicht sagen, welche dieser Wesenheiten existieren und welche nicht. Ich will Sie nur auf die erschreckende Schar an Energie-Vampiren aufmerksam machen, die vielen Menschen durch ihre *Angst* vor solchen unerklärlichen Phänomenen jede Menge Lebensenergie raubt.

Angst-Elementale saugen Lebensenergie — und zwar ganz unabhängig von der Existenz dessen, worauf sich die Angst bezieht! Das Problem sind also nicht die Geister, sondern die Angst vor den Geistern.

Auch dem aufgeklärtesten Kopf kann es gelegentlich angst und bange werden, wenn er sich durch die vielfältige Literatur über den Einfluss geistiger Welten, außerirdischer Eroberer und machtgieriger Geheimgesellschaften liest – und genau in diesen Momenten schnappt dann die Falle zu und er hängt in den Klauen eines energieraubenden überpersönlichen Angst-Elementals fest.

Gefahr erkannt, Gefahr (fast) gebannt!

Da Sie inzwischen recht gut über die hinterhältigen Energie-Vampire Bescheid wissen dürften, ist die Gefahr auch schon nicht mehr ganz so groß. Außerdem werden Sie in diesem Buch noch eine Menge Abwehr- und Schutzmaßnahmen gegen alle Arten von Energie-Vampiren kennen lernen, mit deren Hilfe Sie auch ein überpersönliches Angst-Elemental schnell davon abbringen werden, sich an Ihren Energiereserven zu verköstigen.

Falls Sie sich aber der Erforschung der geistigen Welten und all ihrer guten wie bösen Bewohner widmen wollen, möchte ich Ihnen die erwähnten Schutzmaßnahmen noch einmal besonders ans Herz legen. Wer seinen Geist und seine Energiezentren öffnet und sich auf die Suche nach höheren Ebenen der Existenz und des Bewusstseins begibt, sollte sich darüber klar sein, dass er damit womöglich auch den Weg für gefährliche Wesenheiten aus anderen Dimensionen öffnet, die die gute Gelegenheit nutzen und die in jedem Menschen reichlich vorhandene Lebensenergie anzapfen wollen.

Bei jeder Beschäftigung mit dem Übersinnlichen ist es empfehlenswert, vorher die Aura zu stärken, die Chakras zu schützen und immer gut auf das eigene Energie-Niveau zu achten.

Ihre besonders sensiblen Stunden

Ist Ihnen auch schon einmal aufgefallen, dass man einfach nicht zu allen Zeiten gleich fit ist? Egal, wie viel man schläft, trainiert und sich pflegt, es gibt immer wieder Augenblicke, in denen man sich mit sich selbst und seinem Körper nicht so richtig wohl fühlt.

Natürlich können solche Tief-Phasen dadurch entstehen, dass einem ein Energie-Vampir gerade die nötige Lebensenergie geraubt hat – und leider ist das auch sehr häufig der Auslöser dafür. Darüber hinaus unterliegt unser Energie-Haushalt jedoch auch ganz natürlichen Schwankungen. Diese machen sich sowohl in Tief- als auch in Hoch-Phasen bemerkbar, aber meist fallen einem vor allem die unangenehmeren Tief-Phasen auf – die Hochs genießt man einfach, ohne sich den Kopf darüber zu zerbrechen.

Bei der Abwehr von Energie-Vampiren sollten Sie jedoch sowohl Tief- als auch Hoch-Phasen besonders berücksichtigen. Während einer Tief-Phase ist nämlich auch Ihr energetisches Abwehrsystem nicht ganz so stark wie sonst, und Energie-Vampire können sich leichter Zugang zu Ihren Energiereserven verschaffen. In einer Hoch-Phase dagegen ist die natürliche Verteidigung zwar recht gut, aber dafür hat man stärkere Angriffe zu erwarten – ein ausgeprägtes Energie-Hoch wirkt auf Energie-Vampire nämlich ähnlich anziehend wie nackte Haut auf blutrünstige Moskitos.

Je sensibler Sie auf energetische Phänomene reagieren, desto stärker wirken sich diese Schwankungen auf energetischer Ebene aus. Mit dem Test auf Seite 36 ff. (»Geisterstunden«) konnten Sie schon feststellen, wie stark diese Sensibilität bei Ihnen ausgeprägt ist. Im Folgenden möchte ich Ihnen ergänzend noch die wichtigsten Rhythmen vorstellen, die Ihr Energiesystem beeinflussen: Den Tagesrhythmus der Chakras und den Einfluss des Mondes.

So tickt Ihre innere Uhr

Dass unsere Körperfunktionen zu einem großen Teil nach einer inneren Uhr ablaufen, ist durch die Forschungsergebnisse der Chronobiologie inzwischen hinreichend bekannt – und jeder, der schon einmal einen Langstreckenflug inklusive Jetlag hinter sich gebracht hat, kann dies aus eigener Erfahrung bestätigen. Die innere Uhr beeinflusst jedoch nicht nur unseren physischen Körper. Auch die »unsichtbaren« Teile unseres Selbst, also Seele, Geist und unser feinstoffliches Energiesystem unterliegen dem Einfluss dieses persönlichen Taktgebers.

Daher ist auch die Funktion der Chakras nicht immer gleich stark. Jedes Chakra hat während einer gewissen Zeit des Tages eine Hoch-Phase, in der es besonders viel Energie liefert. Oder besser gesagt, fast jedes: Das 7. Chakra wird in so geringem Ausmaß von unserer inneren Uhr beeinflusst, dass die Schwankungen in seinem Energiefluss keine nennenswerten Ausmaße erreichen – die Versorgung mit Spiritueller Energie verläuft daher immer auf einem nahezu konstanten Level.

Bei den übrigen Chakras lohnt es sich jedoch, ihre Hoch-Phasen zu beachten, da diese die entsprechenden Vampir-Typen geradezu anziehen und zu verstärkter Aktivität verführen. Mit der folgenden Tabelle bekommen Sie einen schnellen Überblick über die Tageszeiten, zu denen die einzelnen Chakras zu Hochform auflaufen. Der Übergang von einem Chakra zum nächsten erfolgt jedoch allmählich und kann nicht daran festgemacht werden, wann die Wohnzimmeruhr die volle Stunde schlägt. Die angegebenen Zeiträume können daher individuell schon einmal eine Viertel- oder halbe Stunde abweichen, die Kernzeiten bleiben jedoch immer gleich.

Der Tagesrhythmus der Chakras

Zeitraum	Chakra	Auswirkung
Morgen, ca. 5–9 Uhr	3. Chakra	Die Weichen für den Tag werden gestellt.
Vormittag, ca. 9–13 Uhr	5. Chakra	Geistige Arbeit und Kommunikation fallen besonders leicht.
Mittag / Nachmittag ca. 13–17 Uhr	4. Chakra	Es ist Zeit, sich etwas auszuruhen und neue Kraft zu schöpfen.
Nachmittag / Abend ca. 17–21 Uhr	2. Chakra	Die Kreativität läuft noch einmal zur Hochform auf.
Abend / Nacht ca. 21–1 Uhr	6. Chakra	Die Fantasie arbeitet jetzt lebhaft, und die Erkenntnisse des Tages werden verarbeitet.
Nacht ca. 1–5 Uhr	1. Chakra	Im Schlaf laden wir unsere Batterien auf, es wird kräftig Lebenskraft getankt.
Ganztags	7. Chakra	Die Versorgung mit Spiritueller Energie und die Verbindung mit dem Höheren Selbst werden immer mit so hoher Intensität wie möglich aufrechterhalten.

Um Missverständnisse zu vermeiden: Ein Energie-Vampir, der sich beispielsweise auf die Liebesenergie spezialisiert hat, kann am frühen Nachmittag *leichter* Energie rauben – aber keineswegs nur dann! Die angegebenen Zeiten zeigen lediglich, wann eine besondere Gefahr besteht.

Die Macht des Mondes

Neben unserer inneren Uhr, die von Licht und Dunkelheit und damit vom Lauf der Sonne gesteuert wird, unterliegen wir wie alle Lebewesen auf diesem Planeten noch einem weiteren, etwas langsameren Rhythmus: dem Einfluss des Mondes. Die verschiedenen Mondphasen – Neumond, zunehmender Mond, Vollmond, abnehmender Mond – sind dabei das sichtbare Zeichen eines komplexen Wechselspiels zwischen den Anziehungskräften von Sonne und Mond.

Das Wissen um die Macht des Mondes hat in den verschiedensten Kulturen schon seit Jahrhunderten große Bedeutung. Es hat sich in einer Vielzahl von Bräuchen und Regeln rund um die Mondphasen niedergeschlagen, die Sie in vielen Mondkalendern praktisch zusammengefasst wiederfinden können. Im Bezug auf den Schutz vor Energie-Vampiren sind vor allem die energetischen Impulse der Mondphasen wichtig:

– Der *zunehmende Mond* ist eine Phase des Aufnehmens, in der die Chakras besonders viel Lebensenergie liefern. Auch anderen (energetischen) Einflüssen gegenüber ist man in dieser Zeit sehr aufgeschlossen.

– Bei *Vollmond* erreichen unsere Energiereserven ihren monatlichen Höhepunkt, und viele Menschen strotzen geradezu vor »überschüssiger« Energie. Dies zeigt sich auch daran, dass mehr Schlafwandler unterwegs sind, mehr Kinder geboren werden und leider auch mehr Unfälle und Straftaten geschehen – denn so viel Energie kann auch übermütig machen und verborgene Aggressionen wecken, wenn man sensibel darauf reagiert, aber nicht mit ihr umzugehen weiß.

– Bei *abnehmendem Mond* kehrt dagegen wieder Ruhe ein. Die Chakras versorgen uns nur mit der wirklich benötigten Energie, und unser Energiesystem ist vor allem darauf eingestellt, energetische Verunreinigungen aufzulösen.

– Der *Neumond* schließlich gibt auch auf energetischer Ebene einen deutlichen Impuls zum Innehalten und zum Neuanfang. Diese Mondphase macht sich zwar nicht so deutlich bemerkbar wie der ihr entgegengesetzte Vollmond, aber sie ist von mindestens ebenso großer Bedeutung.

Wenn Sie erfahren wollen, wie Sie die Macht des Mondes für Ihr tägliches Wohlbefinden nutzen können, möchte ich Sie auf die vielen guten, ausführlichen Publikationen zu diesem Thema verweisen. Für den Umgang mit Energie-Vampiren müssen Sie letztendlich jedoch nur eines wissen: wie sich die einzelnen Mondphasen auf das Verhalten von Energie-Vampiren sowie auf Ihre persönlichen energetischen Abwehrkräfte auswirken:

– Bei *zunehmendem Mond* verlockt Ihr steigendes Energie-Niveau nach und nach immer mehr Energie-Sauger zu räuberischen Attacken. Ihr Energiesystem ist auf Energiesammeln eingestellt – wenn sich nun ein Energie-Vampir einklinkt, ist das besonders gefährlich. Zum Glück steigt mit dem Energie-Niveau aber auch die Macht Ihrer Aura, sodass es den Energie-Vampiren nicht zu leicht gemacht wird, ihre Eckzähnchen in Ihre Energieversorgung zu schlagen.

– Bei *Vollmond* entwickeln sich viele Menschen auf energetischer Ebene zu wahren Leuchtfeuern – gleichzeitig erreichen jedoch auch die Vampir-Aktivitäten zu diesem Zeitpunkt ihr höchstes Niveau. Obwohl der hohe Energielevel die energetischen Abwehrkräfte stärkt, ist an Vollmond Vorsicht angesagt: Das Energie-Hoch macht uns nämlich auch leicht übermütig, und dabei werden schnell alle Schutzmaßnahmen vergessen und die Barrieren gegenüber vermeintlich netten (Vampir-) Typen fallen gelassen.

– Bei *abnehmendem Mond* sinkt Ihr Energie-Niveau. Angriffe durch Energie-Vampire sind dann eher selten. Falls sich Energie-Räuber aber dennoch gerade in dieser Phase einnisten, haben sie eine schädlichere Wirkung, weil Sie kaum Reserven haben, die einen Energieverlust schnell ausgleichen könnten. Sie sollten also auch in dieser Phase Ihren Energie-Schutz nicht völlig vernachlässigen.

– Bei *Neumond* sind Schutzmaßnahmen sehr wichtig, da Energie-Vampire, die sich in dieser Phase einnisten, nur schwer loszuwerden sind. Gleichzeitig eignet sich der Neumond jedoch sehr gut dafür, Energie-Vampire dauerhaft in ihre Gruft zurückzuschicken und neue Kräfte zu sammeln. Wer also schon länger unter einem bestimmten Energie-Vampir leidet und bisher nicht die Kraft hatte, seinem Treiben dauerhaft einen Riegel vorzuschieben, der sollte es noch mal gezielt an Neumond versuchen – dieser Mondimpuls hilft nämlich auch dabei, sich vom Einfluss solch finsterer Gestalten leichter zu befreien.

Sie können sich den Wechsel der Mondphasen wie ein großes kosmisches Ein- und Ausatmen vorstellen. Beim Einatmen werden positive wie negative Kräfte besonders stark aufgenommen, beim Ausatmen kehrt sich der Vorgang um. Schutzmaßnahmen sind besonders bei Vollmond und Neumond wichtig.

Kein Grund zur Panik!

Ist Ihnen bei den Beschreibungen der hinterhältigen Energie-Vampir-Elementale etwas mulmig geworden? Und beim Gedanken an riesige überpersönliche Angst-Elementale sogar noch etwas mehr?

Dann möchte ich Sie jetzt noch einmal beruhigen: Situative Energie-Vampire sind zwar sehr lästig, und wenn sie stark genug sind, können sie einen sogar ganz schön plagen – wenn man sie aber erst einmal erkannt hat, kann man sich auch mit relativ wenig Aufwand dauerhaft wieder von ihrem Einfluss befreien!

Viele Menschen besiegen den einen oder anderen dieser Energie-Vampire oft sogar ganz unbewusst, obwohl sie noch nie etwas über Energie-Vampire gehört haben. Zumindest was die schwächeren Exemplare dieser Art betrifft, so sind diese nicht schwerer zu bekämpfen als eine schlechte Angewohnheit (und oft wird man sie sogar mit denselben Mitteln los).

Gut, ich weiß, dass es sehr hartnäckige schlechte Angewohnheiten gibt. Aber meist liegt das Scheitern im Kampf mit ihnen nicht so sehr an deren Stärke als vielmehr daran, dass man einfach nicht entschlossen genug gegen sie vorgeht (und manchmal auch an einem Energie-Vampir-Elemental, das uns unbewusst an einer schlechten Angewohnheit festhalten lässt!). Sowohl für schlechte Angewohnheiten als auch für Energie-Vampir-Elementale gilt nämlich vor allem eines: Wo ein Wille ist, ist auch ein Weg!

Wer ein vampirisches Elemental loswerden will, sollte sich vor allem darauf konzentrieren, dieses Ziel entschlossen zu verfolgen, es nicht mehr aus den Augen zu verlieren und dem Energie-Vampir bewusst den Kampf anzusagen — dann greifen auch die einfachsten Gegenmaßnahmen oft schon beim ersten Anlauf, und der unheimliche Schmarotzer wird ohne weitere Verzögerung direkt in die Wüste geschickt.

Transsylvanien, Supermärkte
und andere Vampir-Zentren

Von reisefreudigen Freunden wurde mir berichtet, dass Transsylvanien eine wunderschöne Gegend sei, die ich unbedingt einmal besuchen müsste – und dass sie trotz intensiver Suche keinen einzigen Vampir zu Gesicht bekamen. Für mich bleibt Transsylvanien aber trotzdem das Sinnbild für die Heimat der Vampire: Dort steht an jeder Ecke ein düsteres Schloss auf einem hoch aufragenden Felsen, es wimmelt nur so von Werwölfen und Fledermäusen, und wer sich nicht vor Einbruch der Dunkelheit an einem sicheren Ort verschanzt, muss befürchten, am nächsten Morgen ziemlich blutleer aufzuwachen ...

Vielleicht nicht gerade blutleer, aber doch ziemlich energielos werden Sie sich fühlen, wenn Sie sich an einem energieraubenden Ort zum Schlafen legen oder aus anderen Gründen länger als ein paar Minuten dort verweilen. Solche Orte sind nicht ganz so leicht zu erkennen wie menschliche Energie-Vampire oder Energie saugende Situationen, aber auch sie sind kundigen Menschen schon seit Urzeiten bekannt.

Die Wissenschaft vom guten Platz –
und vom schlechten …

Auch wenn sie nicht immer erkannt haben, dass bestimmte Orte ihnen schlicht und einfach die Lebensenergie entziehen, war unseren frühesten Vorfahren bekannt, dass es in ihrer Umgebung sowohl »gute« als auch »schlechte« Plätze gab: Orte, an denen man sich gut aufhalten und erholen konnte und die sich hervorragend zum Errichten von Behausungen und Ställen eigneten, und Orte, an denen Mensch und Tier nie recht zur Ruhe kommen und erschöpfter aufbrechen, als sie es bei ihrer Ankunft waren.

Unsere Ahnen schrieben solche ungünstigen Auswirkungen eines Platzes übernatürlichen Ursachen zu: Dort hausten Feen, Geister trieben ihr Unwesen oder die Seele eines Verstorbenen ging dort um (und in gewisser Weise hatten sie damit gar nicht so Unrecht, wie Sie später noch sehen werden). In so weit voneinander entfernten Kulturen wie dem alten China und dem vorchristlichen Europa entwickelten sich umfangreiche Lehren und Techniken, mit deren Hilfe die energetische Qualität eines Ortes bestimmt werden konnte. Sensitive Menschen – meist Priester oder Schamanen – konnten ihre Mitmenschen bei der Wahl guter und der Vermeidung schlechter Plätze beraten.

Solche Kenntnisse sind umso wichtiger, je weiter sich eine Kultur von der ursprünglichen, naturverbundenen Lebensweise fortentwickelt. Australische Aborigines oder die Buschmänner der afrikanischen Kalahari brauchen niemanden, der ihnen gute oder schlechte Plätze zeigt – wenn sie noch so leben wie ihre Vorfahren seit Tausenden von Jahren, ist ihnen das Wissen um diese Phänomene von Kindheit an in Fleisch und Blut übergegangen.

Wir modernen Menschen dagegen haben unser Gespür für die energetische Beschaffenheit unserer Umgebung weitgehend verloren. Während unsere Haustiere oft noch instinktiv die Liegeplätze aufsuchen, die in energetischer Hinsicht am besten für sie sind, stellen viele Menschen selbst ihr Bett manchmal an die ungeeignetste Stelle im ganzen Haus. Es gibt so viele Kriterien, nach denen wir unser Zuhause gestalten, wie zum Beispiel den vorgegebenen Schnitt der Räume, den Lichteinfall oder den aktuellsten Einrichtungsstil – auf den wichtigsten Punkt wird aber leider nur relativ selten geachtet: auf die energetische Qualität der Räume und darauf, ob sie vielleicht einen räumlichen Energie-Vampir beherbergen.

Sie können leicht am eigenen Leib erfahren, wie sehr ein Ort energetisch wirksam ist: Stellen Sie doch einmal Ihre Möbel um. Insbesondere beim Bett wird sich schnell eine Veränderung bemerkbar machen — entweder positiv oder negativ; aber nur selten wird es überhaupt keinen Unterschied machen!

Unerwartete Energie-Räuber

Räumliche »Vampir-Zentren« sind durchaus nicht auf das eigene Zuhause beschränkt. Über einen energieraubenden Ort können Sie überall stolpern: Im Beruf, beim Einkaufen, bei Ausflügen in die freie Natur und sogar im Urlaub. Die Größe eines Vampir-Zentrums kann sehr klein sein und sich auf einen bestimmten Sitzplatz in der Kantine beschränken, kann aber auch ein ganzes Fußballfeld umfassen. Es kann so schwach sein, dass man seinen Einfluss kaum bemerkt, aber in extremen Fällen auch so stark, dass sofort körperliche oder psychische Symptome auftreten.

Manchmal ist es nur eine bestimmte Ecke eines Raumes, die einem die Energie raubt, weil sie durch energetische Altlasten oder bauliche Mängel belastet ist. Es kann aber auch ein ganzes Haus zur Qual für seine Bewohner und alle Besucher werden, wenn es an einem belasteten Ort errichtet wurde oder durch seine Konstruktion oder die beim Bau verwendeten Materialien zur Energiefalle wird.

Vielleicht haben Sie schon oft Erfahrungen mit energieraubenden Gebäuden gemacht. Denken Sie nur an die Zweckbauten in manchen Gewerbegebieten, die von außen bunt und grell wirken, drinnen aber den Charme eines unterirdischen Bunkers ausstrahlen und genauso einladend wirken wie Graf Draculas Gruft ... Falls Sie sich nach dem Besuch im Supermarkt oder Baumarkt also mal wieder wie ausgelaugt fühlen, muss es nicht unbedingt an den scheinbar kilometerlangen Gängen zwischen den Regalen liegen – es kann auch sein, dass das Gebäude an sich ein ausgesprochener Energieräuber ist!

Ein Vampir-Zentrum kann sich weit über den Umfang einzelner Gebäude ausdehnen: Es gibt gelegentlich Gegenden, die von Natur aus eine menschenfeindliche, »schlechte« Ausstrahlung haben. Sie werden von in ihrer Umgebung lebenden Naturvölkern instinktiv gemieden und sind oft sogar mit Tabus belegt, die ein Betreten dieser Bereiche streng einschränken.

Während solche Gebiete zum Glück eher selten sind, trifft man auf eine andere Art von Vampir-Zentren relativ häufig: Gebiete, die erst durch den Eingriff des Menschen so verwüstet, verseucht oder anderweitig belastet wurden, dass sie sich zu regelrechten Energieräubern entwickelt haben. Bei zu gewaltigen Eingriffen in das natürliche Gleichgewicht eines Ortes und damit auch in sein Energiefeld kann es nämlich zu einem energetischen Ungleichgewicht kommen, das sich nur langsam wieder ausbalanciert. Wenn Lebewesen sich diesen Orten dann nähern, wird ihre Energie aufgesaugt wie von einem trockenen Schwamm.

Jeder kann gute und schlechte Plätze erkennen

Mit der Rückbesinnung auf unsere Spiritualität und unsere Verbindung zur Natur ist inzwischen glücklicherweise auch das Bewusstsein für die energetische Qualität unserer Umgebung wieder gewachsen. Schließlich haben wir im Grunde alle Möglichkeiten, um »gute« oder »schlechte« Plätze aufzuspüren: Jeder Mensch verfügt über die Fähigkeit, feinstoffliche Energien wahrzunehmen und ihre Wirkungen zu erkennen – allein der Mangel an Aufmerksamkeit und Übung ist schuld, wenn wir Energieströme, die uns jeden Moment unseres Lebens umgeben, nicht wahrnehmen können.

Das Wissen über die heilsamen oder auch zerstörerischen Kraftfelder bestimmter Orte ist Jahrtausende alt. Es gibt verschiedene Methoden, die dabei helfen, die energetische Ausstrahlung eines Ortes effektiv zu verbessern.

Feng Shui

Feng Shui ist heute wohl die bekannteste und am weitesten verbreitete Wissenschaft über den Einfluss von Orten und Räumen auf das menschliche Wohlbefinden. Feng Shui (chin. *Wind und Wasser*) findet sich in zum Teil jahrtausendealten Schriften, doch vieles wurde auch in mündlich überlieferten Traditionen – manchmal nur innerhalb einer Familie – weitergegeben.

Eine der wohl wichtigsten Anwendungen des Feng Shui war durch die Zeiten hindurch die Suche nach dem günstigsten Platz für ein neues Gebäude und seine perfekte Einrichtung. Dabei ist das Hauptaugenmerk immer darauf gerichtet, den freien Fluss der – in der chinesischen Tradition *Qi* genannten – Lebensenergie zu ermöglichen und das Haus so an seine Umgebung und die Bedürfnisse seiner Bewohner anzupassen, dass die größtmögliche Harmonie gewahrt wird.

Dafür wird ein Haus schon bei der Planung möglichst gut nach den Himmelsrichtungen und den umliegenden Landschaftsformen ausgerichtet. Ein ideales Haus hat außerdem die Form eines Rechtecks, damit sein Grundriss sich mit einem *Ba Gua* (chin. *Acht Zeichen*) genannten, rechteckigen Schema deckt, das verschiedenen Bereichen des Hauses verschiedene Bedeutungen für das Leben seiner Bewohner zuschreibt. Wenn durch einen unregelmäßigen Grundriss einer oder mehrere dieser Bereiche fehlen, geht man davon aus, das auch die entsprechende Energie im Leben der Bewohner nicht stark genug ist und durch zusätzliche Hilfsmittel verstärkt werden muss.

Mit Hilfe von Spiegeln, Windspielen, Farben und vielen weiteren dekorativen Elementen kann ein Feng-Shui-Meister den Energiefluss eines Ortes so beeinflussen, dass sein natürliches Gleichgewicht gewahrt bleibt und seine Bewohner Harmonie und Glück anziehen. Feng Shui ist im Westen anfangs vor allem als exotisches Gestaltungsmittel bei der Inneneinrichtung bekannt geworden. Inzwischen haben aber immer mehr Menschen die Erfahrung gemacht, dass sie ihr gesamtes Leben mit seiner Hilfe positiv bereichern können. Auch als Orientierung für die Gestaltung von Gärten und öffentlichen Einrichtungen spielt Feng Shui heute eine immer größere Rolle.

Im Westen ist Ba Gua Feng Shui *die bekannteste Version der uralten chinesischen Lehre. Es handelt sich jedoch um eine stark vereinfachte Version des echten, traditionellen Feng Shui! Ein chinesischer Feng-Shui-Meister zieht wesentlich mehr Faktoren in Betracht.*

Die Energie muss fließen

Vampir-Zentren sind nach Feng Shui vor allem Orte und Räume, an denen das Qi in seinem Fluss behindert wird, stagniert und schließlich »abstirbt«. Als besonders wichtig gilt dabei, dass die Energie ungehindert durch eine Tür oder einen anderen Zugang hineinfließen und durch eine andere Öffnung, wie beispielsweise ein Fenster, wieder hinausströmen kann. Der Energiefluss kann nämlich nicht durch denselben Zugang ein- und austreten – wie auch das Wasser in einem Teich nicht durch dieselbe Öffnung hinein- und hinausfließt!

Räume mit stagnierender Energie sind leblos und äußerst ungünstig für ihre Bewohner, da »abgestorbenes« Qi ebenso schädlich ist wie ein grundsätzlicher Mangel. Es kann Sie eine Menge Energie kosten, wenn Sie sich auf Dauer in solchen Räumen aufhalten, da Sie dort vom natürlichen Energiefluss weitgehend abgeschnitten sind.

Nach der Feng-Shui-Lehre gibt es allerdings auch spezifische, von Natur aus ungünstige Orte, an denen der Bau eines Hauses möglichst vermieden werden sollte. Solche Orte entstehen meist durch eine schlechte räumliche Anordnung von Bergen, Hügeln, Gewässern, Straßen und anderen Gebäuden in der Umgebung. Es sind allerdings auch energetische Phänomene, wie zum Beispiel so genannte »Schwarze Ströme« bekannt, die bestimmten Orten eine schlechte Ausstrahlung verleihen und sie für den Menschen ungeeignet machen.

Die europäische Tradition

Neben dem chinesischen Feng Shui finden sich vor allem in der europäischen Tradition wertvolle Hilfsmittel zum Aufspüren energetisch ungünstiger Orte – und zu ihrer Veränderung. Das alte Wissen um die Energien der Erde wurde jahrhundertelang von der Kirche unterdrückt und abgewehrt, da es mit dem alten Glauben an heidnische Gottheiten im Zusammenhang stand. Menschen, die in die alten Lehren eingeweiht waren oder aber von Natur aus mit einem stärkeren Gespür für feinstoffliche Energien begabt waren, mussten ihre Kunst meist im Verborgenen ausüben, wenn sie nicht riskieren wollten, selbst für böse »vampirische« Wesen gehalten zu werden.

Vor allem in der Zeit der Hexenverbrennungen ging viel Wissen verloren, und es existieren heute keine so umfangreich ausgearbeiteten Lehren und Regeln mehr, wie im chinesischen Feng Shui. Trotzdem haben sich die wichtigsten Grundlagen der Wissenschaften von guten und schlechten Plätzen bis heute erhalten können, und dieses Wissen wird seit einiger Zeit allmählich wieder gepflegt und erweitert.

WÜNSCHELRUTE UND PENDEL

Eine Kunst, die auch schwierige Zeiten relativ unbeschadet überstanden hat, ist das Aufspüren unterirdischer Wasseradern mit Hilfe einer Wünschelrute. Schließlich kann man mit ihrer Hilfe relativ einfach den besten Platz für einen neuen Brunnen bestimmen – vor der Einführung zentraler Versorgungsleitungen war das für jeden eine lebenswichtige Angelegenheit! Daher genossen Wünschelrutengeher vor allem im ländlichen Raum vor dem Siegeszug der modernen Technik immer ein hohes Ansehen.

Ein Wünschelrutengeher findet eine Wasserader allerdings nicht durch ein besonderes Gespür für das Wasser an sich, oder weil seine Wünschelrute auf das nasse Element allein reagieren würde. Den entscheidenden Hinweis auf das Vorhandensein von unterirdischem Wasser erhält er durch die energetische Ausstrahlung, die vor allem fließendes Wasser besitzt.

Wünschelrutengeher können bei entsprechender Übung nicht nur Wasseradern, sondern auch Erzadern, Erdstrahlen und andere energetische Einflüsse wahrnehmen. So praktisch das Aufspüren von unterirdischem Wasser auch ist, ist es nämlich doch nur ein Nebeneffekt einer Kunst, mit der ursprünglich nach unbelasteten, günstigen Plätzen für Haus und Hof gesucht wurde. Daher können Wünschelruten auch dazu eingesetzt werden, energieraubende Orte aufzuspüren – ein guter Wünschelrutengeher spürt solche Belastungen ebenso auf wie unterirdische Wasseradern.

Statt einer Wünschelrute kann ebenso gut auch ein Pendel eingesetzt werden, um die energetische Qualität eines Ortes zu bestimmen. Während die Wünschelrute sich gut zum Überprüfen größerer Bereiche, wie zum Beispiel eines ganzen Grundstücks, eignet, wird das Pendel meist dazu eingesetzt, zu beurteilen, wie sich ein ganz bestimmter Platz energetisch auswirkt. Das Pendel wirkt dabei ebenso wie die Wünschelrute als Hilfsmittel, das die Empfindung verstärkt und deutlicher sichtbar macht.

DIE KUNST DER GEOMANTIE

Seit Mitte des 20. Jahrhunderts erfährt das Wissen um die Energien der Erde ein wachsendes Interesse, und immer mehr Menschen begeben sich auf die Suche nach Traditionen und Lehren, die ihnen die Einflüsse ihrer Umgebung auf ihr Wohlbefinden und die tiefere Bedeutung von prähistorischen Bauwerken, wie zum Beispiel Stonehenge, erklären können.

Vor Jahren, als ich damit begann, mich mit Energien und heiligen Orten zu befassen, besuchte ich auch Stonehenge. Zuvor hatte ich bereits einige

Kraftorte der australischen Aborigines kennen gelernt und hatte schon die erstaunliche Erfahrung gemacht, wie stark solche Orte auf die Seele wirken können. Und dennoch wurde ich von der Kraft, die von Stonehenge ausgeht, überrascht. Ich bin heute davon überzeugt, dass dieser geheimnisvolle Steinkreis einer der stärksten positiven Kraftorte der Erde ist.

Ley-Linien, heilige Orte, Naturgeister, der »Geist« eines Ortes oder das Gitternetz aus Energielinien, das die Erde umspannt – das Forschungsgebiet der Geomantie ist so vielfältig wie ihre Vertreter. Aber auch bei der Geomantie geht es vor allem um eins: um die Wechselwirkung zwischen dem menschlichen Wohlbefinden und der Energie bestimmter Orte.

Geomantische Techniken können ebenso wie der Umgang mit Wünschelrute oder Pendel dabei helfen, die energetische Qualität eines Ortes festzustellen und sogar Belastungen durch die moderne Technik, wie beispielsweise Elektrosmog oder Handy-Strahlung, aufzufinden. Diese Methoden können Ihnen dabei helfen, häusliche Energie-Fallen und Energie-Löcher zu beseitigen, damit Sie sich in Ihrem Heim dauerhaft wohl und sicher vor Energieraub fühlen können. Im Praxisteil dieses Buches werde ich Ihnen ausführlich die wirksamsten Gegenmaßnahmen erklären.

Achtung, Gefahrenzone!

Kennen Sie das Gefühl, dass ein Ort Ihnen allein schon durch seine unangenehme Atmosphäre schier jegliche Lebensfreude raubt? Mir ging es erst vor wenigen Tagen so, als ich mich auf Besuch bei Bekannten in ein leeres Gästezimmer zum Schreiben zurückzog – plötzlich fehlten mir alle Worte, die Inspiration verflüchtigte sich, und es war mir kaum möglich, mich länger als einige Momente auf denselben Gedanken zu konzentrieren ... Bei genauerer Betrachtung stellte sich dann heraus, dass genau dieser Raum ein ausgesprochenes Energieloch enthielt.

Was macht einen Ort zum Energie-Räuber?

Orte können die Lebensenergie eines Menschen ebenso stark aufsaugen, wie die schlimmsten menschlichen Energie-Vampire. Dabei sind manche Plätze sogar schädlicher als alle anderen Arten von Energie-Vampiren. Solche Vampir-Zentren entziehen uns die Energie auf verschiedene Weise: Die einen saugen die Kräfte aller sich nähernden Lebewesen nur aufgrund ihres niedrigen Energie-Niveaus auf. Bei anderen wirken dagegen die energetischen Altlasten anderer Menschen in Form von Energie-Vampir-Elementalen, die sich an einen bestimmten Ort gebunden haben.

Energielöcher und Energiefallen

Von Energielöchern spricht man, wenn das Energie-Niveau eines Ortes so niedrig ist, dass er die Energie aller Anwesenden aufsaugt. Die Lebensenergie wird dabei angezogen wie eine Flüssigkeit, die von einem höher gefüllten Glas in ein niedriger gefülltes Gefäß fließt. Da räumliche Energie-Vampire jedoch viel größere Ausmaße einnehmen können als eine einzelne Person, kann der Energieverlust dabei enorm sein. Stellen Sie sich nur einmal vor, wie sich ein Longdrink (die Lebensenergie eines einzelnen Menschen) in einer nahezu leeren Waschschüssel verteilt – es wären ziemlich viele Gläser nötig, um den Pegel in der Waschschüssel nennenswert ansteigen zu lassen ...

Solche Energielöcher treten oft an Orten auf, deren natürliches Gleichgewicht durch Umweltkatastrophen oder menschliche Eingriffe grob gestört wurde – wenn zum Beispiel auf wilden Müllkippen giftige Chemikalien ins Erdreich gelangen, im Tagebau riesige Löcher in die Erde gerissen werden oder ganze Berge weichen müssen, um Platz für Straßen oder Gebäude zu schaffen. Noch Jahre nach solchen Eingriffen können an solchen Orten Störungen im Energie-Gleichgewicht zurückbleiben, die jeden belasten, der sich ungeschützt länger dort aufhält.

Wenn in Siedlungen, die auf verseuchten Böden oder ehemaligen Abraumhalden errichtet wurden, gehäuft Krankheitsfälle auftreten, dann liegt das meist nicht nur an der chemischen Belastung (die selbstverständlich auch oft eine Rolle spielt), sondern auch an den ständigen Energieverlusten, unter denen ihre Bewohner zu leiden haben.

Orte mit sehr niedrigem Energie-Niveau können sich zu richtigen Energiefallen entwickeln. Ihre Atmosphäre und ihre Ausstrahlung sind dann so unangenehm, dass sie nicht nur direkt Energie entziehen, sondern auch dazu führen, dass wir im Kampf um unser energetisches Gleichgewicht noch viel mehr zusätzliche Energie verbrauchen. Das vergrößert den Energieverlust natürlich ganz beträchtlich, und wir spüren umso schneller alle Symptome eines Energie-Mangels.

Energiefallen können in den verschiedensten Formen auftreten. Manche Energie-Fallen beruhen auf geopathischen Störzonen, die einen bestimmten Ort belasten, bei anderen macht sich der Einfluss früherer Bewohner bemerkbar oder auch einfach eine schlechte Bauplanung. So kann der Arbeitsplatz über einer Kreuzung von Wasseradern ebenso ein heimlicher Energieräuber sein wie das »verwunschene« Haus, in dem es seit dem Tod seiner wunderlichen Bewohner niemand mehr lange aushält, weil es angeblich darin spukt. Und wenn Sie schon einmal die eine oder andere

Wartestunde in nüchternen Amtsgebäuden oder auf langen, dunklen
Krankenhausfluren hinter sich gebracht haben, wissen Sie genau, wie viel
Energie ein solch unbehaglicher Ort im Handumdrehen kosten kann.

Unsichtbare Energiesauger

Energielöcher und Energiefallen sind eher passive Energieräuber, denen man zum Glück relativ leicht auf die Spur kommen kann. Es gibt jedoch noch eine zweite Art von Energie-Vampiren, die ihr Unwesen auf bestimmte Plätze konzentrieren. Diese unsichtbaren Energiesauger gehören zu den vampirischen Elementalen, die Sie schon im letzten Kapitel kennen gelernt haben. Im Unterschied zu den situativen Energie-Vampir-Elementalen bleiben örtliche Energie-Vampir Elementale jedoch an einen bestimmten Platz gebunden, auch wenn sich ihr »Schöpfer« schon lange nicht mehr dort aufhält.

Örtliche Energie-Vampir-Elementale entstehen, wenn eine oder mehrere Personen am selben Ort immer wieder die gleichen negativen Emotionen erleben. Wenn ein Raum über Jahre hinweg immer wieder Schauplatz der Streitereien seiner Bewohner war oder ein unglücklicher Mensch dort tagtäglich seiner Traurigkeit freien Lauf ließ, bleiben energetische Schatten dieser Ereignisse am Ort des Geschehens zurück. Und wenn sich dieser Effekt oft genug wiederholt oder intensiv genug ist, entsteht ein Elemental, das die Atmosphäre auch noch lange Zeit nach den eigentlichen Geschehnissen prägen kann.

In alten Kirchen kann man die Auswirkungen solcher Elementale deutlich spüren, allerdings auf positive Weise. Durch die regelmäßigen Messen und Gebete und die Gläubigkeit und Andacht ihrer Besucher entwickeln sie oft eine ganz besondere, »heilige« Atmosphäre, die die meisten Menschen schon beim Betreten des Gebäudes mit Ehrfurcht erfüllt.

Elementale aus negativen Emotionen und Gedanken sorgen für eine Atmosphäre, die bei sensiblen Menschen dazu führen kann, dass sie nicht nur eine leichte Beklemmung oder ein vages Unwohlsein empfinden, sondern sofort starke Symptome bis hin zu Übelkeit und Ohnmachtsanfällen entwickeln können. Zu den schlimmsten Beispielen dafür gehören Orte, die Massaker, Hinrichtungen oder Folter gesehen haben. So wichtig beispielsweise die Gedenkstätten in ehemaligen Konzentrationslagern sind, so energieraubend kann es doch auch sein, wenn man sich als Besucher ohne entsprechende Schutzmaßnahmen zu lange dort aufhält.

Derart düsteren Energie-Vampiren werden Sie im Alltag jedoch zum Glück nur selten begegnen. Die meisten örtlichen Energie-Vampir-Elementale sind energetische Altlasten aus verdrängten Emotionen wie Frust, Traurigkeit, enttäuschten Hoffnungen oder unglücklicher Liebe. Auch ständiger Ärger oder Streit, Depressionen, Neid oder Abscheu können energetische Spuren in der Ausstrahlung eines Ortes hinterlassen. Diese Elementale können zwar ziemlich starke Energie-Vampire sein, solange Sie sie nicht erkannt haben – aber mit den entsprechenden Gegenmaßnahmen ist es nicht schwer, sie schnell aus Ihrem Haus oder vom Arbeitsplatz zu vertreiben.

Schlechte Plätze erkennen – die häufigsten »Problemzonen«

Wie aber können Sie energieräuberische Orte erkennen, bevor es zu den ersten Symptomen eines Energieverlusts kommt? Örtliche Energie-Vampire sind vielfältig und können in den verschiedensten Formen auftreten – und leider sind nur die

wenigsten von ihnen deutlich durch tropfende Kerzen, Spinnweben und unheimlich knarzende Türen als Draculas Gruft
auszumachen.

Unheimliche Orte können zwar auch schreckliche Energieräuber sein, vor allem, wenn es sich um die verfluchte Stelle in
einem düsteren Moor handelt, an der nach Sonnenuntergang
ein kopfloser Reiter sein Unwesen treibt ... – viel schlimmer
sind jedoch die Orte, denen man eben nicht auf den ersten
Blick ansieht, dass sie einem hinterrücks die Energie entziehen – denn an ihnen hält man sich viel häufiger und länger auf
als in düsteren Mooren.

Energie-Vampire im Feng Shui

Natürlich gibt es den Begriff des Energie-Vampirs im Feng Shui
eigentlich nicht – zumindest bisher nicht. Das Feng Shui verfügt allerdings über einige gute Anleitungen zum Erkennen
»schlechter« Plätze, die auch auf viele Energielöcher und Energiefallen zutreffen. Die folgenden Kriterien machen einen Ort
nicht nur zu einer Problemzone nach den Regeln des Feng
Shui, sondern mit hoher Wahrscheinlichkeit auch zu einem
heimlichen Energie-Vampir.

DAS QI IST BLOCKIERT

Räume mit nur einer Öffnung verhindern einen freien Energiefluss, weil die Energie nicht durch die gleiche Tür ein- und
ausströmen kann. Für einen freien Energiefluss sind immer
mindestens eine Tür und ein Fenster nötig.

Wirklich fensterlose Räume sind zwar selten (und normalerweise nur als Abstellraum vorgesehen, wo sie keinen großen Schaden anrichten können), Sie können solche Energielöcher allerdings auch ganz unbeabsichtigt schaffen, wenn Sie

Fensterläden, Rollläden oder dichte Vorhänge die meiste Zeit über geschlossen halten. Auch verwinkelte Räume, die noch dazu mit vielen Möbeln zugestellt sind, können den Energiefluss stark einschränken und dazu führen, dass sich energetische Problemzonen bilden.

DAS *QI* FLIESST ZU SCHNELL

Feng Shui ist ganz auf Harmonie und Ausgewogenheit ausgelegt, daher wird ein zu schneller Energiefluss durch einen Raum als ähnlich problematisch betrachtet wie ein Energie-Stau. Auf feinstofflicher Ebene kann ein starker, schneller Energiefluss das menschliche Energiesystem tatsächlich durcheinander bringen und so dazu führen, dass die Chakras nicht mehr genug Energie aufnehmen können.

Solche Energieströme entstehen beispielsweise in langen, geraden Fluren, die weder durch Einrichtungsgegenstände noch durch Pflanzen unterbrochen und aufgelockert werden. Sie können aber auch in Zimmern auftreten, in denen sich zwei Türen oder Tür und Fenster genau gegenüberliegen. Wenn keine geeigneten Hindernisse wie größere Möbel, Pflanzen oder auch Windspiele diese gerade Achse unterbrechen, kann es vorkommen, dass die Energie rasch auf kürzestem Wege von Eingang zu Ausgang strömt.

Wenn Sie Ihren Sitzplatz genau auf dieser Achse haben, werden Sie schon nach kurzer Zeit die ersten Anzeichen eines energetischen Ungleichgewichts zu spüren bekommen. Für den Rest eines solchen Raumes tritt dann übrigens oft genau der gegenteilige Effekt ein: Weil die Energie so schnell geradewegs durch den Raum strömt, bekommen seitlich gelegene Bereiche zu wenig neue Energie ab, sodass sich hier Zentren stagnierender Energie bilden, die ebenfalls schnell zu Energieverlust führen.

Ein Platz wird durch Ecken und Kanten beeinträchtigt

Feng Shui lehrt, dass bei der Beurteilung eines Platzes immer Rücksicht auf den Einfluss der umliegenden Formen genommen werden muss. Scharfe Kanten und Ecken strahlen negative Energie in die Richtung aus, in die sie zeigen – und stören damit unser Wohlbefinden ganz empfindlich.

Sehen Sie sich doch einmal Ihr Schlafzimmer genauer an. Wenn Sie von Ihrem Bett genau auf die Ecke Ihres Kleiderschranks blicken, müssen Sie sich nicht wundern, wenn Sie schlecht schlafen. Je spitzer ein Winkel ist, desto ungünstiger ist seine Energie. Diesen Effekt können auch die Ecken umliegender Häuser haben, wenn sie durch ein Fenster genau auf Ihren Arbeitsplatz, Ihre Couch oder Ihr Bett zeigen.

Wasseradern und Erdstrahlen

Eine Wasserader im Garten ist prima, wenn Sie Ihren eigenen Brunnen bohren möchten. Unter dem Wohn- oder gar Schlafzimmer gibt sie dagegen viel weniger Grund zur Freude, weil sie dort ein unangenehmes Energieloch verursachen kann. Wasseradern strahlen Energien aus, die die normale Aufnahme von Lebensenergie durch die Chakras stören und so auf Dauer einen mehr oder weniger großen Energiemangel verursachen.

Denselben Effekt besitzen auch andere Energien, die ihren Ursprung für uns unsichtbar im Boden unter unseren Füßen haben. Sie entstehen teilweise durch geologische Phänomene wie die bereits erwähnten Wasseradern, Erzgänge oder Verwerfungslinien im Untergrund. Manche Einflüsse, wie zum Beispiel Erdstrahlen, können oft nur von ausgebildeten Radiästheten aufgespürt werden – und das kann oft nötig sein, denn die schädliche Wirkung macht sich bei jedem bemerkbar, der ihnen längere Zeit ausgesetzt ist. Am schädlichsten sind dabei die Plätze, an denen sich mehrere dieser unterirdischen Energielinien kreuzen.

Möglicherweise kennen Sie keinen Wünschelrutengänger oder vertrauen der Methode noch nicht so ganz. Dann können Sie auch selbst nach Anzeichen für Verursacher von Energielöchern Ausschau halten. Dies sind die häufigsten Hinweise auf unterirdische Strahlungsquellen:

— *Sie schlafen schlechter, nachdem Sie Ihr Bett umgestellt haben*

— *Sie haben Verdauungsstörungen oder weniger Appetit, nachdem Sie Ihren Esstisch anders platziert haben*

— *An manchen Stellen in Ihrer Wohnung fühlen Sie sich nervös, unruhig, ängstlich oder haben sogar Kopfschmerzen*

— *Ihr Hund meidet bestimmte Stellen in Ihrer Wohnung*

— *Ihre Katze zieht genau diese Orte vor (Katzen reagieren genau umgekehrt wie Hunde; die Ursache dafür ist noch etwas unklar)*

— *Pflanzen gedeihen nicht recht oder weisen Verwachsungen auf*

»Weltliche« Vampir-Zentren

Energielöcher und Energiefallen müssen ihren Ursprung nicht in Störungen des Energieflusses oder in geopathischen Störzonen haben – sie können auch durch ganz und gar weltliche Bausünden entstehen. Schließlich fühlt sich kaum jemand wohl, wenn er auf Dauer an dunklen, stickigen Orten auf nackte Betonwände starren muss. Niemand würde eine Tiefgarage, einen Versorgungs-Keller oder die Gänge eines 50er-Jahre-Behördenbaus für ein Picknick oder eine kleine Siesta wählen.

Dafür gibt es einen guten Grund: Der Aufenthalt an derart ungastlichen Orten kostet uns eine Menge Energie, was sie zu erstklassigen Energiefallen werden lässt. Wir empfinden dunkle, gedrängte Räume im Allgemeinen als ziemlich unangenehm. Unsere frühen Vorfahren haben zwar mit Begeisterung dunkle Höhlen mit Felszeichnungen verziert – aber die frühen Höhlenmaler konnten gut unterscheiden, ob es sich bei der Höhle um einen Kraftort oder ein Energieloch handelte. Höhle ist eben nicht Höhle. Unsere »modernen Höhlen« sind allerdings niemals Orte der Kraft!

Die moderne Baukunst hat uns zwar viel Komfort beschert, aber leider bietet sie auch viele Beispiele dafür, wie schnell der Mensch sich selbst seine Geister (oder besser Vampire) erschaffen kann. Wohnsilos, Plattenbauten, die unvermeidlich abweisenden, weil rein zweckmäßigen Mehrzweckhallen, Tiefgaragen, Supermärkte und sogar Schulen enthalten unzählige Energiefallen, bei denen wir viel Energie aufwenden müssen, um nicht von ihrer Hässlichkeit und Kälte überwältigt zu werden.

Oft entsteht die schlechte Ausstrahlung solcher Bauwerke nicht nur durch eine ungünstige, wenig menschenfreundliche Planung, sondern auch durch die »leblosen« Materialien, die dafür verwendet werden. Beton, Stahlträger oder verspiegelte Glasflächen erlauben zwar interessante, wagemutige Konstruktionen, aber sie haben nur ein sehr geringes Energie-Niveau, weil die Energie der Ursprungsmaterialien durch die intensive Verarbeitung weitgehend verloren geht. Daher entwickeln sich besonders Betonbauten sehr schnell zu ausgesprochenen Energielöchern.

Wer in einem derart »seelenlosen« Gebäude, wie zum Beispiel einem Einkaufscenter oder einem Büroturm, arbeitet, ist mit ziemlicher Sicherheit unangenehmen Energieverlusten ausgesetzt und sollte sich daher besonders gut mit den passenden Schutzmaßnahmen vertraut machen. Und falls sogar die eigene Wohnung Anzeichen solcher Vampir-Einflüsse zeigt, sind die entsprechenden Gegenmaßnahmen beinahe schon lebensnotwendig! Im Praxisteil (S. 163 ff.) werde ich solche Maßnahmen ausführlich beschreiben.

Von Geistern und verlorenen Seelen

Was wäre ein richtiges Schloss ohne einen Hausgeist, der um Mitternacht heulend und kettenklirrend durch die Flure spukt? Genauso gehört zu vielen energieraubenden Orten ein Energie-Vampir-Elemental, das allerdings in der Regel zu jeder Tages- und Nachtzeit darauf aus ist, jemandem die Lebensenergie zu entziehen. Da Sie solche Energieräuber immer den Menschen verdanken, die vor Ihnen an solch einem Ort gelebt oder gearbeitet haben, lohnt es sich, mehr über die Geschichte Ihres Zuhauses herauszufinden, und wenn möglich auch über Ihren Arbeitsplatz.

Am wenigsten Gedanken über irgendwelche unheimlichen Mitbewohner müssen Sie sich in einem Neubau machen – hier hat noch kaum jemand seine energetischen Spuren in den Räumen hinterlassen. Falls es allerdings Schwierigkeiten mit der Baufirma und vor allem mit den Arbeitern gegeben hat, sollten Sie das Haus am besten noch vor dem Einzug von möglicher negativer Energie befreien, indem Sie ein Reinigungsritual durchführen – wie das geht, erfahren Sie ab Seite 244 ff.

Ich hoffe allerdings, dass Sie sich als Bauplatz auch nicht gerade einen alten indianischen Friedhof oder einen geheimnisvollen Kultplatz aus vorchristlicher Zeit ausgesucht haben – welche Folgen so etwas haben kann, können Sie in so manchem Gruselschocker sehr anschaulich bewundern ... (wenn auch zum Glück sehr übertrieben).

Aber Spaß beiseite: Wenn Sie in ein älteres Gebäude einziehen möchten, über dessen frühere Bewohner Sie nicht das Geringste wissen, können Sie, wenn Sie Pech haben, unangenehme Überraschungen erleben. Zwar hat bei weitem nicht jedes Haus die sprichwörtliche Leiche im Keller, aber leider kann man doch nie wissen, ob die hübsche Altbauwohnung nicht Zeuge einer Liebestragödie à la Romeo und Julia war oder in dem verträumten kleinen Landhaus die ganze Familie vor den Launen eines gewalttätigen Patriarchen zittern musste. Auch Kriegsgeschehen, Verfolgungen, aber auch der tägliche Ärger ehemaliger Bewohner können tiefe Spuren in der »Seele« eines Raumes hinterlassen, aus denen sich schnell ein energiezehrendes Elemental bildet.

Solche Energiesauger halten sich zwar zum Glück nicht auf immer und ewig in einem Gebäude – so müssen Sie, zumindest normalerweise, nicht befürchten, auf energetische Altlasten aus der Zeit Ihrer Ururgroßeltern zu stoßen. Falls Sie jedoch von Nachbarn erfahren, dass die Vorbesitzer praktisch täglich mit dem Küchengeschirr nacheinander warfen, sich seit Jahren hinter geschlossenen Rollläden und drei Alarmanlagen versteckten oder regelmäßig Berge von leeren Schnapsflaschen zum Container getragen haben, sollten Sie doch hellhörig werden.

Ähnliches gilt für Ihren Arbeitsplatz: Falls der Vorbesitzer Ihres Büros monatelang Streit mit der Chefetage hatte oder im Dauerclinch mit allen Kollegen lag, kann er Ihnen durchaus die energetischen Überbleibsel solcher Kämpfe zusammen mit seinem Schreibtisch hinterlassen haben. Und falls Sie mit Ihrer Firma in Räume einziehen, die einen langen, erfolglosen Kampf gegen den finanziellen Ruin der Vormieter gesehen haben, in denen die Mitarbeiter vergeblich auf den Fortbestand ihrer Arbeitsplätze hofften oder seit Jahren eine Firma nach der anderen ein- und nach kurzer Zeit wieder auszog, sollten Sie die Räume ebenfalls auf Ihre Belastung durch Energie-Vampire überprüfen und so schnell wie möglich alle nötigen Gegenmaßnahmen treffen.

Test: »Welcher Ort belastet mich am meisten?«

Nicht alle Energie-Vampire sind gleich stark, und was bei einem Menschen einen großen Energieverlust verursacht, ist für den anderen vielleicht nur so lästig wie ein Mückenstich. Mit Hilfe des folgenden Kurztests können Sie bestimmen, wie stark Sie die Ausstrahlung eines bestimmten Ortes belastet, den Sie schon als räumlichen Energie-Vampir im Visier haben.

Es ist nicht unbedingt nötig, dass Sie sich für den Test auch an diesem Ort aufhalten. (Es kann jedoch zu einem exakteren Ergebnis verhelfen.)

Setzen Sie sich bequem hin und schließen Sie die Augen. Lassen Sie dann vor Ihrem inneren Auge ein Bild des Ortes entstehen, den Sie testen wollen, und versetzen Sie sich so gut wie möglich dorthin. Falls Sie sich an jenem Ort immer wieder an derselben Stelle aufhalten, wie etwa an Ihrem Arbeitsplatz, nehmen Sie auch in Ihrer Vorstellung genau diesen Platz ein.

Füllen Sie dann Ihre Vorstellung des Ortes mit möglichst vielen Details: Welche Geräusche sind dort zu hören, wie ist das Licht, gibt es bestimmte Gerüche, sitzen oder stehen Sie gut oder doch eher unbequem? Lassen Sie auch den Anblick des Ortes auf sich wirken, die Einrichtung, die Aussicht aus dem Fenster, die Wasserflecken an der gegenüberliegenden Wand ...

Wenn Sie dann den Ort vor Ihrem inneren Auge sehen, ihn mit allen Sinnen erfasst haben und auch Ihre Gefühle ganz darauf eingestellt sind, öffnen Sie die Augen und beantworten die folgenden Fragen möglichst spontan mit Ja oder Nein:

1. Teil	Nein	Ja
Gefällt mir dieser Ort?		
Sieht der Ort freundlich und einladend aus?		
Kann ich dort tief durchatmen und damit neue Energie schöpfen?		
Sind meine Ohren entspannt und aufnahmebereit?		
Sehe ich etwas Schönes, dessen Anblick mich erfreut?		
Sitze oder stehe ich bequem, entspannt, aber doch einsatzbereit?		
Wäre/bin ich jetzt gerne an diesem Ort?		
Kann ich mir vorstellen, dort einmal eine Nacht zu verbringen?		
Bin ich zufrieden mit dem Anblick, der sich meinen Augen bietet?		
Würde ich diesen Ort gerne meinen besten Freunden präsentieren?		

2. Teil	Nein	Ja
Kommt mir der Ort grau und farblos vor?		
Ist sein Bild irgendwie dunkel oder verschwommen?		
Erfüllt mich irgendetwas daran mit Ekel oder Abscheu?		
Gibt es mehr als 3 Dinge dort, die ich sofort verändern möchte?		

2. Teil	Nein	Ja
Fällt mir dort das Atmen schwer, oder gibt es störende Gerüche?		
Erkälte ich mich dort besonders leicht oder leide ich dort häufig unter Kopf- oder Rückenschmerzen?		
Sind meine Ohren an diesem Ort besonders empfindlich, oder leiden sie unter bestimmten Geräuschen?		
Möchte ich am liebsten ständig das Fenster öffnen, um frische Luft hereinzulassen?		
Bin ich hier immer zu kühl oder zu warm gekleidet?		
Habe ich das Gefühl, mich an diesem Ort nicht frei bewegen und entfalten zu können?		

Alle Fragen beantwortet? Dann zählen Sie nun die Punkte zusammen, die der verdächtige Ort erreicht hat: in Teil 1 bekommt er für jede mit »Nein« beantwortete Frage einen Punkt, und in Teil 2 zählen Sie für jedes »Ja« zwei Punkte. Die Auswertung verrät Ihnen, wie stark dieser Ort Sie wirklich belastet:

Auswertung:
Wie stark belastet Sie ein bestimmter Ort?

• *1-5 Punkte:* Meinen Glückwunsch – Sie sind noch mal mit dem Schrecken davongekommen! Der getestete Ort ist vielleicht nicht völlig unbelastet, aber die Störung hält sich so in Grenzen, dass sie mit einfachsten Mitteln zu beheben ist. Eine

Grünpflanze an der richtigen Stelle, etwas freundlicheres Licht oder ein wenig mehr Farbe werden Ihr Wohlbefinden an diesem Ort schnell wiederherstellen und die energetische Belastung neutralisieren. Und Sie können stolz auf sich sein: Wer Orte mit so »kleinen« Energie-Vampiren aufspürt, ist auf dem besten Weg dazu, ein unbestechlicher Vampir-Jäger zu werden – und sein Leben völlig von solch lästigen Energiesaugern zu befreien.

- *6–10 Punkte:* Im unteren Mittelfeld ist auch noch kein wirklicher Grund zur Sorge vorhanden – aber es ist wichtig, dass Sie dem betreffenden Vampir-Zentrum schon jetzt rasch den Garaus machen, bevor es sich zu einem echten Problem entwickelt. »Bewaffnen« Sie sich mit einer Schutzmaßnahme Ihrer Wahl und nehmen Sie den Ort dann nochmals genau unter die Lupe: Wo verstecken sich mögliche Auslöser für ein Energieloch oder eine Energiefalle, und wie lassen sie sich am einfachsten beseitigen? Wichtig ist, dass Sie den Energie-Vampir trotz seiner noch geringen Stärke nicht auf die leichte Schulter nehmen, sondern entschlossen vertreiben – nur so können Sie verhindern, dass er weiter Energie saugt und womöglich noch stärker und damit schwerer zu bezwingen wird.

- *11–15 Punkte:* An einem Ort mit mehr als 10 Punkten haben Sie sicher schon relativ deutlich unter den ständigen Energieverlusten durch diesen Energie-Vampir zu leiden. Je stärker die Symptome sind, desto wichtiger ist schnelle Abhilfe – und am allerwichtigsten ist, dass Sie diesen Ort nicht mehr ohne entsprechende Schutzmaßnahmen aufsuchen! Als zweiten Schritt empfehle ich Ihnen, sich den Gegner genau anzusehen: Ist der Ort ein einziger, starker Energie-Vampir oder vielleicht doch nur eine Ansammlung verschiedener »Vampirchen«, die sich schnell und mit geringem Aufwand erledigen lassen? Im Praxisteil dieses Buches finden Sie für jeden Fall die passende

Gegenmaßnahme – dann müssen Sie nur noch die Initiative ergreifen und dranbleiben, um den Ort auch noch von den letzten energetischen Spinnweben zu befreien.

- *Über 15 Punkte:* Offenbar sind Sie direkt auf Graf Draculas Gruft gestoßen – und der Hausherr scheint über Ihren Besuch sehr erfreut zu sein. Orte mit solch hohen Punktzahlen sind wie kleine Bermuda-Dreiecke auf energetischer Ebene: Die Energie verschwindet darin von einem Moment auf den anderen, und niemand kann sagen, wieso sie plötzlich nicht mehr da ist. Niemand – bis auf Sie! Schließlich wissen Sie inzwischen, dass ein Vampir-Zentrum erster Güte dahintersteckt. Mein ehrlicher Rat an Sie lautet, einen so stark belasteten Ort zunächst einmal so gut wie möglich zu meiden, bis sich Ihre Energiereserven wieder erholt haben – einen solchen energetischen Aderlass verkraftet nämlich niemand auf Dauer, wenn er sich nicht wirklich gut dagegen schützt. Falls das nicht möglich ist, weil es sich bei dem Vampir-Zentrum leider um Ihren Arbeitsplatz handelt oder um einen anderen Ort, den Sie einfach regelmäßig aufsuchen müssen, kann ich Ihnen nur die Gegenmaßnahmen aus dem Praxisteil wärmstens ans Herz legen – je besser Sie sie umsetzen, desto besser bekommen Sie den Energieverlust in den Griff. Mit etwas Ausdauer und Einsatz können Sie auch ein starkes Vampir-Zentrum wieder zu einem erträglichen Ort machen, an dem man sich wohl fühlen kann. Denn Sie wissen ja: Kein Vampir ist unbesiegbar, wenn man nur die richtigen Gegenmaßnahmen kennt!

Psychische Gegenmaßnahmen

Inzwischen wissen Sie praktisch alles, was es über Energie-Vampire zu wissen gibt: Sie haben die verschiedensten Vampir-Typen kennen gelernt, wissen, dass es nicht nur menschliche, sondern auch situative und örtliche Energie-Vampire gibt, wie die verschiedenen Energiesauger entstehen und auf welche Weise sie sich an Ihrer Energie bedienen. Nur eines habe ich Ihnen noch nicht verraten: wie Sie die verschiedenen Energieräuber am effektivsten vertreiben können, und mit welchen Maßnahmen Sie sich am einfachsten vor ihnen schützen!

Im Umgang mit Energie-Vampiren gibt es grundsätzlich zwei verschiedene Vorgehensweisen:

1. Zum einen können Sie die wirkungsvollste Waffe gebrauchen, die Mutter Natur uns Menschen verliehen hat: Ihren Verstand. Mit psychologischen Mitteln können Sie jeden menschlichen Energie-Vampir kompromisslos in seine Schranken verweisen und einen starken Schutz gegen alle Arten von Energieräubern aufbauen. Die wichtigsten und effektivsten Gegenmaßnahmen aus diesem Bereich werde ich Ihnen in diesem Kapitel vorstellen.

2. Zum anderen besteht die Möglichkeit, Energie-Vampire direkt mit ihren eigenen Waffen zu schlagen, und zwar auf feinstofflicher Ebene. Im nächsten Kapitel über »Energetische Gegenmaßnahmen« finden Sie daher alle Methoden und Tricks, mit denen Sie einfach, aber wirkungsvoll Ihre Energie verteidigen und jeden Energie-Vampir zurück in seine Gruft schicken können.

Ein Korb für alle Energie-Vampire

Die einfachste Methode sich zu schützen, ist so simpel, dass jedes Kind sie Ihnen nennen könnte: Meiden Sie alle Energie-Vampire! Wer nicht nach Transsylvanien fährt, wer düstere Schlösser links liegen lässt und einen großen Bogen um alle exotischen, spitzzahnigen Kavaliere in Abendgarderobe macht, wird wohl kaum jemals Graf Dracula zum Opfer fallen.

Natürlich vergessen Kinder leicht, dass man nicht allem und jedem immer aus dem Weg gehen kann. Aber wenn es möglich ist, ist es tatsächlich der effektivste Schutz vor jedem Vampir-Angriff – deshalb möchte ich Ihnen als erste und wichtigste Gegenmaßnahme ans Herz legen, Gefahren grundsätzlich aus dem Weg zu gehen.

Meiden ist eine Methode, die gegenüber jeder Art von Energie-Vampir funktioniert: Sie können menschlichen Energie-Vampiren bei jeder Gelegenheit einen Korb verpassen, energiesaugende Situationen grundsätzlich aus Ihrem Terminplan streichen und Vampir-Zentren nicht einmal mehr aus der Ferne auch nur eines Blickes würdigen – zumindest wann immer das eben möglich ist.

Zeigen Sie Energie-Vampiren die kalte Schulter

Lassen Sie sich nicht beirren – in vielen Fällen ist es einfacher, einen Energie-Vampir zu meiden, als es auf den ersten Blick aussieht. Energie-Vampire versuchen schließlich absichtlich, den Eindruck zu erwecken, dass der Umgang mit ihnen unvermeidlich ist: Die penetrante Kollegin beispielsweise, die immer darauf besteht, Ihnen auch einen Kaffee mitzubringen, der lästige Nachbar, der jedes Mal durch sein Küchenfenster späht, um Sie rechtzeitig »für ein kleines Schwätzchen« abzufangen, oder der aufdringliche Wurstverkäufer im Supermarkt, der immer versucht, Ihnen Portionen für eine ganze Fußballmannschaft aufzudrängen. Nur wegen solcher Leute möchten Sie ja immerhin nicht gleich den Job wechseln, sich eine neue Wohnung suchen oder Vegetarier werden, stimmt's?

Was Sie aber trotzdem versuchen können, ist, den Kontakt mit ihnen auf ein absolutes Minimum zu reduzieren und sie so oft wie nur irgend möglich zu meiden. Vielleicht wollten Sie Ihren Kaffee-Konsum ja sowieso einschränken, oder Sie suchen sich für die Besuche der lieben Kollegin unaufschiebbare Telefonate und Aufgaben, die Sie just in diesen Momenten erledigen müssen. Je weniger Zeit Sie für ein kleines Schwätzchen haben, desto seltener wird die Vampir-Dame bei Ihnen hereinschauen – probieren Sie es einfach einmal aus!

Um jedes längere Gespräch mit einem Energie-Vampir zu vermeiden, ist die Formel »Keine Zeit!« grundsätzlich ein hervorragendes Hilfsmittel. Ihr Nachbar lauert Ihnen wieder im Treppenhaus auf? Kein Problem: Sie müssen dringend sofort Ihre Mutter anrufen, oder haben eine wichtige Verabredung, für die Sie sich schnell noch hübsch machen müssen. Wenn Ihnen gerade gar nichts Besseres einfällt, können Sie sich auch ganz dreist auf den Beginn Ihrer Lieblings-Fernsehserie herausreden. Das hat sogar einen praktischen Nebeneffekt: Je durchsichtiger solche Ausreden nämlich werden, desto schneller erkennt Ihr Gegenüber, dass Sie tatsächlich kein Interesse an einem Gespräch mit ihm haben.

Plagen Sie sich bei Ausreden oder Notlügen bloß nicht mit moralischen Bedenken! Das wäre ganz im Sinne Ihres Vampirs. Der Energie-Vampir pfeift auf Moral, solange er Ihnen nur Ihre kostbare Energie rauben kann. Sie müssen ja nicht gleich zum gnadenlosen Egoisten werden, um Ihre Interessen angemessen wahrzunehmen.

Natürlich bekommt auch der lästige Wurstverkäufer bei nächster Gelegenheit sofort die rote Karte. Zum Beispiel so: Konfrontieren Sie ihn mit absolut klaren, knapp formulierten Wünschen: »200 Gramm italienische Salami, 2 Paar Wiener Würstchen und 100 Gramm Serrano-Schinken – das ist alles!« – »Darf's ein bisschen mehr sein?« – »Nein danke, lieber etwas weniger!«

Je weniger Raum Sie ihm für Vorschläge oder Nachfragen geben, desto weniger Ansatzpunkte bleiben dem Energie-Vampir, um Sie in ein Gespräch zu verwickeln. Bleiben Sie dabei ruhig wortkarg und unpersönlich – denn zu lästigen Energieräubern wollen Sie ja sicher ohnehin keine engeren Bande knüpfen, oder?

Wie fast überall im Leben gilt auch hier, dass man mit der richtigen Mischung aus Charme und Klarheit viel weiter kommt als mit schüchterner Zurückhaltung. Oder Sie gehen zum Einkaufen eben gleich ganz in den Laden um die nächste Ecke – zumindest in der Stadt liegt die nächste Einkaufsmöglichkeit nämlich meist viel näher, als man denkt.

Wenn Sie Energie-Vampire meiden, ist es wichtig, dass Sie dabei aus eigener, selbstbewusster Entscheidung heraus handeln – nicht aus Angst. Schließlich wollen Sie Ihr Leben ja nicht durch Energie-Vampire bestimmen lassen. Und noch wichtiger: Wenn Sie sich von Angst leiten lassen, werden Sie leichter zum Opfer des nächsten Energie-Vampirs!

Meiden leichtgemacht –
die besten Tipps im Überblick

Auch das Meiden von Energie-Vampiren will zunächst einmal geübt sein, bevor man es meisterlich ganz ohne weiteres Nachdenken beherrscht. Betrachten Sie die folgenden Tipps deshalb als Anregungen dafür, wie Sie Ihre besten persönlichen Strategien gestalten können, um allen Energie-Vampiren so schnell wie möglich einen Korb zu geben. Und nicht vergessen: wer zu nett zu einem Energie-Vampir ist, bekommt als Dankeschön zuerst einmal ein ausgiebiges Energie-Tief verpasst!

■ **Um Ausreden nie verlegen:** Eine gute Notlüge wiegt jedes Fegefeuer auf, wenn Sie damit einem unangenehmen Energie-Vampir entkommen. Gönnen Sie sich also eine schöne Tasse Cappuccino oder ein Gläschen Wein und denken Sie sich dabei ein paar Ausreden auf Vorrat aus, mit denen Sie die nächsten Vampir-Kontakte elegant abkürzen können. Perfekte Ausreden sind nicht zu konkret, nur schwer nachprüfbar und wichtig genug, um sie nur in Notfällen aufschieben zu können, wie etwa Anrufe bei Verwandten, Schulprüfungen der Kinder, denen man beim Lernen helfen muss, eine Verabredung mit jemandem, den man lange nicht gesehen hat, oder ein Termin beim Arzt. Ideal ist es übrigens, wenn man die entsprechende Ausrede bis zum nächsten Zusammentreffen mit dem Energie-Vampir noch im Kopf behält, damit man sich auf eventuelle Nachfragen hin nicht verplappert ...

■ **Lassen Sie Ihre Fantasie spielen:** Wer energieraubende Situationen in seinem Alltag ausgemacht hat, sollte sich davon nicht lange deprimieren lassen, sondern so schnell wie möglich eine kreative Pause einlegen: Mit ein wenig Nachdenken findet sich in vielen Fällen eine einfache Lösung, wie Sie diese Situationen von vornherein vermeiden können. Wichtig ist dabei, dass Sie Ihre normalen Denkmuster beiseite schieben und Ihrer Fantasie möglichst freien Lauf lassen. Meine Freundin Rosa verlor monatelang viel Energie damit, sich darüber zu ärgern, dass ihre Katzen die Fensterrahmen zerkratzten, wenn sie hereingelassen werden wollten – bis sie in einem kreativen Anflug ganz normale Fliegengitter mit Draht verstärkte und vor die Fenster setzen ließ. Seitdem kann sie ihre Abende wieder richtig genießen, ohne länger von ihrer früheren Energie-Vampir-Situation gequält zu werden – die kann nämlich einfach nicht mehr auftreten!

■ **Beschreiten Sie neue Wege:** Erinnern Sie sich an die energieraubende Baustelle auf dem täglichen Weg zur Arbeit? Diesem wie auch vielen anderen Energie-Vampiren können Sie elegant aus dem Weg gehen, indem Sie sich einfach neue Wege suchen. Sicherlich ist ein Umweg nicht jedermanns Sache, und auch die meine nicht. Meistens ist es jedoch so, dass wir nur aus reiner Gewohnheit einen bestimmten Weg allen anderen vorziehen: weil er uns als die schnellste Strecke empfohlen wurde, an bestimmten Orten vorbeiführt, die wir kennen, und oft genug auch einfach nur deshalb, weil wir ihn beim allerersten Mal benutzten, an dem wir uns von Punkt A nach Punkt B bewegt haben. Zumindest in städtischen, dicht besiedelten Gebieten gibt es jedoch fast immer Alternativstrecken, die uns genauso schnell an unser Ziel bringen – um sie zu finden, brauchen Sie nur einen Stadtplan oder ein wenig Zeit, um sich in aller Ruhe besser mit der Gegend vertraut zu machen.

■ **Bleiben Sie standhaft:** So manche Vampir-Typen sind wahre Weltmeister darin, sich ihren Opfern immer und immer wieder aufzudrängen – da nützt manchmal sogar die beste Ausrede nichts. In solchen Fällen hilft nur eins: standhaft bleiben und ihnen weiter aus dem Weg gehen, so schwer es auch sein mag. Wenn Sie eine ständig anrufende Bekannte als Energie-Vampir enttarnt haben und eigentlich schon entschlossen sind, möglichst gar nicht mehr mit ihr zu sprechen, dann sollten Sie diesen Vorsatz auch umsetzen – selbst wenn es bedeutet, bei jedem Klingeln zuerst die Nummer auf dem Telefondisplay zu kontrollieren, sich verleugnen zu lassen und konsequent jeden Rückruf zu vergessen (ein kleiner Extra-Tipp: Löschen Sie die Nummer dieser Person noch nicht aus dem Telefon, damit Sie schneller erkennen können, wann Sie besser nicht rangehen!). Wenn Sie lange genug durchhalten, gibt auch der hartnäckigste Energie-Vampir irgendwann auf – Sie dürfen nur nicht schwach werden!

■ **Sorgen Sie für Tarnung:** Ich persönlich trage sehr dunkle oder verspiegelte Sonnenbrillen eigentlich nicht sehr gerne, weil ich selbst meinen Mitmenschen lieber direkt in die Augen sehe. Dunkle Brillen haben allerdings einen großen Vorteil: Sie passen als Notfall-Utensil in jede Handtasche – und wenn man in einer Menschenmenge oder im belebten Cafe einen bekannten Energie-Vampir erspäht, kann man sich flugs dahinter verstecken und so tun, als hätte man ihn nicht bemerkt. Wer besonders geschickt ist, behält den Energieräuber dabei immer im Augenwinkel und vermeidet so, dass er plötzlich neben ihm steht und eine unbemerkte Flucht nicht mehr möglich ist. Denselben Zweck können natürlich auch Baseball-Mützen, Hüte, aufgefaltete Zeitungen und sogar Regen- und Sonnenschirme erfüllen, wenn man sie denn gerade zur Hand hat.

■ **Gehen Sie den direkten Weg:** Ich habe ja schon gesagt, dass moralische Bedenken Energie-Vampiren gegenüber nicht am Platz sind. Doch es gibt auch andere Gründe dafür, ohne Lügen, sogar ohne Notlügen, durchs Leben gehen zu wollen. Einer davon ist, dass Wahrheit Kraft gibt. Sie verlangt allerdings auch Stärke. Wenn Sie es über sich bringen, warum dann nicht einen Energie-Vampir ganz direkt mit der Wahrheit konfrontieren? Das heißt nicht, dass Sie aggressiv oder unverschämt werden müssen. Aber Sie haben auch das Recht zu sagen: »Ich habe keine Lust – auf ein Schwätzchen, auf unerwünschte Mitbringsel, auf Ablenkung von meiner Arbeit, auf mehr Wurst als ich essen kann ...«

Abkapseln muss nicht sein

Keine Sorge: Auch wenn Sie das Meiden zu einem festen Bestandteil Ihrer täglichen Anti-Energieräuber-Strategie machen, bedeutet das noch lange nicht, dass Sie sich deshalb von der Welt und allen Menschen abkapseln müssten. Niemand ist so sehr auf allen Seiten von Energie-Vampiren umgeben, dass solche drastischen Maßnahmen nötig wären. Konsequentes Meiden lohnt sich vor allem gegenüber sehr starken Energie-Vampiren, denen mit anderen Gegenmaßnahmen nur schwer beizukommen ist – leichteren Fällen von Energie-Vampirismus können Sie auch mit anderen Mitteln wirkungsvoll einen Riegel vorschieben.

Zur Kunst des Meidens gehört daher auch, zuerst einmal gut abzuwägen, in welchem Verhältnis die Belastung durch einen bestimmten Energie-Vampir zur völligen Verbannung desselben aus Ihrem Leben steht.

*Mir ging es während meines Studiums so, dass ein etwas lästiger Mit-
student bei jeder Gelegenheit versuchte, sich an meiner Lebensenergie
mitzubedienen. Gleichzeitig war er aber der einzige Kursteilnehmer,
der einem auch die schwierigsten Aufgaben irgendwie erklären konnte – also habe ich darauf verzichtet, ihn völlig zu meiden, und mich lieber mit anderen Mitteln vor zu großen Energieverlusten geschützt ...*

Fragen Sie sich immer sehr genau, mit wem Sie Ihre Zeit verbringen wollen und mit wem nicht, welche Orte Sie trotz allem
weiter aufsuchen wollen (oder müssen) und welche nicht, und
auch, welche Informationen Sie auf sich wirken lassen wollen
und auf welche Sie lieber verzichten – für manche Menschen
sind schließlich auch schlechte Nachrichten oder die penetrante Werbung in den Medien kleine Energie-Vampire, die auf
Dauer viel Kraft kosten können.

Da alles in diesem Universum einem ständigen Wandel
unterworfen ist, ist es niemals völlig ausgeschlossen, dass ein
Energie-Vampir sich wandelt und sein schädliches Treiben ein-
stellt – auch wenn Sie die Hoffnung darauf niemals dazu ver-
leiten sollte, sich ihm schutzlos auszuliefern!

Geistiges T'ai Chi

Kennen Sie T'ai Chi Ch'uan? Diese alte chinesische Kampfkunst bietet eine hervorragende Anleitung zur Abwehr von
Energie-Vampiren. T'ai Chi Ch'uan oder kurz T'ai Chi (die moderne Schreibweise ist *Taiji*) ist im Westen auch als »Schatten-
boxen« bekannt, weil meist ohne Partner geübt wird, sodass es
aussieht, als kämpfte man gegen unsichtbare Gegner oder seinen eigenen Schatten. Heute wird T'ai Chi vor allem wegen sei-

ner außerordentlich positiven Wirkungen auf die Gesundheit geübt, doch ursprünglich ist es eine äußerst effektive Kampfkunst, ähnlich dem berüchtigten Kung Fu.

Das Besondere an T'ai Chi besteht darin, dass man sich nicht auf ein Kräftemessen einlässt, sondern die Angriffe des Gegners gegen ihn wendet und ins Leere laufen lässt, indem man die angreifende Energie geschickt umlenkt – und das ist genau das, was wir bei der Abwehr gegen Energie-Vampire gebrauchen können!

Die T'ai Chi-Philosophie

T'ai Chi hat seine Wurzeln in der alten taoistischen Philosophie. Der Taoismus lehrt, dass alles auf einem Wechselspiel zweier Pole beruht. Diese Pole heißen im Chinesischen *Yin* und *Yang*. Yin und Yang sind dabei nichts Konkretes, sondern das Prinzip des Gegensätzlichen, das sich gegenseitig ergänzt und bestimmt. Am einfachsten kann man das anhand einer Münze erklären – versuchen Sie nur einmal eine Seite einer Münze zu entfernen! Das geht natürlich nicht, weil ja eine Seite durch die andere Seite definiert ist. Andere Pole sind weiblich-männlich, Tag-Nacht, heiß-kalt usw.

Aber selbstverständlich geht es im Taoismus nicht nur darum, festzustellen, dass alles seine zwei Seiten hat. Ziel der taoistischen Lehren ist es, ein harmonisches Gleichgewicht zwischen Yin und Yang herzustellen, in dem beide Energien fließen können, ohne dass die eine die andere blockiert oder dominiert.

Das T'ai Chi-Symbol ist wohl eines der bekanntesten Symbole der Welt. T'ai Chi bedeutet »das große Ganze«, das Zusammenspiel von Yin und Yang: Das eine kann ohne das andere nicht exis-

tieren — wenn wir aus dem Symbol das Schwarz entfernen, ist auch das Weiße nicht mehr da. Das Symbol deutet an, dass alles fließt und in Bewegung ist und dabei doch ein großes Ganzes bildet.

Das Streben nach harmonischer Ausgeglichenheit bildet die Grundlage des T'ai Chi. Mit seinen fließenden Bewegungen zielt es darauf ab, angreifenden Kräften keinen Widerstand entgegenzusetzen und dann, wenn die Angriffskraft ins Leere läuft und sich der Gegner zurückzieht, kraftvoll zu folgen, um ihn aus dem Gleichgewicht zu bringen. Das gilt sowohl für die Anwendung in der Kampfkunst, als auch für T'ai Chi als Gesundheitsübung – hartes Yang trifft auf weiches Yin und schwaches Yin auf starkes Yang.

Das harmonische Fließen kommt dadurch zustande, dass Körper, Seele und Geist in Einklang miteinander gebracht werden. Wer T'ai Chi praktiziert, lernt, zu sein wie das Wasser: Wasser gibt flexibel jedem Schlag nach, ohne dabei Schaden zu nehmen, und fließt danach einfach wieder an seine ursprüngliche Position zurück. Gleichzeitig besitzt es jedoch die Kraft, selbst das härteste Gestein zu zermalmen: »Steter Tropfen höhlt den Stein« ist der sprichwörtliche Ausdruck der Tatsache, dass dasselbe »weiche« Wasser durch seine Beharrlichkeit auch noch die härtesten Hindernisse überwinden kann.

Harmonische Ausgeglichenheit, Flexibilität und Beharrlichkeit – das sind die drei Hauptelemente der Philosophie des T'ai Chi. Und sie bilden auch die Basis des »geistigen« T'ai Chi, mit dessen Hilfe Sie die Angriffe aller menschlichen Vampir-Typen souverän und erfolgreich abwehren können.

Die Kunst des Geistigen T'ai Chi

Ein chinesischer T'ai Chi-Meister würde den Kampf gegen einen Energie-Vampir ebenso angehen wie den Kampf gegen einen physischen Gegner – denn es besteht eigentlich kein Unterschied, wie, wo oder in welcher Form die Energie angreift. T'ai Chi ist umfassend genug, um Körper, Seele und Geist perfekt zu trainieren.

Wir wollen uns hier die Prinzipien des T'ai Chi ausschließlich auf geistiger Ebene zunutze machen, um sie auch losgelöst von den eigentlichen Körperübungen anzuwenden und weiterzuentwickeln. Natürlich eignen sich die Körperübungen nach wie vor hervorragend dazu, diese Prinzipien umfassend zu üben und zu verinnerlichen, und ich kann Ihnen nur empfehlen, dass Sie sie einmal kennen lernen, wenn Sie Gelegenheit dazu haben. Auch außerhalb Chinas wird inzwischen überall auf der Welt T'ai Chi gelehrt. Aber da wir hier natürlich nicht die jahrelange Übung, die T'ai Chi erfordert, voraussetzen wollen, werden wir uns auf geistiges »Energie-Vampir-Kung-Fu« konzentrieren.

Geistiges T'ai Chi ist einfach einzusetzen. Wir müssen uns dazu lediglich drei wichtige universelle Prinzipien einprägen:
- harmonische Ausgeglichenheit,
- Flexibilität und
- Beharrlichkeit.

Wie Ihnen diese Prinzipien bei der Abwehr eines energieräuberischen Vampir-Angriffs helfen können, möchte ich nun Schritt für Schritt erläutern:

1. *Die Grundlage: Harmonische Ausgeglichenheit*

Die meisten von uns leben in einer Welt, die von Leistungsdruck, Hektik und Konkurrenzkämpfen geprägt ist. Obwohl mehr und mehr Menschen bewusst wird, dass sie ihr Leben auf diese Weise nicht besonders glücklich macht und sogar gesundheitliche Probleme daraus entstehen können, ist es nicht leicht, aus der täglichen Tretmühle auszubrechen und zumindest gelegentlich wieder ganz zurück zu sich selbst zu finden. Harmonische Ausgeglichenheit und damit das Ruhen in der eigenen Mitte ist für viele Menschen leider eher ein schöner Traum als gelebte Realität.

Wer Geistiges T'ai Chi praktizieren will, sollte seine innere Ausgeglichenheit allerdings ganz weit nach oben auf die Liste seiner Prioritäten im Leben setzen. Sie ist nämlich die Grundlage dafür, energetische Angriffe nach den Prinzipien des T'ai Chi ins Leere laufen zu lassen.

Um auf den Vergleich mit dem Wasser zurückzukommen: Auch Wasser muss sich zunächst einmal in einem Teich oder einem kleinen Bächlein sammeln, um nach einem Schlag oder einer anderen Störung wieder zurück in seinen natürlichen Zustand der Harmonie finden zu können. Wenn das Wasser so weit verteilt ist, dass es nur kleine Pfützen bildet, kann es nämlich leicht mit einem einzigen Sprung völlig zum Auseinanderspritzen gebracht werden – kleine Kinder lieben es, in Wasserpfützen zu hüpfen und sie auf diese Weise zu »zerstören«.

Regelmäßiges Innehalten und Meditationen sind die besten Hilfsmittel auf dem Weg zu innerer Harmonie und Ausgeglichenheit, denn dabei können die vielen Gedanken zur Ruhe kommen, die unser Bewusstsein sonst meist in alle Richtungen zerstreuen. Wir können uns »sammeln« – wie das Wasser in einem kristallklaren Bergsee.

Zum Meditieren benötigen Sie eigentlich nicht mehr als einen ungestörten Ort und etwas Zeit. Am einfachsten ist es, wenn Sie sich bequem im Schneider- oder Lotossitz auf ein Kissen setzen können. Es lässt sich jedoch auch in jeder anderen Haltung meditieren, die es Ihnen erlaubt, Wirbelsäule und Kopf entspannt aufgerichtet zu halten. Die Arme sollten dabei entspannt herabhängen und die Hände – wenn möglich – leicht geöffnet auf den Oberschenkeln oder Knien ruhen.

Es ist nicht unbedingt nötig, dass Sie zum Meditieren die Augen schließen. Manche Menschen kommen besser zur Ruhe, wenn sie ihren Blick entspannt auf eine leere Wand, den Horizont oder ins Leere richten, oder sogar über dem Anblick eines harmonischen Bildes oder einer Pflanze meditieren. Ihre innere Stimme wird Ihnen sagen, wie es für Sie am besten ist, und Sie können die verschiedenen Möglichkeiten auch einfach einmal ausprobieren.

Unverzichtbar für die Meditation ist dagegen eine tiefe, entspannte Atmung. Lassen Sie Ihren Atem tief in Ihren Körper strömen und die Lungen ganz ausfüllen, und lassen Sie sich beim Ausatmen ganz von dem Gefühl des Loslassens durchdringen, das damit einhergeht.

Es wird oft gesagt, dass man beim Meditieren seine Gedanken abstellen oder auf andere Weise dafür sorgen soll, dass man nicht mehre denkt, sondern einfach nur noch »ist«. Ich finde diese Aussage etwas irreführend, denn meiner Erfahrung nach führt dieses Streben nach gedanklichem Stillschweigen bei vielen Menschen eher zu einer neuen Anspannung, weil sie zu verkrampft nach der Kontrolle über ihre Gedanken streben.

Um zu mehr innerer Ausgeglichenheit zu finden, sind solche gedanklichen Anstrengungen jedoch eigentlich nicht nötig. Lassen Sie Ihre Gedanken beim Meditieren ruhig kommen und gehen – wichtig ist nicht so sehr, *ob* Sie denken, sondern *wie* Sie Ihre Gedanken dabei wahrnehmen. Ziel der Meditation ist es, sich bewusst zu machen, dass Sie nicht Ihre Gedanken *sind*, sondern dass die Gedanken nur ein Teil Ihres viel umfassenderen Wesens sind.

Gedanken sind flüchtige Erscheinungen, die viel zu leicht von äußeren Eindrücken und fremden Meinungen geprägt werden. Fernöstliche Weise haben schon vor langer Zeit erkannt, dass die Identifikation mit ihnen den Menschen nur von seiner inneren Mitte fortzerrt und ihn für die verschiedensten Einflüsse von außen anfällig macht (beispielsweise für die Angriffe von Energie-Vampiren!). Die Meditation ist ein bewährtes Mittel, um diese innere Mitte wieder zu erfahren und zu erkennen, dass Gedanken kommen und gehen, unser inneres Selbst aber einen beständigen Pol der Ruhe und Ausgeglichenheit bildet, zu dem wir immer wieder zurückfinden können.

Je einfacher Sie Ihre Meditation gestalten, desto schneller wird sie zu einem regelmäßigen Bestandteil Ihres Lebens werden. Deshalb möchte ich Ihnen so wenige Vorgaben wie möglich machen, denn jeder Mensch sollte die für ihn stimmigste Meditationsweise finden. Ich kenne Menschen, die einfach auf einem Spaziergang in der Natur an ihren Lieblingsorten Meditations-Pausen einlegen, während andere sich lieber zu Hause in ein eigens eingerichtetes Meditationszimmer zurückziehen, dem sie mit sanften Düften, Farben und Klängen eine besondere Atmosphäre verleihen.

Nur zwei wichtige Ratschläge möchte ich Ihnen mit auf den Weg geben:

– Sorgen Sie beim Meditieren dafür, dass Sie nicht unterbrochen werden. Es ist prinzipiell sogar möglich, auf einem menschenüberströmten Platz zu meditieren – jedoch nur, solange niemand auf einen zukommt und die innere Versenkung mit Fragen oder Berührungen stört.

– Machen Sie die Meditation zu einem regelmäßigen Bestandteil Ihres Lebens. Kurze, aber tägliche Meditationen sind viel wirkungsvoller als eine lange Meditationssitzung einmal pro Woche. Für die meisten Menschen ist eine tägliche Meditation von rund 10 bis 20 Minuten ideal, um ihre innere Ausgeglichenheit dauerhaft zu stabilisieren.

2. *Die Abwehr: Flexibilität*

Die Abwehrstrategie beim Geistigen T'ai Chi ist etwas ungewöhnlich: dabei geht es nämlich vor allem darum, auf energieräuberische Angriffe nicht so zu reagieren, wie es der Energie-Vampir erwartet.

Sie erinnern sich: Jeder Typ von Energie-Vampir hat seine bevorzugte Methode, wie er sich Zugang zur Lebensenergie seiner Opfer verschafft – durch »Beherrschen«, »Suchen« oder »Haften«. Dadurch hat auch jeder Energie-Vampir eine ganz bestimmte Erwartung daran, wie sein Opfer sich zu verhalten hat: Dass es sich einschüchtern lässt, ihm seine Hilfe anbietet oder dankbar den Rest seines Lebens mit ihm verbringt ...

Wer auf die Methoden eines Vampir-Typs jedoch gar nicht erst eingeht und ganz anders reagiert, als es dieser erwartet, der bringt den armen Energiesauger mit etwas Glück auf Anhieb so aus dem Konzept, dass er seinen Angriff gleich wieder aufgibt. Natürlich müssen Sie sehr wachsam sein, um schnell zu erkennen, welche Reaktion der Energie-Vampir von Ihnen erwartet – und Sie müssen erst einmal wissen, dass Sie es überhaupt mit einem Energie-Vampir zu tun haben. Mit ein wenig Übung haben Sie diese beiden Grundlagen jedoch schon im Griff, wenn Sie dieses Buch zu Ende gelesen haben. Dann geht es nur noch darum, Ihre ganze geistige Flexibilität einzusetzen und den Angriff geschickt umzulenken.

■ So lassen Sie »suchende« Vampire ins Leere laufen:

Vor Ihnen steht mal wieder eine »suchende« Energie-Vampir-Freundin, die Ihnen vorjammert, dass sie vor lauter Aufregung über ihr heiß ersehntes Date am liebsten gar nicht erst hingehen würde? Und die darüber hinaus versucht, Ihnen die Entscheidung darüber aufzudrängen, welches Outfit sie dafür wählen soll (und Sie wissen natürlich, dass sie Ihrer Wahl dann die Schuld geben wird, falls das Date ein Reinfall wird)?

Lassen Sie sich nicht darauf ein, sie zu beruhigen, aufzumuntern oder auch nur den geringsten stilistischen Rat von sich zu geben, sondern lenken Sie die Entscheidung einfach wieder zu ihr zurück: Mit Fragen wie »Was meinst *du* denn, wie du das Date am besten überstehen könntest?« oder »In welchem Outfit würdest *du* dich denn am wohlsten fühlen?« können Sie dafür sorgen, dass die Gute sich unvermutet selbst wieder um ihre Probleme kümmern muss, ohne dass Sie sie vor den Kopf stoßen oder zu viel Energie in die Angelegenheit investieren. Weitere Möglichkeiten, den energetischen Angriff ins Leere laufen zu lassen:

– Sprechen Sie das gestellte »Problem« auf einer tieferen Ebene an und werfen Sie es zurück: »Du machst dir Sorgen, dass du einen Korb bekommst.«

– Lachen Sie darüber und wechseln Sie das Thema. Damit bringen Sie einen Energie-Vampir völlig aus dem Konzept.

■ So lassen Sie »haftende« Vampire ins Leere laufen:

Auch den Angriff eines »haftenden« Energie-Vampirs kann man meist leicht umlenken. In diesem Fall funktioniert es jedoch eher umgekehrt: Anstatt Hilfe anzunehmen und zu ewiger Dankbarkeit verpflichtet zu werden, müssen Sie schnell selbst die Initiative in die Hand nehmen und ihn mit einem schnellen »Oh danke, aber gerade ist mir eingefallen, wie ich die Sache am besten selbst erledigen kann!« von weiteren Hilfeleistungen abhalten.

Falls er Sie allerdings schon an den Haken bekommen hat und an Ihnen hängt wie eine Klette, ist Hilfe zur Selbsthilfe angesagt: Kontern Sie seine Angriffe mit der felsenfesten Überzeugung, dass er sein Leben eigentlich hervorragend im Griff hat, und sorgen Sie wie beim »Suchen«-Energie-Vampir mit den richtigen Fragen dafür, dass er selbst die Lösungen für seine Probleme liefert.

■ **So lassen Sie »beherrschende« Vampire ins Leere laufen:**
Bei einem »beherrschenden« Energie-Vampir schließlich kommt es zunächst einmal darauf an, ob der Energiesauger zu direkter Einschüchterung und Aggressivität greift oder eher auf kommunikativer Ebene versucht, Sie von seiner Überlegenheit zu überzeugen. In beiden Fällen würde Ihnen ein chinesischer T'ai Chi-Meister raten, zu reagieren wie ein Bambus im Sturm: Der Bambus ist so biegsam, dass er vom Wind bis auf den Boden gedrückt werden kann, ohne zu brechen – und sobald die Gewalt des Sturmes nachlässt, richtet er sich auch schon wieder auf.

Vor allem bei aggressiven Energie-Vampiren sollten Sie möglichst gar nicht erst auf Provokationen reagieren und vermeiden, dass die Situation eskaliert. Falls Sie von einem solchen Scheusal in einen Streit verwickelt werden, ist es am besten, zum Schein klein beizugeben und dann so schnell wie möglich das Weite zu suchen – so bieten Sie dem Energie-Vampir wenigstens keine Chance, Ihre Energie zu rauben, und Sie verlieren viel weniger Kraft, als wenn Sie sich auf verbale oder gar körperliche Konfrontationen einlassen. Die aktivere und effektivere Variante besteht allerdings darin, die Angriffe durch Humor ins Leere laufen zu lassen.

Dasselbe gilt im Grunde auch für die Begegnung mit einem »beherrschenden« Energie-Vampir, der besonders wortgewandt ist. Anstatt sich auf lange Diskussionen einzulassen (und damit auf einen verbalen Kampf um Energie), lohnt es sich auch hier, einfach ganz anders zu reagieren, als der Angreifer es erwartet. Eine kurze Zustimmung (wenn Sie sie denn einigermaßen über sich bringen) und ein schneller Themenwechsel können dem Energie-Vampir flugs den Wind aus den Segeln nehmen und dafür sorgen, dass er seinen Angriff abbrechen muss.

Um die Kunst der Flexibilität richtig zum Einsatz zu bringen, ist eines unverzichtbar: eine gute Selbstbeherrschung! Viele Energie-Vampire spielen geschickt mit typisch menschlichen Reaktionen wie dem Beschützerinstinkt oder der automatischen Selbstverteidigung gegen ungerechte Vorwürfe – diese lassen sich nur mit einer guten Selbstkontrolle ohne weiteres im entscheidenden Moment unterdrücken. Je mehr Sie sich um innere Ausgeglichenheit bemühen und je besser Sie es schaffen, Herr über die Lage und vor allem über Ihre Reaktionen zu bleiben, desto flexibler können Sie auf die Herausforderung eines Vampir-Angriffs reagieren – und desto unbeschadeter überstehen Sie die Begegnung.

3. Die Vollendung: Beharrlichkeit

Beharrlichkeit ist eine sehr wertvolle Eigenschaft, wenn man erst einmal zu seiner eigenen Mitte gefunden hat. Richtig verstandene Beharrlichkeit ist nicht das Selbe wie »Sturheit«. Erinnern Sie sich noch an das Bambus-Beispiel? Das demonstriert gut, was gemeint ist: Sowohl die Fichte, als auch der Bambus stehen gerade – doch im Sturm bricht der »sture« Baum, während der Bambus zunächst nachgibt, aber gerade dadurch seine eigene Form bewahrt. Das Geistige T'ai Chi erfährt erst durch die Beharrlichkeit seine eigentliche Vollendung – sie ist es, die den Bambus sich nach dem Sturm wieder aufrichten lässt, und sie hilft uns dabei, auch während eines Energie-Vampir-Angriffs unsere Mitte und unsere innere Ausgeglichenheit nicht aus den Augen zu verlieren und immer wieder so schnell wie möglich zu ihnen zurückzukehren.

Sie benötigen also diese Art von Beharrlichkeit, um einen Vampir-Angriff auch wirklich perfekt abzuwehren. Denn bei aller Flexibilität, mit der Sie auf die Methoden der Energie-Vampire reagieren sollten, brauchen Sie doch einen festen Standpunkt und ein festes Ziel, um im Eifer des Gefechts nicht den Überblick zu verlieren. Schließlich ist es immer möglich, dass ein Energie-Vampir sich als besonders hartnäckig erweist und wieder und wieder versucht, Sie in seinen Bann zu ziehen – dann müssen Sie diese Angriffe wieder und wieder ablenken können, ohne schwach zu werden und vielleicht sogar die Selbstbeherrschung zu verlieren.

Das eigentliche Geheimnis besteht darin, dass Sie die Beharrlichkeit nicht »machen«, sondern »sind«. So wie sich der Bambus nicht mit Kraft nach dem Sturm wieder aufrichtet, sondern einfach aufgrund seiner inneren Beharrlichkeit in seinen natürlichen Zustand zurückschnellt – so sollte es auch bei Ihnen sein. Dazu müssen Sie allerdings wissen, was Sie wirklich wollen und wer Sie wirklich sind.

Je ausgeglichener Sie durch die Meditation werden, desto stärker wird sich auch diese natürliche Beharrlichkeit entwickeln –

beharrlich zu sein fällt uns nämlich umso leichter, je genauer wir wissen, wo wir stehen und wer wir im Grunde unseres Herzens sind. Machen Sie sich also keine Sorgen darüber, wie Sie Ihre Beharrlichkeit weiterentwickeln könnten, sondern setzen Sie sie einfach ein, wenn es so weit ist – die dadurch gesparte Gedankenenergie können Sie viel besser darauf verwenden, so früh wie möglich viele flexible Lösungen für die verschiedensten Energie-Vampir-Angriffe zu ersinnen.

Aktive Abwehr – Die besten Strategien

Die moderne Psychologie hat eine Menge Gegenmaßnahmen gegen Energie-Vampire auf Lager, auch wenn vermutlich nur die wenigsten Psychologen die Existenz dieser Energiesauger offen anerkennen würden ... Das sollte Sie aber nicht davon abhalten, die besten dieser Strategien auszuwählen und für den Schutz Ihrer Lebensenergie zu verwenden. Im Folgenden möchte ich Ihnen erprobte Tricks und Methoden vorstellen, mit denen Sie erfolgreich alle menschlichen, situativen und lokalen Energie-Vampire davon abhalten können, Ihnen die Energie zu entziehen.

Strategien gegen menschliche Energie-Vampire

Die Abwehr menschlicher Energie-Vampire ist im Alltag wohl am Wichtigsten. Schließlich gehen Sie jeden Tag mit Menschen um. Und zwischenmenschliche Beziehungen sind ein ganz zentraler Punkt im Leben. Der Philosoph Aristoteles definierte den Menschen vor über 2000 Jahren sogar als *zoon politikon*, als »Gemeinschaftslebewesen«. Damit das Leben in der Gemeinschaft anderer Menschen nicht zur Hölle wird, ist es gut, einige Strategien gegen menschliche Energie-Vampire parat zu haben ...

Selbstbewusstsein aufbauen

Obwohl es bei selbstbewussten, starken Menschen die meiste Energie zu holen gibt, haben sie auf Energie-Vampire doch eine ähnliche Wirkung wie Knoblauchfans auf die transsylvanischen Blutsauger im Film. Energie-Vampire meiden selbstbewusste Personen lieber, weil sie deren energetische Verteidigungslinien nicht so ohne weiteres durchbrechen können und daher bei einem Angriff oft leer ausgehen – oder sogar selbst »energetisch draufzahlen«.

Deshalb lohnt es sich doppelt, wenn Sie gezielt mehr Selbstbewusstsein aufbauen – es macht Sie nicht nur stark im Alltag, sondern auch in der Abwehr lästiger Energiesauger. Mit den folgenden beiden Übungen können Sie Ihr Selbstbewusstsein ganz einfach stärken:

▪ **Schreiben Sie sich stark!** Nehmen Sie sich eine ungestörte Viertelstunde Zeit und schreiben Sie Ihre fünf größten Stärken auf ein Blatt Papier. Schieben Sie dafür kurz alle Selbstzweifel und Ihren inneren Kritiker mit seinen »Ja, aber ...«-Nörgeleien beiseite – wenn Sie etwas gut können, dann gehört es auf diese Liste, wie zum Beispiel:
– »Ich bin morgens schon topfit, wenn alle anderen noch halb schlafen.«
– »Ich backe die besten Pfannkuchen der ganzen Straße / Stadt / Familie.«
– »Ich bin wirklich ordentlich und finde alles auf den ersten Griff.«

- »Im Gärtnern / Malen / Formulieren / Organisieren / Renovieren / Geld sparen bin ich richtig gut, da macht mir so leicht keiner etwas vor.«
- »Ich behalte immer die Ruhe, auch wenn es drunter und drüber geht.«
- »Ich habe wunderschöne Füße.«
- ...

Auf dieser Liste darf wirklich alles stehen, was Sie gut an sich finden – für falsche Bescheidenheit ist hier kein Platz! Es ist jedoch empfehlenswert, sich zunächst auf fünf Punkte zu beschränken, denn diese fünf Stärken verwandeln Sie ab sofort in Affirmationen, mit denen Sie Ihr Selbstbewusstsein aufpolieren. Dafür müssen Sie sich nur jeden Tag etwas Zeit nehmen, um jeden dieser Sätze weitere fünf Mal auf ein neues Blatt Papier zu schreiben – und zwar mindestens eine Woche lang, besser aber so lange, bis Sie sich Ihrer Stärken voll und ganz bewusst sind. Sprechen Sie die Sätze laut aus, nachdem Sie sie aufgeschrieben haben, damit Ihr Unterbewusstsein gleich auf mehreren Kanälen auf Selbstbewusstsein programmiert wird.

■ **Zeigen Sie Selbstbewusstsein!** Wie Sie Ihr Selbstbewusstsein zeigen sollen, wenn Sie doch gerade erst dabei sind, es zu trainieren? Nun, ganz einfach: indem Sie über Ihren Schatten springen und einfach einmal so tun, als ob Sie schon so richtig selbstbewusst wären. Unser Selbstbewusstsein lässt sich nämlich trainieren wie ein unsichtbarer Muskel – je öfter wir es einsetzen, desto stärker wird es. Eine gute Übung dafür ist, in ganz alltäglichen Situationen jede Schüchternheit abzulegen und auf andere Menschen zuzugehen. Sie können zum Beispiel:

– auf dem Weg zur Arbeit einzelne Passanten mit einem freund-
lichen »Guten Morgen!« grüßen, ohne sich um deren Verwun-
derung zu kümmern
– in der U-Bahn mit einem netten Sitznachbarn über das Wet-
ter plaudern
– einer Kollegin oder einem Kollegen sagen, wie gut ihr/sein
neues Outfit zu ihrem/seinem Typ passt
– sich im Restaurant genau erklären lassen, welche Zutaten
ein Gericht enthält, und die eine oder andere davon austau-
schen lassen
– sich in öffentlichen Verkehrsmitteln oder Räumen direkt
neben eine andere Person setzen, obwohl noch andere Plätze
frei sind.

Nur nicht »vollquatschen« lassen!

Ganz gleich, mit welcher Methode ein Energie-Vampir einen
Angriff auf Ihre Energie startet – er wird dabei immer versuchen, auf die eine oder andere Weise mit Ihnen ins Gespräch
zu kommen. So kommt er nämlich am sichersten an Ihre Lebensenergie – wenn Sie ihm Ihr Gehör schenken, hat er automatisch auch Ihre Aufmerksamkeit, und die ist der Schlüssel
zu jedem Energie-Transfer.

Viele Energie-Vampire sind daher die reinsten Quasselstrip-
pen, wenn sie erst einmal losgelegt haben: Sie schwadronie-
ren, jammern, meckern oder kauen einem auf andere Weise
sprichwörtlich ein Ohr ab. Einer der wichtigsten Tipps im Umgang mit Energie-Vampiren lautet daher: Nur nicht vollquatschen lassen!

Sie müssen aber nicht gleich die Flucht ergreifen, sobald
ein Energie-Vampir in Ihrer Gegenwart den Mund öffnet. Mit
ein paar einfachen Tricks können Sie ihn auch im Gespräch

noch sehr gut davon abhalten, sich an Ihre Energiereserven heranzumachen:

■ **Halten Sie das Gespräch sachlich!** So hindern Sie den Energie-Vampir daran, Sie mit seinem umfassenden »Wissen« über tausenderlei verwandte Themen zu beeindrucken oder Ihnen in allen Details seine Gefühlslage und die Ungerechtigkeit der Welt zu schildern.

■ **Bleiben Sie gelassen!** Das Gequassel mancher Energie-Vampire bringt Sie schon nach wenigen Minuten so auf die Palme, dass Sie am liebsten weglaufen würden? Dann konzentrieren Sie sich von Anfang an darauf, so ruhig und gelassen wie möglich zu bleiben! Emotionen wie Ärger oder Wut erleichtern dem Energie-Vampir nämlich den Zugang zu Ihrer Lebensenergie – daher provozieren viele Energiesauger ihren Gesprächspartner auf die eine oder andere Weise so lange, bis er entnervt auf diese Strategie hereinfällt. Wer dagegen auch in den anstrengendsten Gesprächen noch gelassen und höflich bleibt, demonstriert damit eine Überlegenheit, die die meisten Energie-Vampire schnell abschreckt.

■ **Bleiben Sie im Gespräch!** Dialog statt Monolog lautet ein weiteres hilfreiches Stichwort, falls Sie ein Gespräch mit einem Energie-Vampir nicht vermeiden können. Dabei kommt es darauf an, sich einerseits nicht zum passiven Zuhörer (und damit Energielieferanten) degradieren zu lassen, aber andererseits auch nicht auf die Gesprächstaktik Ihres Gegenübers einzugehen (denn damit will er Sie schließlich an den Haken bekommen). Am einfachsten gelingt Ihnen dies, indem Sie nach Lust und Laune das Thema wechseln, sich auf die Aspekte konzentrieren, zu denen der Energie-Vampir selbst am wenigsten zu sagen weiß, oder einfach den Spieß umdrehen und ihn selbst mit belanglosen Dingen »vollquatschen«, bis er entnervt das Weite sucht.

■ **Fragen Sie sich frei!** Am wirksamsten können Sie den verbalen Angriff eines Energie-Vampirs vereiteln, indem Sie ihn aus dem Konzept bringen – mit immer neuen Fragen zu allem, was sich an seinen Aussagen hinterfragen lässt. Mit wiederholten Fragen wie »Kannst du mir das genauer erklären?«, »Warum ist das Ihrer Meinung nach so wichtig?«, »Wie siehst du eigentlich ... (irgendeinen nebensächlichen Aspekt des Themas)« oder »Wie würdest du das Problem denn am liebsten lösen?« können Sie die Strategie des Energiesaugers wirkungsvoll unterbrechen. Besonders gut sind auch Fragen, die völlig irrelevant sind und eigentlich am Thema vorbeigehen.

Wichtig ist, dass Sie so genannte »offene« Fragen stellen, die sich nicht einfach mit »Ja« oder »Nein« beantworten lassen, sondern eine ausführliche Antwort erfordern – und dass Sie den Energie-Vampir mit Ihren Fragen zu dauernden Wiederholungen oder Abweichungen vom Thema zwingen, bis er früher oder später den Faden verliert. Wer dauernd damit beschäftigt ist, neue Erklärungen und Antworten zu finden, kommt nämlich kaum dazu, seine Vampirzähnchen auszufahren.

Auch hier gilt: Bleiben Sie gelassen, freundlich und höflich! Je höflicher und neutraler Sie Ihre Fragen stellen, desto schwerer fällt es dem Energie-Vampir, nicht darauf einzugehen, da er sie kaum als »dumme Fragen« zurückweisen kann, ohne beleidigend zu werden. Falls er sich dazu aber doch hinreißen lässt, haben Sie auch schon einen fabelhaften Vorwand, um dieses Gespräch abzubrechen.

Die Kunst des Streitens

Vor allem bei »nahe stehenden« Energie-Vampiren – beispielsweise in einer Beziehung – nimmt der Energieraub gelegentlich die Form eines Streits an. Da Sie beim Streiten enorm viel Energie verlieren können, lohnt es sich, einige Regeln über die Kunst des Streitens zu verinnerlichen. Sie können Ihnen dabei helfen, einen unkontrollierten, verletzenden Schlagabtausch zu vermeiden, die Wogen schnell zu glätten und so Ihren Energieverlust in Grenzen zu halten.

■ **Die Frage des Auslösers:** Ein Streit entzündet sich fast immer an einem konkreten Auslöser, auch wenn die eigentlichen Gründe für Streit meist eher Stress, Unzufriedenheiten und Spannungen sind, die sich über eine gewisse Zeit angesammelt haben – der Auslöser ist dabei nur der sprichwörtliche Tropfen, der das Fass zum Überlaufen gebracht hat.

Vor allem beim Streit mit einer Frau wäre es daher ein Fehler, sich nur auf diesen Auslöser zu konzentrieren – stattdessen muss man auf Angriffe aus allen Richtungen gefasst sein und damit rechnen, mit Problemen und Verfehlungen konfrontiert zu werden, die vielleicht schon Monate zurückliegen. Wer diese Punkte ausklammern oder ignorieren möchte, sorgt damit meist nur für noch mehr Aufregung – blicken Sie ihnen also lieber ins Auge! Männer dagegen beschränken sich beim Streit tatsächlich lieber auf den konkreten Anlass, auch wenn sie vielleicht verdrängte Emotionen aus ganz anderen Situationen dahinter verbergen. Bei ihnen sollte man darauf verzichten, besserwisserisch darauf hinzuweisen, dass es eigentlich andere Probleme sind, die dem Streit zugrunde liegen – sondern diese Probleme in das Gespräch über die aktuelle Situation »einbauen«.

■ **Emotionen kontrollieren:** Natürlich ist es nicht leicht, beim Streiten ständig die Kontrolle über die eigenen Emotionen zu behalten, aber es ist eine der Voraussetzungen dafür, den Streit schnell beizulegen – die Mühe lohnt sich also! Auch wenn Sie vor Wut fast platzen, sollten Sie folgende Tricks beachten, um die Emotionen nicht völlig zum Überkochen zu bringen:

– Übertreibungen vermeiden: Vorwürfe, die »nie« oder »immer« enthalten, sind grundsätzlich übertrieben und führen nur zur weiteren Eskalation

– Die Selbstbeherrschung wahren: Auch Anfälle blinder Wut mit Schreien, Tellerwerfen oder gar Tätlichkeiten verschlimmern den Streit nur

– Keine persönlichen Beleidigungen: Leider wirft man sich in einem Streit schnell unschöne Dinge an den Kopf – aber auch wenn Ihr Gegenüber damit anfängt, sollten Sie nicht mitmachen, sondern sachlich bleiben

– Keine verletzenden Vertrauensbrüche: Vor allem in der Beziehung mit einem Energie-Vampir kann es zur endgültigen Eskalation kommen, wenn man sein Wissen über dessen verletzliche Punkte ausnützt – solch ein Vertrauensbruch wird einem dann noch nach Jahren vorgehalten

■ **Streit vermeiden:** Die höchste Kunst beim Streiten ist, einen Streit gar nicht erst aufkommen zu lassen. Dies gilt auch im Umgang mit Energie-Vampiren – denn wenn Sie verhindern, dass die Emotionen überhaupt erst aufwallen, ist es viel leichter, Ihr energetisches Gleichgewicht zu wahren und den Angriff des Energiesaugers abzuwehren. Um Streit zu vermeiden, ist es zuerst einmal wichtig, seine ersten Anzeichen zu erkennen: Zunehmende Schärfe im Tonfall, Stirnrunzeln und böse Blicke sowie ein irritierendes oder provozierendes Verhalten sind bei den meisten Menschen die ersten

Zeichen dafür, dass sie auf Streit aus sind. Je besser Sie einen Menschen kennen, desto schneller werden Sie dessen persönliche Warnzeichen erkennen, wenn Sie erst einmal darauf achten.

Dann folgt der kniffelige Teil: den Streit abzuwenden, bevor er richtig ausbrechen kann. Die wichtigste Voraussetzung dafür ist Ihre persönliche Vorbereitung: Atmen Sie tief durch, zählen Sie bis zehn, um mögliche Spannungen loszulassen, und nehmen Sie sich fest vor, die Ruhe zu bewahren, ganz gleich, was kommen mag. Je besser Sie sich im Griff haben, desto leichter ist es, sich nicht auf den Streit einzulassen, sondern ihn in ein sachliches Gespräch umzulenken.

Bleiben Sie darüber hinaus auf jeden Fall ganz »normal« und überlassen Sie Ihrem Gegenüber den ersten Schritt – mit Fragen wie »Was ist denn eigentlich los mit dir?« liefern sie ihm (oder ihr) nämlich nur die perfekte Gelegenheit, um einen Streit vom Zaun zu brechen. Wenn der Energie-Vampir dann wirklich anfängt und Sie mit Vorwürfen oder Beleidigungen überschüttet, ist es ebenfalls wichtig, möglichst ruhig und sachlich darauf zu reagieren und bei jeder Gelegenheit deutlich zu machen, dass man sich nicht streiten möchte, beispielsweise mit Sätzen wie »Wir können das gerne besprechen, aber in Ruhe« oder »Beruhige dich erst einmal, dann können wir darüber reden«.

Falls Ihr Gegenüber darauf nicht eingehen will, bleibt Ihnen dann immer noch die Möglichkeit, das Gespräch wirklich abzubrechen, indem Sie den Raum verlassen. Das wird den Energie-Vampir zwar möglicherweise zur Weißglut treiben, aber immerhin können Sie so effektiv Ihre Energie vor ihm schützen – und falls nötig ein erneutes Gespräch über die Streitpunkte führen, wenn er einmal nicht so energisch auf einen Energieraub aus ist.

Aus sicherer Distanz

Mit der folgenden kleinen Übung können Sie eine innere Distanz zu jedem Energie-Vampir aufbauen, die Ihnen dabei helfen wird, bei Konfrontationen Ihr inneres Gleichgewicht zu bewahren und ihm keinen Angriffspunkt für einen Energieraub zu geben:

– Stellen oder setzen Sie sich aufrecht hin, sodass Ihre Wirbelsäule aufgerichtet und Ihr Kopf leicht erhoben ist. Atmen Sie einige Male tief durch und spüren Sie, wie sich Ihr Brustkorb dabei weitet und wieder senkt. Dann stellen Sie sich den betreffenden Energie-Vampir vor – aber nicht so, wie Sie ihm bisher begegnet sind, sondern wie einen Akteur in einer Seifenoper oder einem mittelmäßigen Fernsehfilm. Geben Sie ihm dabei die Rolle, die am besten zu ihm (oder ihr) passt – der intrigante Fiesling, die zickige Diva, das sich selbst bemitleidende Seelchen, der arrogante Schönling, die eifersüchtige Klette ...

– Dann stellen Sie ihn sich bei einigen für ihn (oder für jeden) typischen Handlungen vor, beispielsweise wie er im Büro sitzt, Auto fährt, in der Küche steht und isst oder Ihnen irgendetwas erzählt. Sie selbst übernehmen nun die Rolle des Fernsehkritikers und bewerten, wie er seine Rolle ausfüllt: Im Umgang mit anderen Menschen trägt er ein bisschen dick auf, hier lässt er die eine oder andere Schwäche erkennen, dort macht er dagegen einen sehr überzeugenden Eindruck ... Diese kritischen Betrachtungen notieren Sie nun im Geiste auf einer Karteikarte, die Ihnen ab sofort bei jedem realen Treffen mit dem betreffenden Energiesauger als geistiger Schutzschild dienen wird.

Durch die kritische Bewertung schaffen Sie eine innere Distanz zu diesem Energie-Vampir, die dafür sorgt, dass er Ihnen mit seinen Tricks und Schlichen nicht mehr so leicht zu nahe kommen kann – und dadurch, dass Sie ihn im Geiste in eine dieser kitschigen, übertriebenen TV-Umgebungen versetzen, wird es umso leichter für Sie, auch seine Schwächen und die Art, wie er seine Umgebung manipuliert, zu erkennen.

Bei jeder erneuten Begegnung mit ihm können Sie ihn nun aus größerer innerer Distanz betrachten und immer leichter bemerken, wenn er zu einem Angriff auf Ihre Energie übergeht. Diese Distanz können Sie noch weiter vergrößern, indem Sie sich in die Rolle des Fernsehkritikers zurückversetzen, Ihre imaginäre Karteikarte zücken und sich bewusst machen, mit welchen Mitteln Ihr Möchtegern-Dracula versucht, Sie dazu zu bringen, Ihren Hals freizulegen.

»Nein!« – ein mächtiges Zauberwörtchen

Sie glauben, dass ein kleines Wort aus nur vier Buchstaben auf keinen Fall eine wirkungsvolle Waffe gegen einen mächtigen Energie-Vampir sein kann? Dann täuschen Sie sich glücklicherweise. Bei richtigem Gebrauch ist das Wörtchen »Nein« sogar effektiver als jede lange Verteidigungsrede!

In unserer höflichen, wohlerzogenen Gesellschaft ist ein entschiedenes »Nein!« allerdings seltener zu hören, als man annehmen würde (wenn man vom Umgang entnervter Eltern mit quengelnden Kindern und Teenagern einmal absieht – und selbst da ist es seltener, als es sinnvoll wäre!). Wir verwenden alle möglichen Umschreibungen und Erklärungen, um auszudrücken, dass und warum wir etwas nicht möchten, aber ein einfaches, kommentarloses »Nein« liegt für viele Menschen schon an der Grenze zur Unhöflichkeit. Energie-Vampiren gegenüber kann zu große Höflichkeit jedoch schnell einen enormen Energieverlust nach sich ziehen – hier sollten Sie also ruhig einmal das Risiko eingehen, nicht zum »Diplomaten des Jahres« gewählt zu werden.

Es gibt keine deutlichere Weise, seine Ablehnung auszudrücken, als ein einfaches »Nein!« – und ich bin mir sicher, dass Sie es durchaus ablehnen, Ihre wertvolle Lebensenergie aufs Spiel zu setzen. Ein energiesaugender Bekannter will mal wieder wichtige Entscheidungen auf Sie abschieben? »Nein!« – dabei können (und wollen) Sie ihm leider nicht helfen. Jemand versucht, sich mit unerwünschten Kommentaren und Ratschlägen an Ihre Energie heranzumachen? »Nein, danke!«

Auch durch und durch nette Menschen können entschieden »Nein« sagen, wenn sie es in ein freundlicheres »Nein, ich möchte nicht« verpacken. Damit das »Nein« seine Zauberkraft nicht verliert, müssen Sie allerdings auf eines achten: Außer einem schlichten »Ich will nicht«, dürfen Sie keine weitere Begründung für Ihr »Nein« geben! Mit jedem Grund, den Sie angeben, bekommt der Energie-Vampir nämlich nur eine Diskussionsgrundlage, mit der er Ihre Abwehr schnell aushebeln kann. Wenn Sie dagegen auch auf Nachfragen auf einem »Weil ich es einfach nicht möchte« beharren, bleibt ihm kaum etwas anderes übrig, als Ihr »Nein« zu akzeptieren und Sie in Ruhe zu lassen – denn nur die wenigsten Energie-Vampire werden versuchen, ihren Willen trotzdem mit Gewalt durchzusetzen.

Nur mit einem Lächeln

Eine der allerbesten Möglichkeiten, dem Angriff eines Energie-Vampirs auf äußerst freundliche Weise zu entfliehen ist ein – im wahrsten Sinne des Wortes – entwaffnendes Lächeln. Wenn Ihre Energiereserven gerade gut gefüllt sind, wird Ihnen das leichter fallen, als jede andere Methode. Ganz gleich, ob Sie an einen »beherrschenden«, »suchenden« oder »haftenden« Energie-Vampir geraten sind: Bei dieser Strategie spielen Sie sein Spiel für einen kurzen Moment mit – um es dann mit einem Augenzwinkern zunichte zu machen. Wenn Sie energetisch nicht in Bestform sind, sollten Sie dann aber sofort jede weitere Konfrontation vermeiden und sich so schnell wie möglich zurückziehen, bevor sich Ihr Energie-Vampir von dem Schlag erholen kann.

Indem Sie dem Energiesauger ein freundliches Lächeln schenken, wiegen Sie ihn nämlich zuerst einmal in Sicherheit. Sie schenken ihm damit schon einmal ein wenig Energie, und er wird in Vorfreude auf die Fortsetzung nicht sofort merken, dass sein Angriff torpediert wurde. Wenn Sie sich ihm dann so schnell wie möglich entziehen, wird ihn das in seinen Grundfesten erschüttern. Mit einem unerwarteten »Oh, jetzt muss ich aber wirklich los« können Sie sich elegant aus der Affäre ziehen und Graf Dracula im Regen stehen lassen, ehe er überhaupt begreift, wie ihm geschieht.

Das Geheimnis Ihrer Haltung

Viel stärker als alles, was Sie sagen, wirkt Ihre Körpersprache – zumindest auf das Unterbewusstsein der Menschen, die Ihnen begegnen. Ihre Körpersprache teilt mit, ob Sie traurig oder fröhlich sind, ob Sie sich wohl fühlen oder lieber an einem anderen Ort wären – und auch ob es sich lohnt, einen Angriff auf Ihre Lebensenergie zu starten. Durch Ihre Körpersprache kommen nämlich nicht nur Ihr Selbstbewusstsein und Ihre Gefühlslage zum Ausdruck, sondern auch Ihr Energie-Niveau und Ihre energetische Abwehrbereitschaft – und diese Informationen macht sich jeder Energie-Vampir zumindest unbewusst zunutze, wenn er Sie als mögliches Opfer ins Auge fasst.

Daher können Sie einem Vampir-Angriff schon von vorneherein vorbeugen, indem Sie bewusst Ihre Körpersprache verändern. Dies lohnt sich vor allem für eher schüchterne Menschen, die durch ihre Wehrlosigkeit häufig zum Ziel energetischer Raubzüge werden. Mit einer Körpersprache, die Stärke, Selbstvertrauen und Abwehrbereitschaft signalisiert, werden Sie den einen oder anderen Energie-Vampir sogar schon abschrecken, bevor Sie seine Anwesenheit überhaupt nur bemerkt haben – und die Übrigen so weit entmutigen, dass sie schnell wieder aufgeben.

■ **Stärke signalisieren** Sie, indem Sie auf eine aufrechte Haltung achten. Bauch rein, Brust raus, Schultern zurück und Kopf nach oben – nicht umsonst werden Soldaten aller Herren Länder auf eine möglichst imposante Haltung getrimmt (Sie sollten dabei aber immer noch bequem stehen, denn verkrampft machen Sie auch keinen guten Eindruck!). Wenn Sie außerdem noch darauf achten, Ihr Gewicht im Stehen gleichmäßig auf die etwa schulterbreit nebeneinander stehenden Füße zu verteilen, anstatt in der Hüfte einzuknicken, verstärken Sie Ihre Haltung noch mehr – und die Krone setzen Sie dem Ganzen auf, wenn Sie jetzt noch entspannt und tief atmen.

■ **Eine geschlossene Haltung** kann Ihrem Gegenüber signalisieren, dass es bei Ihnen nichts zu holen gibt – weder Sympathie noch ungewollte Energiespenden. Diese Abwehrhaltung nehmen wir oft ganz unbewusst in Situationen ein, in denen wir uns nicht ganz wohl in unserer Haut fühlen, wie zum Beispiel auch bei der Begegnung mit einem Energie-Vampir. Verschränkte Arme und überkreuzte Beine vereiteln alleine zwar noch keinen Vampir-Angriff – sie können aber viele andere Abwehrmaßnahmen unterstützen, und wenn Sie sie durch abweisende Blicke verstärken, kann zumindest schwächeren Energie-Vampiren schnell die Lust am Saugen vergehen.

■ **Mit Blicken töten** möchten Sie sicher niemanden, aber für einen Energie-Vampir kann solch ein Blick der ausschlaggebende Hinweis darauf sein, dass er sich an Ihnen die Zähne ausbeißt. Ein direkter Blick in die Augen signalisiert viel Selbstbewusstsein und sollte daher bald zu Ihrem Standard-Repertoire gehören. Wenn Sie den Blick sogar starr auf die Augen Ihres Gegenübers gerichtet halten, fühlt der sich vermutlich bald etwas unwohl – starre Blicke sind schon bei vielen unserer tierischen Verwandten eine direkte Kampfansage, und nur wer rechtzeitig beiseite blickt, kommt ungeschoren davon (aggressiven »menschlichen Raubtieren« gegenüber sollten sie sich daher dann doch lieber auf »normale« selbstbewusste Blicke beschränken).

■ **Hände und Füße** sind sehr verräterisch, wenn es um unser Innenleben geht – sie zeigen es sofort, wenn wir unter Nervosität oder Anspannung leiden, indem sie ein munteres Eigenleben entwickeln. Zappelnde Finger und nervös wippende Füße können einem Energie-Vampir signalisieren, dass es um unsere Selbstsicherheit und Abwehrbereitschaft nicht gerade gut bestellt ist. Daher ist es immer empfehlenswert, die Füße ruhig auf dem Boden stehen zu lassen. Dahinter steckt auch ein kleines »Energie-Geheimnis«: Wenn die Füße fest auf der Erde ruhen, nehmen Sie Erd-Energie auf und leiten negative Energien in die Erde ab!

Auch Ihre Hände können Sie positiv einsetzen, um energetische Angriffe abzuwehren. Sie können sogar innere Unruhe sinnvoll einsetzen – indem Sie mit einem genervten Fingertrommeln anzeigen, dass Sie jetzt wirklich genug von lästigen Energieräubern haben. Die beste Abwehr, die Sie mit Ihren Händen einsetzen können, ist aber ein spezielles *Mudra* (eine Handstellung): Verschränken Sie die Finger und legen Sie dann die Zeigefinger an den Fingerkuppen aneinander – damit bilden Sie einen »Energiekeil«, der angreifende Energie sehr effektiv ableitet. Das ist eine ganz einfache, aber äußerst effektive Methode!

Strategien gegen energiesaugende Situationen

Auch gegen situative Energie-Vampire können Sie sich mit verschiedenen psychologischen Methoden wirkungsvoll schützen. Hier liegt die Betonung allerdings weniger auf aktiver Abwehr als vielmehr auf vorbeugendem Schutz – einer energieraubenden Situation können Sie schließlich höchstens im übertragenen Sinne fest ins Auge blicken ...

Bleiben Sie gelassen!

Regel Nr. 1 in energieraubenden Situationen: Immer locker bleiben! Natürlich ist das leichter gesagt als getan, denn einer der wesentlichen Aspekte solcher Situationen ist schließlich, dass sie einen emotional einfach mitnehmen. Umso wichtiger ist es, dass Sie sich so viel Mühe geben wie möglich, um Ihre Gelassenheit und Objektivität zu bewahren. Ich möchte Ihnen daher eine »Erste-Hilfe-Übung« ans Herz legen, mit der Sie Ihre Gelassenheit schon beim ersten Anzeichen einer Energie-Vampir-Situation wiederherstellen können:

▪ Erste-Hilfe-Atmung

In typisch energiesaugenden Situationen wirkt sich unsere psychische Anspannung auch körperlich aus – wir verkrampfen uns und es stockt uns der Atem. Weil beim Ausatmen normalerweise Spannung abgegeben wird, bauen wir durch die flachere Atmung dann noch zusätzlich Spannung auf. Das Ergebnis: Wir fühlen uns beengt und eingeschnürt, verlieren unser inneres Gleichgewicht und damit natürlich auch unsere Gelassenheit.

Diesen Zusammenhang zwischen Atmung, Anspannung und Gelassenheit können Sie sich jedoch auch zunutze machen, um schwierige Situationen besser zu überstehen – Ihre Atmung ist dabei der Schlüssel zu mehr Gelassenheit. Eine tiefe Atmung erhöht die Sauerstoffversorgung des Gehirns und sorgt so dafür, dass Sie klar denken können – so fällt es Ihnen zusätzlich leichter, die Stressfaktoren einer unangenehmen Situation objektiv zu beurteilen und mögliche Energie-Vampire abzuwehren.

Die Erste-Hilfe-Atmung beginnt damit, dass Sie sich den eigenen Atem bewusst machen:

– Richten Sie Ihre Aufmerksamkeit nach innen und konzentrieren sich zunächst einmal darauf, Ihren Körper zu spüren.

– Legen Sie dann beide Hände an Ihre Rippenbögen und beobachten Sie Ihren Atem, indem Sie sich bei jedem Atemzug innerlich sagen: »Ich atme ein – Ich atme aus« – und zwar acht Atemzüge lang. Durch diese Worte verlangsamt sich der Atemrhythmus automatisch, da wir ihn unbewusst an unser Sprechtempo anpassen – selbst wenn Sie nur in Gedanken sprechen!

– Nach diesen ersten acht Atemzügen lösen Sie die Hände vom Oberbauch, atmen noch ein bis zwei Minuten lang ruhig und bewusst weiter und denken dabei weiterhin die Formel »Ich atme ein – Ich atme aus«.

(Diese bewusste Konzentration auf die Atmung führt allein schon dazu, dass Unruhe, Hektik und geistige Anspannung in den Hintergrund treten und Sie sich gleich viel gelassener fühlen. Je stärker Ihre Anspannung durch die energiesaugende Situation ist, desto deutlicher sollten Sie das Ausatmen und Loslassen betonen – dabei dürfen Sie auch ruhig seufzen, da Seufzen ebenfalls ein körperlicher Ausdruck des Loslassens ist.)

Wenn Ihnen Ihre Atmung dann ganz bewusst ist, können Sie die Übung noch intensivieren:
– Sprechen Sie in Gedanken drei Mal im Rhythmus Ihrer Atemzüge folgenden Satz: »Meine Atmung ist gaaanz ruhig.« Lassen Sie den Satz dabei tief in Ihr Bewusstsein einsinken.
– Nach einer Pause von drei Atemzügen sagen Sie sich daraufhin drei Mal den Satz: »Ich bin gelassen und entspannt« und lassen ihn ebenfalls tief auf Ihr Bewusstsein wirken.
– Atmen Sie danach noch mindestens acht Atemzüge lang bewusst und tief ein und aus. Dann können Sie die Übung beenden, indem Sie sich strecken, räkeln und durchdehnen. Sie werden sehen, dass der drohende Energie-Vampir deutlich geschwächt ist und Sie die Situation nun gelassen und objektiv hinter sich bringen können.

Die Geduld wahren

Geduld ist nicht nur eine Tugend, sondern auch eine große Hilfe im Umgang mit energieraubenden Situationen. Häufig lösen solche Situationen nämlich eine brennende Ungeduld in uns aus, die es noch viel schwieriger macht, seine Energien zu sammeln. Wer geduldig ist, dem fällt es viel leichter, auch nervtötende Augenblicke gelassen durchzustehen.

Geduld und Gelassenheit sind eng miteinander verwandt. Beide gehörten zum Repertoire an Eigenschaften, die schon steinzeitlichen Jägern dabei halfen, ruhig zu bleiben, bis die Beute in Reichweite kam. Ein Jäger, der nach ein paar Minuten die Geduld verlor und kopflos zum Angriff überging, war meist ein hungernder Jäger (und dann bald gar keiner mehr). Auch als der Mensch begann Ackerbau zu betreiben, war Geduld eine lebensnotwendige Tugend – er musste darauf warten, bis das Getreide reif war, bevor er es erntete.

Leider lässt sich Geduld nicht so leicht kultivieren wie Gelassenheit – es braucht Zeit und regelmäßige Übung, um sie zu einer richtigen Stärke zu entwickeln. Manche von uns haben das Glück, von Kindesbeinen an mit einem geduldigen Charakter gesegnet zu sein – dies verleiht ihnen einen praktischen Vorteil gegenüber all denen, die schnell die Nerven verlieren. Wer ruhelos darauf wartet, dass eine unangenehme Situation endlich vorübergeht, öffnet damit verbundenen Energie-Vampir-Elementalen Tür und Tor: Die Ungeduld macht uns anfällig für alle negativen Emotionen und schwächt unsere energetischen Abwehrkräfte.

Geduld lässt sich zwar nicht auf Knopfdruck bei Bedarf anschalten – zumindest habe ich in den langen Jahren meiner Arbeit noch keine Methode gefunden, die Ihnen zuverlässig im Handumdrehen mehr Geduld verleihen könnte. Dennoch: Geduld lässt sich lernen! Daher kann ich Ihnen nur empfehlen, Ihre Geduld ab sofort langsam und stetig zu trainieren, damit Sie sich bei zukünftigen Begegnungen mit Energie-Vampiren immer stärker auf sie verlassen können.

Das beste Training für Ihre Geduld: Suchen Sie sich Beschäftigungen, bei denen Sie sich einfach Zeit nehmen müssen, um die richtige Lösung herauszufinden oder wo Sie das

Ziel nur in vielen kleinen Einzelschritten erreichen können. Mein persönlicher Favorit sind Knobelspiele, deren kniffelige Lösung erst nach langem Probieren zum Vorschein kommt, oder Puzzles – der Klassiker unter den Geduldspielen. Ungeduldigen Menschen sträuben sich schon die Haare, wenn sie nur daran denken, stundenlang unter Tausenden von Teilen das kleine himmelblaue Stück zu suchen, das in die obere linke Ecke passt – sie sollten daher vielleicht lieber mit kleineren Puzzles anfangen und die Schwierigkeit nach und nach steigern ...

Doch ob Puzzeln, Basteln, Modellbau oder Handarbeiten – alle Tätigkeiten, die nicht nur geschickte Finger, sondern auch viel Geduld erfordern, eignen sich bestens, um spielerisch zu mehr Gleichmut und Besonnenheit zu finden.

In der Ruhe liegt die Kraft

Sie sitzen bei Ihrer Schwiegermutter am Kaffeetisch und bemerken plötzlich, dass Sie die Situation keine weitere Minute mehr energetisch unbeschadet überstehen können? Dann können Sie sich mit der folgenden Entspannungsübung retten und Ihre innere Ruhe zurückgewinnen. Sie dauert nur wenige Minuten und kann im Sitzen oder Stehen überall ausgeführt werden, wo Sie für einen Moment ungestört sein können – also zum Beispiel auch in Schwiegermutters Badezimmer.

▪ Entspannen und Kraft tanken

– Suchen Sie sich einen Platz, an dem Sie sich im Sitzen oder Stehen mit dem Rücken anlehnen können. Ihren Kopf können Sie ebenfalls anlehnen oder locker hängen lassen. Falls Sie sitzen, lassen Sie Ihre Hände bequem auf den Oberschenkeln

ruhen. Im Stehen achten Sie darauf, die Knie nicht durchzu-
drücken, sondern ganz leicht anzuwinkeln.

– Schließen Sie dann die Augen, richten Sie Ihre Aufmerksamkeit nach innen und formulieren Sie in Gedanken die
folgenden Worte: »Ich fühle meinen Körper: Ich sitze (stehe)
entspannt und locker. Meine Arm- und Beinmuskeln sind
entspannt und locker. Mein Rücken ist gerade und entspannt.
Meine Schultern sind locker und beweglich. Meine Nacken-
muskeln und mein Kopf sind locker und entspannt.«

– Fühlen Sie, wie sich alle Teile Ihres Körpers bei diesen Sätzen entspannen und lockern, und spüren Sie diesem Gefühl
einen Moment lang nach. Dann fahren Sie fort: »Ich ruhe ganz
entspannt in mir.«

– Wiederholen Sie diesen Satz drei Mal, lassen Sie ihn tief
in Ihr Bewusstsein einsinken und spüren Sie seiner Wirkung
ebenfalls einen Moment lang nach. Sie fühlen sich nun wieder
ganz entspannt und locker, und eine tiefe Ruhe erfüllt Sie.

– Zum Beenden der Übung spannen Sie Ihre Arm- und Beinmuskeln kurz an, bewegen etwas die Arme und Beine und
atmen dabei tief ein. Beim Ausatmen lassen Sie dann alle Muskeln wieder locker. Nun sind Sie wieder bereit, jedem Energie-
Vampir ruhig in die Augen zu blicken und seinen Angriff einfach an Ihnen abprallen zu lassen.

Diese Übung mag Ihnen sehr einfach vorkommen, aber genau in dieser Einfachheit liegt auch ihre Stärke. Sie hilft Ihnen
schnell und effektiv dabei, sich für den Einfluss eines Energiesaugers unangreifbar zu machen, und ist dabei doch an jedem
Ort und in kürzester Zeit durchführbar – und das Beste daran:
Je öfter Sie sie einsetzen, desto stärker wird ihre Wirkung.

Vorbereitung ist alles

Wenn Sie schon genau wissen, dass Sie in absehbarer Zeit wieder mit einer energiesaugenden Situation konfrontiert werden, haben Sie zwei Möglichkeiten: Sie können sie mit einem flauen Gefühl im Magen auf sich zukommen lassen und dadurch möglicherweise alles noch schlimmer machen – oder Sie bereiten sich gezielt darauf vor und tun alles, um dieser Situation den Vampir-Zahn zu ziehen. Ich möchte Ihnen auf jeden Fall zur zweiten Möglichkeit raten!

»Gefahr erkannt, Gefahr gebannt«, heißt es schließlich nicht umsonst: Wenn Sie herausfinden, auf welche Weise Ihnen eine Situation die Energie raubt, können Sie sie leicht bannen, indem Sie genau diese Aspekte in den Griff bekommen. Das geht natürlich umso leichter, je vorhersehbarer eine Situation ist und je genauer Sie diesen Energie-Vampir schon ins Visier genommen haben. Nehmen Sie sich auf jeden Fall noch einmal ein Stündchen Zeit, bevor das betreffende Ereignis wieder ins Haus steht, und führen Sie eine genaue Kampf-Analyse durch:

Wie gesagt: Zuerst müssen Sie herausfinden, welche Aspekte Ihnen am stärksten Ihre Energie entziehen – oft verstecken sich in einer energieraubenden Situation nämlich noch bestimmte Auslöser, durch die das Energie-Vampir-Elemental erst richtig zum Leben erweckt wird. So ist es möglich, dass Sie die lästigen Familientreffen an sich sogar ganz gut überstehen würden – wenn Sie dabei nicht regelmäßig Onkel Peters seltsame Marotten über sich ergehen lassen müssten. Oder dass die täglichen Autofahrten durch den Stadtverkehr Sie gar nicht so sehr mitnähmen, wenn Sie nicht immer noch befürchten würden, dass Ihnen mitten auf der sechsspurigen Kreuzung irgendwann wieder der Kühler überkochen könnte.

Solche Auslöser können sich in ganz unwichtig erscheinenden Kleinigkeiten verstecken, an die Sie normalerweise nie denken würden. Die Suche nach ihnen ist daher nicht immer erfolgreich, aber sie lohnt sich, da Sie viele Energiesauger tatsächlich bannen können, indem Sie den entsprechenden Auslöser aus der Welt schaffen.

Darin besteht nämlich der zweite Schritt Ihrer Vorbereitung: Sorgen Sie schon im Vorfeld dafür, dass die Auslöser einer energiesaugenden Situation Sie nicht mehr treffen können. Dafür können Sie beispielsweise Onkel Peter als Comic-Figur visualisieren und sich beim nächsten Familientreffen über ihn und seine neuesten Einfälle schief lachen. Oder Sie finden einen vertrauenswürdigen Mechaniker, der zuverlässig dafür sorgt, dass der Kühler Ihres Autos niemals wieder zum Kochen kommen kann. Was es auch ist – mit etwas Fantasie finden Sie sicher eine Möglichkeit, wie Sie den Auslöser Ihres Energie-Vampirs wirkungsvoll beseitigen können.

Denken Sie positiv!

Sie haben keine Lust, wieder und wieder gegen energieraubende Situationen anzukämpfen? Dann sollten Sie es mit der Kraft positiver Gedanken probieren! Ein Energie-Vampir-Elemental bezieht seine Macht vor allem daraus, dass Sie einer bestimmten Situation bisher vor allem negative Gedanken entgegengebracht haben. Indem Sie das ändern und die betreffenden Umstände gezielt positiv programmieren, können Sie dem unsichtbaren Energiesauger ganz einfach die Existenzgrundlage entziehen. Für diese Methode ist nichts weiter nötig als Ihre Fantasie, ein ungestörter Ort und etwas Zeit, um einige Male eine kleine Visualisierung durchzuführen.

– Legen Sie sich bequem auf den Rücken, wenn nötig mit einem kleinen Kissen unter dem Kopf und einer kuscheligen Decke zum Zudecken. Sie sollten es so bequem wie möglich haben und dürfen die Atmosphäre gerne mit sanftem Licht, Düften oder leiser Musik harmonisieren. Schließen Sie dann die Augen, atmen Sie einige Male tief durch und fühlen Sie, wie Ihr Körper sich entspannt. Sie fühlen sich ganz ruhig und gelassen – nichts und niemand kann Ihnen in diesem Moment etwas anhaben.

– Begeben Sie sich jetzt in Ihrer Vorstellung in die Situation, die Ihnen immer wieder die Energie raubt. Nehmen Sie dabei die Rolle eines distanzierten Beobachters ein und registrieren Sie, was daran normalerweise so unangenehm für Sie ist: Vielleicht ist es die Anspannung, die Hektik, das Warten, die unangenehme Stimmung der anderen Anwesenden, der Druck durch deren Erwartungen, die bedrückende Atmosphäre?

– Nachdem Sie eine Bestandsaufnahme gemacht haben, beginnen Sie mit der Neu-Programmierung: Stellen Sie sich vor, wie die Szene von einem strahlenden Licht überflutet wird, das alle negativen Emotionen hinwegfegt. Danach strahlt sie schon gleich in einem viel helleren Licht und freundlicheren Farben.

– Malen Sie sich nun aus, wie Sie das nächste Mal in diese Situation kommen: Sie spüren nichts mehr von der früheren Anspannung, sondern sind ruhig und gelassen. Ganz bewusst machen Sie sich nun auf die Suche nach positiven Aspekten darin, die Sie bisher nur nicht wahrgenommen haben: Beim Familientreffen sind auch ihre süßen Nichten, mit denen Sie so schön herumalbern können. Jeder Stau gibt Ihnen die Möglichkeit, etwas mehr von Ihrer Umgebung wahrzunehmen, sich in Ruhe zu orientieren oder Ihr Lieblingslied auf CD anzuhören. Die Rosen im Garten Ihrer Schwiegermutter sind eine wahre Pracht und jedes Mal wieder wunderbar anzusehen ...

Jede Situation besitzt auch positive Aspekte, die von unsichtbaren Energieräubern nur sehr stark unterdrückt werden. Indem Sie sich auf diese

positiven Aspekte konzentrieren und so beim Gedanken an eine übli-
cherweise energiesaugende Situation plötzlich Freude empfinden, neh-
men Sie dem Energie-Vampir-Elemental jegliche Macht darüber. So-
bald Sie diesen Punkt erreicht haben, genießen Sie noch einen Moment
lang das Gefühl der Freude und verinnerlichen es so gut wie möglich.

Visualisierungen sind umso wirksamer, je öfter Sie sie wiederholen, denn nur durch ein paar Wiederholungen können
Sie eine Situation wirklich zuverlässig neu in Ihrem Unterbewusstsein programmieren. Die Bestandsaufnahme dessen,
was Sie an der Situation belastet, ist dabei nur beim ersten Mal
nötig – danach können Sie sich immer direkt auf die positiven
Aspekte konzentrieren. Am besten beginnen Sie eine Woche,
bevor die Situation wieder ins Haus steht, mit der Visualisierung und führen Sie während dieser Woche einmal täglich
durch.

Strategien gegen energieraubende Orte

Energieraubende Orte lassen sich eigentlich am besten bekämpfen, indem man sie so verändert, dass sich auch ihre
energetische Qualität verbessert – dafür eignen sich am besten
die im nächsten Kapitel vorgestellten Maßnahmen, zum Beispiel aus dem Feng Shui. Da es allerdings bei weitem nicht an
allen Orten möglich ist, nach Lust und Laune Veränderungen
vorzunehmen, habe ich hier ein paar psychische Gegenmaßnahmen für Sie, mit deren Hilfe Sie sich gut gegen den Einfluss
solcher örtlicher Energie-Vampire wappnen können.

Die Mitte halten

Energielöcher und -fallen bringen uns durch ihre üble Ausstrahlung aus unserem energetischen Gleichgewicht, und auch örtliche Energie-Vampir-Elementale machen es uns ziemlich schwer, ausgeglichen in uns zu ruhen. Eine der besten Strategien gegen diese energetischen Angriffe ist es daher, konsequent seine Mitte zu halten und sich nicht aus dem Gleichgewicht bringen zu lassen. Je besser Sie es schaffen, zentriert und ausgeglichen zu bleiben, desto weniger Angriffsfläche bieten Sie allen Energie-Vampiren.

Die Mitte zu halten beinhaltet eigentlich zwei sich ergänzende Aspekte:

1. die eigentliche Konzentration auf sich selbst und Ihr inneres Zentrum und

2. die Abgrenzung gegen alle störenden äußeren Einflüsse.

Je weniger Sie beispielsweise bei einem Behördengang von der deprimierend-grauen Wandfarbe des Wartesaals, den unglaublich unbequemen Plastikstühlen und der Gerüchen nach Ungeduld und Stress der anderen Wartenden mitbekommen, desto weniger kann Sie der Aufenthalt dort belasten, auch wenn es mal wieder etwas länger dauern sollte ...

Vielleicht erscheint es Ihnen fast zu einfach, um wahr zu sein, aber wenn Sie bewusst Ihre Mitte halten und die äußeren Einflüsse weit beiseite schieben, können Sie den Energieverlust in den meisten Fällen zumindest so weit reduzieren, dass er Ihr Wohlbefinden nicht stärker trübt als ein einzelnes, kleines Wölkchen am blauen Himmel.

Am leichtesten gelingt Ihnen das, wenn Sie zum Aufenthalt an einem energieraubenden Ort gezwungen sind, aber dort keine wirkliche Beschäftigung haben, wie eben in einem Wartesaal. Dort können Sie sich ganz ungestört in sich selbst versenken und mit der folgenden Übung fest in Ihrer Mitte verankern:

– Setzen oder stellen Sie sich so hin, dass Ihre Wirbelsäule und Ihr Kopf locker aufgerichtet sind.

– Schließen Sie die Augen, oder richten Sie den Blick unfokussiert ins Leere.

– Visualisieren Sie vor Ihrem inneren Auge einen großen Baum, der inmitten einer grünen Wiese steht. Sein Stamm ist kräftig und gerade, und seine Blätter rascheln leicht in einer kühlen Brise.

– Stellen Sie sich nun vor, dass *Sie* dieser Baum sind: Fühlen Sie, wie Ihre Wurzeln Sie fest in der Erde verankern, wie der Wind leicht durch Ihre Äste streicht und wie stark Ihr Stamm ist – nichts kann Sie erschüttern, und Sie halten selbst dem stärksten Sturm stand. Genießen Sie es, wie standhaft und unerschütterlich Sie sich fühlen.

– Dann bemerken Sie, dass ein hübscher Holzzaun in einigem Abstand um Ihren Standplatz gezogen ist, der Ihren ganz persönlichen Garten umgibt. Dieser Zaun schützt Sie vor allem, was Ihnen zu nahe kommen will. Sie stehen fest verankert in seiner Mitte, und nichts in der Welt kann Sie von dort fortbringen.

– Wenn Sie dieses Gefühl voll und ganz verinnerlicht haben, kehren Sie langsam zu Ihrem normalen Alltagsbewusstsein zurück und öffnen wieder die Augen.

Sehen Sie das Positive im Negativen

Eine der einfachsten Methoden, um sich vor dem Einfluss eines energieraubenden Ortes zu schützen, ist die Konzentration auf etwas Positives. Selbst der unheimlichste, bedrückendste Ort hat normalerweise ein paar positive Aspekte zu bieten, die sich meist in kleinen Details verbergen. Diese Details können so vielfältig sein wie die örtlichen Energieräuber selbst: ein Sonnenstrahl, der unvermutet hereinbricht, das Vogelgezwitscher draußen vor dem Fenster, ein fröhlicher Farbton, der irgendeinen Gegenstand verschönert, die Stille oder die Kühle eines Ortes ...

Welchen Details Sie persönlich etwas Positives abgewinnen können, liegt dabei ganz an Ihnen. Bei mir sind es oft Kleinigkeiten, die mich an die Schönheit der Natur erinnern, wie die Maserung eines Holzfußbodens, die Aussicht ins Freie oder Tautropfen im Gras, die im Sonnenlicht glitzern. Andere Menschen erfreut eher der Anblick von Gegenständen, die sie an glückliche Zeiten erinnern, oder ein bestimmter Klang oder Geruch.

Indem Sie sich auf solch positive Aspekte eines energieraubenden Ortes konzentrieren, können Sie seinen unangenehmen, kräftezehrenden Einfluss gezielt durchbrechen. Die Freude über ihre Schönheit oder die angenehmen Erinnerungen, die sie wecken, verhindert nämlich, dass Energielöcher oder -fallen Sie ganz in ihren Bann ziehen. Und auch auf örtliche Energie-Vampir-Elementale wirkt die positive Energie der Freude abschreckend.

Natürlich fällt es umso leichter, ein Auge für das Erfreuliche im Leben zu entwickeln, je öfter Sie Ihren Blick für schöne Details auch im Alltag schärfen. So können Sie zum Beispiel auf dem Weg in die Arbeit bewusst auf die Kleinigkeiten am Wegesrand achten — auf den hübschen Vogel, der dort im Baum ein Liedchen trällert, die fantastischen Formen der Wolken, einen schillernden kleinen Käfer, der eine Mauer hinaufklettert oder den Duft der Blumen und Sträucher, die den Gehweg säumen.

Diese Übung können Sie an allen Orten und natürlich auch in geschlossenen Räumen durchführen: Nehmen Sie sich einfach fünf Minu-

ten Zeit und lassen Sie Ihren Blick frei umherschweifen, bis Sie mindestens zwei hübsche, erfreuliche Kleinigkeiten entdeckt haben.

Sich die Grenzen bewusst machen

Es gibt noch einen weiteren Trick, mit dem Sie den Einfluss energieraubender Orte sehr gut eindämmen können. Dafür müssen Sie sich nur bewusst machen, dass der Einfluss des Ortes ganz auf diesen beschränkt ist – und dass es überall um ihn herum sehr viel Schönes und Erfreuliches gibt.

Energieraubende Orte verursachen Energieverluste schließlich unter anderem dadurch, dass sie uns mit ihrer deprimierenden, unerträglichen Ausstrahlung dazu zwingen, mit einem hohen Energieaufwand unser energetisches Gleichgewicht aufrechtzuerhalten. Indem Sie sich jedoch auf die Grenzen eines solchen Ortes konzentrieren und sich in jedem Augenblick bewusst machen, dass seine bedrückende Wirkung nur bis dorthin reicht und kein noch so kleines Stückchen weiter, können Sie seinen Einfluss auf Ihr Befinden enorm abschwächen.

Am wirkungsvollsten ist es, wenn Sie dabei die Grenzen eines Ortes konkret benennen: ob er auf einen Raum beschränkt ist, auf eine bestimmte Ecke darin, ein Gebäude, eine einzelne Wohnung, ein bestimmtes Feld oder einen anderen Platz im Freien, den ein Zaun, Bäume oder Sträucher begrenzen. Als Nächstes rufen Sie sich ins Bewusstsein, was sich jenseits dieser Grenzen erstreckt: andere, freundlichere Räume, belebte Straßen oder ein hübscher Platz, ein schattiges Wäldchen, eine sonnige Wiese ...

Wie bei der vorherigen Strategie ist es am besten, wenn Sie es vorher einige Male einüben, einen Ort auf diese Weise zu betrachten – so fällt es Ihnen in einer wirklichen Energiefalle viel leichter, schnell auf die richtigen Gedanken zu kommen.

Nehmen Sie sich dafür immer wieder einmal fünf Minuten Zeit, um Ihren momentanen Aufenthaltsort genauer unter die Lupe zu nehmen: Wo liegen seine Grenzen? Sind sie durch bestimmte Möbelstücke, durch die Wände des Raumes oder durch den Umfang des ganzen Gebäudes definiert? Und was erstreckt sich wohl dahinter? Stellen Sie sich die Umgebung dabei möglichst räumlich vor, sodass Sie eine gute Vorstellung davon bekommen, wo die Straße mit den schattigen Bäumen verläuft oder das hübsche Nebengebäude mit den Rosenstöcken vor der Tür liegt, welches Nebenzimmer das meiste Sonnenlicht abbekommt und wo in der Umgebung Sie sich gerade am wohlsten fühlen würden.

Energetische Gegenmaßnahmen

Kommen wir nun zum zweiten Teil der Gegenmaßnahmen: den esoterischen Mitteln und energetischen Methoden. Mit ihrer Hilfe können Sie direkt auf feinstofflicher Ebene gegen alle lästigen Energie-Vampire vorgehen, die sich an Ihrer Lebensenergie bedienen wollen. Diese Gegenmaßnahmen sind so vielfältig wie die Angriffe selbst – daher finden Sie auf den folgenden Seiten eine Fülle an Strategien gegen Energieräuber. Suchen Sie sich daraus am besten diejenigen Methoden aus, die am besten zu Ihren individuellen Bedürfnissen passen.

Ihre Aura und die Kunst, sie zu stärken

Wie Sie bereits wissen, ist die Aura das Energiefeld, das auf feinstofflicher Ebene jedes Lebewesen und sogar Orte und Gegenstände umgibt. Sie durchdringt und umschließt den physischen Körper und kann von Seherinnen und Sehern als leuchtende Hülle wahrgenommen werden, deren einzelne Schichten in verschiedenen Farben strahlen. Die Ausdehnung dieser Schichten zeigt an, wie viel Lebensenergie einem Menschen zur Verfügung steht – und wenn ein Energie-Vampir jemandem seine Energie raubt, schrumpft die Aura schnell zusammen und verliert – je nach Größe des Energieverlusts – nicht nur an Umfang, sondern auch an Leuchtkraft.

In diesem Kapitel möchte ich Ihnen nun noch einige ergänzende Informationen über die Aura geben und Ihnen spezielle Schutzmaßnahmen vorstellen, mit denen Sie Ihre Aura stärken und sich vor Angriffen aller Arten von Energieräubern schützen können.

Formen und Farben der Aura

In verschiedenen Quellen werden Sie unterschiedliche Angaben darüber finden, aus wie vielen Schichten die Aura besteht, welche Schichten welche Form haben und in welchen Farben sie erstrahlen. Dies liegt daran, dass die Wahrnehmung der Aura immer unserer eigenen, subjektiven Wahrnehmung unterworfen ist und oft von vorgefassten Erwartungen geprägt wird: Wer gelernt hat, dass die Aura genau sieben Schichten hat, der wird sie auch leichter in dieser Form wahrnehmen als jemand, der nur drei Schichten vorzufinden erwartet.

Trotz aller Unterschiede, die Sensitive wahrnehmen, gibt es aber doch auch einige Übereinstimmungen, die sich in praktisch allen Beschreibungen der Aura finden lassen. Selbst bei sehr unterschiedlichen Betrachtungsweisen bleiben nämlich einige grundlegende Aspekte immer erhalten:

– Die »unteren« Schichten der Aura passen sich in ihrer Form in etwa den Umrissen unseres Körpers an, während die »höheren« Schichten mit ihrer entsprechend höher schwingenden, feinstofflichen Energie eine runde oder ovale Form annehmen und umso weiter über den physischen Körper hinausreichen, je höher ihr Energie-Niveau ist.

– Die Farbskala der Auraschichten entspricht im Wesentlichen den Farben, die auch den Chakras zugeordnet sind: Vom 1. Chakra bis zum 7. Chakra sind das der Reihe nach die Farben Rot, Orange, Gelb, Grün, Hellblau, Indigoblau und Violett. Da die verschiedenen Auraschichten von verschiedenen Chakras mit Energie versorgt werden, ist ihre Färbung diesen sehr ähnlich: Die unteren Schichten werden von den meisten Menschen rot, orange oder zumindest in dunklen Farbtönen wahrgenommen, die feinstofflicheren Schichten erstrahlen dann der Reihe nach in gelb, grün, blau, violett oder in immer heller werdenden Tönen.

– Störungen und Belastungen der Aura können anhand ihrer Form und Farbe erkannt werden. So kann die Aura eines Menschen Löcher oder Beulen aufweisen, die einen Mangel oder eine energetische Verschmutzung anzeigen. Häufig werden solche Störungen auch als grau-schwarze oder weiße Flecken wahrgenommen: Dunkle Farben zeigen einen Mangel an, während Weiß auf eine anormale Energiekonzentration hinweist. Darüber hinaus können sich energetische Störungen darin zeigen, dass die normalerweise leuchtenden Farben der Aura plötzlich stumpf und schmutzig erscheinen oder von einem Grauschleier überzogen sind.

Wie Sie die Aura wahrnehmen können

Je sensibler und aufgeschlossener Sie für feinstoffliche Energien und deren Wirkung sind, desto leichter wird es Ihnen auch fallen, Ihre eigene Aura und fremde Auren wahrzunehmen. Abgesehen vom Interesse und der nötigen Offenheit gehört dazu vor allem eins: ein wenig Übung. Ich spreche hier bewusst vom Wahrnehmen der Aura, da der Begriff »Aurasehen« Sie auf eine falsche Fährte locken könnte: Die Aura kann nämlich nicht nur gesehen, sondern beispielsweise auch ertastet oder ganz ohne den Einsatz unserer grobstofflichen Sinne erspürt werden. Es gibt sogar Menschen, die die Aura durch ihren Geruchs- oder Geschmackssinn oder ihr Gehör wahrnehmen.

Wenn Sie üben wollen, sich Ihrer Aura bewusst zu werden, sollten Sie daher möglichst offen für *alle* Arten der Wahrnehmung sein. Ich möchte Ihnen hier zwei verschiedene Übungen vorstellen, mit deren Hilfe Sie lernen können, Ihre eigene Aura und die Aura einer anderen Person wahrzunehmen.

Die Aura ertasten

Mit dieser ersten Übung können Sie lernen, Ihre eigene Aura zu ertasten, herausfinden, wie sie sich anfühlt und wie weit sie sich über Ihren Körper hinaus ausdehnt. Dabei werden Sie zuerst nur die unteren Schichten der Aura wahrnehmen können, doch mit zunehmender Übung und Feinfühligkeit ist auch das Ertasten höherer Schichten und fremder Auren möglich.

Ziehen Sie sich für die Übung an einen ungestörten Ort zurück, setzen Sie sich bequem hin und nehmen Sie sich etwas Zeit, um zur Ruhe zu kommen und die Hektik des Alltags hinter sich zu lassen.

– Heben Sie zunächst die Hände und reiben Sie Ihre Handflächen einige Male kräftig gegeneinander, bis sie sich warm und weich anfühlen.

– Halten Sie daraufhin Ihre Hände mit geöffneten Handflächen in etwa schulterbreitem Abstand vor sich. Nun bewegen Sie Ihre Handflächen langsam aufeinander zu, als wollten Sie die Hände zum Gebet falten. Je langsamer Sie Ihre Hände zusammenführen, desto besser, denn so haben Sie viel Zeit, sich auf die Empfindungen in den Handflächen zu konzentrieren. (Die meisten Menschen empfinden dabei schon nach kurzer

Übung Wärme oder das Gefühl, dass sie im Abstand von mehreren Zentimetern plötzlich eine feine Barriere überwinden – nämlich die Grenze der körpernahen Auraschichten.)

Wenn Sie diese Schicht zwischen Ihren Händen erst einmal zuverlässig ertasten können, können Sie dazu übergehen, die Aura entlang Ihres gesamten Armes oder eines Beines zu ertasten. Obwohl die Aura unsere Kleidung natürlich durchdringt, habe ich die Erfahrung gemacht, dass das Ertasten gerade Anfängern oft leichter fällt, wenn sich keine Kleidung zwischen den Händen und dem Körperteil befindet. Achten Sie dabei nicht nur auf den »Widerstand« der Aura, sondern auch auf ihre Ausdehnung (also ihren Abstand zum Körper) und auf Gefühle wie Wärme, Kälte oder Kribbeln.

Mit ausreichender Übung können Sie dann schließlich dazu übergehen, höhere Auraschichten zu »suchen« und Ihre Wahrnehmung der Aura damit zu vergleichen, wie Sie sich fühlen und ob Sie gerade unter irgendwelchen Beschwerden leiden.

Die Aura sehen

Da wir in einer visuell geprägten Welt leben und bei den meisten von uns das Sehen der am stärksten entwickelte Sinn ist, finden es viele Menschen am leichtesten, die Aura durch ihre Augen wahrzunehmen. Dabei ist es allerdings wichtig, darauf zu achten, dass man sich nicht von dem so genannten Nachbild-Effekt täuschen lässt, der auftritt, nachdem man direkt in eine Lampe geblickt oder etwas vor einem strahlend hellen Hintergrund gesehen hat.

Für erste Versuche im Aurasehen eignet sich ein leicht abgedunkelter Raum, in dem alle hellen Lichtquellen abgeschirmt sind, besonders gut:

– Setzen Sie sich bequem hin. Nehmen Sie sich dann einige Minuten lang Zeit, um zu sich zu finden und alle Einflüsse und Gedanken des Alltagslebens loszulassen. Noch besser können Sie sich vorbereiten, indem Sie die Augen schließen und sich in einer kurzen Meditation auf die feinstoffliche Ebene einstimmen.

– Richten Sie dann Ihren Blick unfokussiert auf eine weiße Wand oder eine andere gleichmäßig helle Fläche, und heben Sie Ihre rechte Hand mit gespreizten Fingern so hoch, dass Sie mit möglichst großem Abstand auf Ihren Handrücken blicken.

– Richten Sie Ihren Blick auf Ihre Hand, um ein »Doppelt-Sehen« zu vermeiden, aber fokussieren Sie ihn so wenig wie möglich. Wichtig ist, dass Sie sich beim Aurasehen nicht auf die Details der Hand konzentrieren, sondern die Hand als Ganzes betrachten. Daher sollten Sie es vermeiden, den Blick zwischen den Fingern hin und her oder ziellos über die Hand schweifen zu lassen. Richten Sie ihn stetig geradeaus und stellen Sie ihn so ein, als würden Sie durch Ihre Hand hindurchsehen.

– Mit etwas Aufmerksamkeit und Geduld werden Sie schon bald eine pulsierende Unschärfe am Rand Ihrer Finger feststellen oder sogar einen leuchtenden Umriss, der ihren Konturen folgt.

Je mehr Sie üben, desto genauer und umfassender werden Ihre Wahrnehmungen werden. Während man als Anfänger zuerst die unteren Auraschichten wahrnimmt, die dem Körperumriss folgen, können mit zunehmender Übung auch die feineren, höheren Schichten erkannt werden. Auch die Wahrnehmung von Farben entwickelt sich — außer bei besonders Begabten — erst im Laufe der Zeit. Sie sollten sich also keine Gedanken machen, wenn Sie nicht auf Anhieb ein schillerndes Feuerwerk der Farben entdecken können, sondern anfangs nur unscheinbare Lichtphänomene ausmachen können.

Aura-Stärkung

Nachdem Sie nun erfahren haben, wie Sie lernen können, Ihre Aura wahrzunehmen, wollen wir uns wieder ganz dem eigentlichen Thema dieses Buches zuwenden: dem Schutz vor Energie-Vampiren. Wie Sie wissen, ist die Aura eine schützende Hülle, die unser Energiefeld von anderen Energiefeldern in unserer Umgebung abgrenzt. Sie bündelt unsere eigene Energie und hält alle schädlichen Energien von uns fern – jedenfalls wenn sie stark genug dafür ist.

Um den Angriff eines Energie-Vampirs unbeschadet zu überstehen, muss Ihre Aura stark sein – daher sollten Sie Ihre Aura regelmäßig mit einer gezielten Übung stärken und so ihre Schutzfunktion verbessern. Für diese Übung benötigen Sie einen ungestörten Ort und ungefähr eine halbe Stunde Zeit.

– Stellen Sie sich aufrecht hin. Ihr Rücken ist gerade, Ihr Kopf locker aufgerichtet, Ihre Arme hängen entspannt neben dem Körper, und Ihre Füße stehen etwa schulterbreit nebeneinander.

– Schließen Sie nun die Augen, und konzentrieren Sie sich auf Ihre Atmung. Spüren Sie, wie der Atem Ihre Brust hebt und senkt, und beginnen Sie, langsam und bis tief in Ihren Bauch hinein zu atmen.

– Lassen Sie nun vor Ihrem inneren Auge Ihre Aura erscheinen – einen strahlenden Kokon aus Licht, der Ihren Körper von Kopf bis Fuß umgibt. Beobachten Sie, wie Ihre Aura im Rhythmus Ihrer Atmung pulsiert: Mit jedem Einatmen wird sie etwas größer, und mit jedem Ausatmen kehrt sie zu ihrer ursprünglichen Größe zurück. Farben, Flecken oder Löcher der Aura sind momentan unwichtig. Konzentrieren Sie sich einfach nur auf ihr pulsierendes Leuchten.

– Dann stellen Sie sich vor, wie Ihre Aura mit jedem Einatmen ein kleines Stückchen mehr wächst. Mit jedem Atemzug strömt zusätzliche leuchtende Lebensenergie in sie hinein, und Ihre Aura wird dadurch langsam immer größer und strahlender, bis sie ihren Umfang etwa um die Hälfte vergrößert hat. Genießen Sie das Gefühl, intensiv von Energie durchströmt zu werden und spüren Sie, wie Ihre Aura mit jedem Atemzug in neuem Glanz erstrahlt.

– Nach einiger Zeit sollten Sie Ihre Aura dann wieder zu ihrem normalen Umfang zurückführen: Stellen Sie sich vor, wie sie mit jedem Ausatmen ein Stückchen kleiner wird, bis sie wieder ihre frühere Größe erreicht hat und wie zu Beginn der Übung im Rhythmus Ihres Atems pulsiert. Nun ist sie jedoch viel leuchtender als vorher, und Sie können spüren, dass die zusätzliche Energie sie vollkommen regeneriert hat.

– Zum Abschluss der Übung versiegeln Sie Ihre Aura, indem Sie drei Mal die folgenden Worte leise oder in Gedanken vor sich hinsagen: »Meine Aura ist stark und vollkommen geschützt.« Atmen Sie dann drei Atemzüge lang bewusst tief aus, lassen Sie Ihr Alltagsbewusstsein langsam zurückkehren und öffnen Sie die Augen.

Einen Schutzschild aufbauen

Manchmal tauchen Energie-Vampire ganz unerwartet aus den Schatten der Nacht auf, aber oft ist es auch absehbar, dass die nächste Begegnung mit einem Energieräuber alsbald ins Haus steht. Und darauf können Sie sich vorbereiten: Bauen Sie einfach einen mentalen Schutzschild für Ihre Aura auf! Dieser Schutzschild verhindert, dass ein Energie-Vampir sich an Ihrer Lebensenergie bereichert, da er den Angriff von Ihrer Aura ablenkt. Einmal errichtet, genügt dann eine regelmäßige kurze Auffrischung, um die Schutzwirkung dauerhaft aufrechtzuerhalten.

Ziehen Sie sich an einen ungestörten Ort zurück, und sorgen Sie für eine Atmosphäre, in der Sie sich sicher und geborgen fühlen, zum Beispiel mit Räucherwerk, Düften, angenehmem Licht oder Musik:

– Setzen Sie sich bequem hin und schließen Sie die Augen. Ihre Hände ruhen leicht geöffnet auf Ihren Oberschenkeln, die Handflächen weisen nach oben.

– Atmen Sie tief durch und fühlen Sie, wie Sie mit jedem Atemzug von Stärke und Entschlossenheit durchdrungen werden. Machen Sie sich bewusst, dass Sie sich ab sofort vor jedem Energie-Vampir-Angriff schützen wollen, und dass Ihre Entschlossenheit Ihnen die Kraft verleiht, auch die stärksten Attacken unbeschadet von sich abprallen zu lassen.

– Dann konzentrieren Sie diese Absicht zu einer leuchtenden Energiewolke vor Ihrem inneren Auge, die mehr und mehr die Form eines Schildes annimmt. Dieser Schild soll Ihr persönlicher, individueller Schutzschild werden – überlassen Sie es daher ganz Ihrer Intuition, wie er aussehen soll: rund oder eckig, klein oder groß, aus Holz, Metall oder Licht, mit Verzierungen, bemalt oder einfach nur funktionell. Jedes Detail des Schildes soll dazu beitragen, dass er Sie vor allen energetischen Angriffen schützen wird. Nehmen Sie sich daher die Zeit, ihn von allen Richtungen zu bewundern, und versichern Sie sich, dass er seinem Zweck in jeder Hinsicht gerecht wird.

– Stellen Sie sich nun vor, wie Sie diesen Schild ergreifen und an Ihrem Arm befestigen. Er fühlt sich leicht, aber stabil an und lässt sich gut in alle Richtungen bewegen. Machen Sie in Ihrer Vorstellung einige Übungsschritte mit Ihrem neuen Schutzschild und stellen Sie sich vor, wie Sie mühelos Angriffe aus allen möglichen Richtungen parieren.

– Danach programmieren Sie den Schutzschild mental so, dass er Ihnen immer zur Verfügung steht und Sie sogar dann vor Energieräubern schützt, wenn Sie keine Möglichkeit haben, ihn bewusst einzusetzen. Lassen Sie dafür das Gefühl des Beschütztseins tief in Ihr Bewusstsein einsinken und wiederholen Sie drei Mal in Gedanken folgende Worte: »Wohin ich auch gehe und was ich auch tue, mein Schutzschild beschützt mich vor allen Energieräubern.«

Der Schutzschild begleitet Sie nun überall hin und steht Ihnen immer und überall zur Verfügung. Damit seine Wirksamkeit dauerhaft erhalten bleibt, sollten Sie ihn allerdings regelmäßig visualisieren, von allen Seiten betrachten und ihn mit denselben Worten wie oben mit Ihrer festen Absicht aufladen, vor allen Energieräubern vollkommen geschützt zu sein. Falls Ihnen dabei gelegentlich Veränderungen oder Verbesserungen nötig erscheinen, folgen Sie ruhig Ihrer inneren Stimme und gestalten Sie ihn so um, wie es Ihnen am stimmigsten erscheint – so geht die Wirkung Ihres Schutzschilds nie verloren.

Verstärken können Sie den Schutzschild übrigens noch dadurch, dass Sie ein kleines Bild davon zeichnen oder ein kleines Symbol dafür finden (wie etwa ein Stück des Materials oder seiner Verzierungen), das Sie unauffällig immer bei sich tragen können. Falls Sie sich auf energetischer Ebene unsicher oder bedroht fühlen, können Sie Ihren Schutzschild mit einem kurzen Blick darauf noch schneller aktivieren.

Das Licht-Ei

Mit der folgenden Technik können Sie Ihre Aura mit einer Schutzschicht versehen, die sie wie eine Eierschale umgibt. Sie lässt die notwendige Lebensenergie und andere positive Energien in die Aura vordringen, während negative Energien und die Angriffe von Energie-Vampiren zuverlässig abgeschirmt werden – und sie ist weitaus weniger zerbrechlich als die Kalkschale eines Hühnereis!

– Ziehen Sie sich für die Übung an einen ungestörten Ort zurück und setzen Sie sich im Lotos-, Schneider- oder Fersensitz auf den Boden, schließen Sie die Augen, atmen Sie einige Male tief durch und lassen Sie beim Ausatmen alle Alltags-Sorgen und -Gedanken los.

– Dann richten Sie Ihre Aufmerksamkeit auf Ihre Aura. Spüren Sie, wie sie Sie in alle Richtungen wie ein großer Ball aus hellem Licht umgibt.

– Stellen Sie sich nun vor, wie mit jedem Einatmen zusätzliche Lebensenergie in Ihre Aura strömt. Diese Energie lässt die Aura jedoch nicht weiter anwachsen, sondern sie sammelt sich an ihrem Rand, bis Sie sich gleichsam innerhalb eines Ballons aus strahlend weißem Licht befinden.

– Sehen Sie nun, wie sich die Energie weiter zu einer festen weißen Schutzschicht verdichtet, die Ihre Aura umgibt wie eine Schale aus Licht.

– Wiederholen Sie daraufhin in Gedanken drei Mal den Satz: »Meine Aura ist geschützt – nur positive Energien können zu mir vordringen«, und genießen Sie das Gefühl der Sicherheit und des Schutzes, das das Licht-Ei in Ihnen hervorruft.

– Abschließend kehren Sie aus der Meditation in den Alltag zurück: Atmen Sie einige Male tief durch, machen Sie sich Ihre Umgebung bewusst, und öffnen Sie langsam die Augen.

Schützen Sie Ihre Chakras!

Gerade Menschen, die aktiv an ihrer spirituellen Entwicklung arbeiten, sind oft ein gefundenes Fressen für Energie-Vampire. Wer sein Energie-Niveau bewusst erhöht und seine Chakras öffnet, strahlt auf feinstofflicher Ebene oft wie ein wahres Leuchtfeuer, das energiesaugende Wesen anzieht, wie das Licht die Motten.

Noch immer wird in den meisten Lehren und Anleitungen zur Chakra-Arbeit viel zu selten darauf hingewiesen, dass Übungen zum Öffnen der Chakras und zur Steigerung des Energieflusses mitunter auch negative Wirkungen haben können. Schon manch einer, der fleißig an der Entfaltung seiner Energien gearbeitet hat, musste später erstaunt feststellen, dass er statt mehr Energie zu gewinnen, immer weniger zur Verfügung hatte. Nur selten wird den Betroffenen dabei bewusst, dass sich ein heimlicher Schmarotzer unbemerkt in das eigene Energiesystem eingeklinkt hat.

Die folgenden Übungen sind besonders wichtig, wenn Sie sich bewusst mit der Arbeit an Ihren Chakras beschäftigen. Sie helfen Ihnen dabei, unangenehme »Nebeneffekte« zu verhindern und Ihre Chakras gezielt vor den Angriffen der verschiedenen Vampir-Typen zu schützen.

So schließen Sie Ihre Chakras

Das Schließen der Chakras ist eine wichtige Ergänzung zu allen Übungen und Meditationen, die die Chakras öffnen oder ihren Energiefluss erhöhen sollen. Beim Schließen werden die Chakras natürlich nicht etwa so »verriegelt«, dass am Ende gar der normale, lebensnotwendige Energiefluss zum Erliegen käme. Es geht dabei nur darum, die durch die spirituellen Übungen verstärkte Öffnung so weit zurückzuführen, dass keine negativen Energien über die Chakras in unseren Energiehaushalt eindringen und somit auch keine Energie-Vampire darauf zugreifen können.

Sie benötigen für diese Übung einen ungestörten Ort, eine bequeme Unterlage und etwa 15 Minuten Zeit. Knien Sie sich im Fersensitz auf die Unterlage, legen Sie Ihre Handflächen leicht geöffnet und nach oben weisend auf Ihre Oberschenkel, schließen Sie die Augen und atmen Sie einige Male tief durch. Beginnen Sie nun, sich der Reihe nach Ihre Chakras bewusst zu machen, und beginnen Sie dabei mit dem 1. Chakra. Richten Sie Ihre Aufmerksamkeit drei Atemzüge lang auf jedes einzelne Chakra, und beobachten Sie, wie es sanft im Rhythmus Ihres Atems pulsiert. Dabei visualisieren Sie die einzelnen Chakras als strahlende Kugeln aus farbigem Licht:

- das 1. Chakra am Beckenboden in strahlend rotem Licht
- das 2. Chakra im Bereich des Kreuzbeins in leuchtendem Orange
- das 3. Chakra im Bereich des Magens strahlt intensiv Sonnengelb
- das 4. Chakra inmitten der Brust leuchtet in sanftem Grün
- das 5. Chakra im Bereich des Kehlkopfs in hellem Himmelblau
- das 6. Chakra zwischen den Augenbrauen erstrahlt in Indigoblau
- das 7. Chakra am Schädeldach ist in violettes Licht getaucht

Wenn Sie alle sieben Chakras wie kleine Sonnen entlang Ihrer Körperachse aufgereiht vor Ihrem inneren Auge sehen, legen Sie eine kurze Pause ein und vertiefen sich in das Gefühl, dass diese Energiewirbel Sie beständig mit neuer Lebensenergie versorgen. Dann beginnen Sie damit, die Chakras der Reihe nach zu schließen. Beginnen Sie diesmal mit dem 7. Chakra:

– Konzentrieren Sie sich auf das jeweilige Chakra und auf den strahlenden Glanz seiner Farbe.

– Sagen Sie dann in Gedanken die Worte: »Ich schließe dieses Chakra für alle negativen Energien. Nur positive Energie kann zu ihm vordringen.«

– Stellen Sie sich vor, wie sich eine schützende, transparente Hülle aus weißem Licht um die farbige Kugel des Chakras legt und sein Strahlen leicht dämpft. Dieses Chakra ist jetzt geschützt, und Sie können zum nächsten Chakra übergehen.

– Sobald alle Chakras auf diese Weise geschützt sind, formulieren Sie in Gedanken den Satz: »Alle meine Chakras sind geschützt und sicher. Nur gute Energien können zu ihnen vordringen.«

– Dann atmen Sie einige Male tief durch, kehren aus der meditativen Versenkung zurück und öffnen langsam Ihre Augen.

Einzelne Chakras schützen

Haben Sie entdeckt, dass Sie akut den Angriffen eines bestimmten Typs von menschlichem Energie-Vampir ausgesetzt sind? Dann ist es sehr hilfreich, wenn Sie gezielt das von diesem Vampir-Typ bevorzugt angegriffene Chakra abschirmen – so können Sie besonders effektiv Ihre Energiereserven schützen und den lästigen Plagegeist schnell abwimmeln. Dafür benutzen Sie die Vorstellung von den Chakras als vielblättrige Lotosblüten, die der hinduistischen Überlieferung entstammt und die Chakras auf sehr naturverbundene Weise charakterisiert:

Das Schließen der Chakra-Blüten

Chakra	Anzahl der Blütenblätter	Farbe
1. Chakra	Vier Blütenblätter	Rot
2. Chakra	Sechs Blütenblätter	Orange
3. Chakra	Zehn Blütenblätter	Sonnengelb
4. Chakra	Zwölf Blütenblätter	Grün
5. Chakra	Sechzehn Blütenblätter	Himmelblau
6. Chakra	Zwei Blütenblätter	Indigoblau
7. Chakra	Tausend Blütenblätter	Violett

Die grundlegende Übung bleibt bei den verschiedenen Chakras immer gleich:

– Legen Sie sich an einem ungestörten Ort bequem auf den Rücken, strecken Sie die Arme neben dem Körper aus und schließen Sie die Augen.

– Atmen Sie tief und langsam und stellen Sie sich das betreffende Chakra als weit geöffnete Blüte vor, die in der Farbe des Chakras erstrahlt. Diese Blüte pulsiert sanft im Rhythmus Ihres Atems, während das Chakra Sie mit einem beständigen Strom an Lebensenergie versorgt.

– Stellen Sie sich nun vor, wie Sie eine schützende Kuppel aus Kristall über diese Blüte legen, und sprechen Sie dabei in Gedanken die Worte: »Ich schütze dieses Chakra und verwehre allen Energieräubern den Zugriff darauf.«

– Beobachten Sie, wie sich bei diesen Worten die Blütenblätter der Chakra-Blüte kurz schließen und danach langsam wieder zu ihrer ursprünglichen Form zurückkehren.

– Verinnerlichen Sie das Gefühl dieses Schutzes noch einige Augenblicke. Dann kehren Sie aus der meditativen Versenkung zurück und öffnen langsam Ihre Augen.

Dieses »Schließen der Blütenblätter« wird jetzt in Zukunft ganz automatisch ablaufen, wenn ein Energie-Vampir dieses Chakra angreifen will – und ihn so zuverlässig fernhalten.

Schutzzeichen gegen Energie-Vampire

Der Gebrauch schützender Zeichen ist so alt wie die Menschheit selbst – schon unsere frühesten Vorfahren benutzten besondere Symbole, um magische Rituale zu verstärken und alle Arten von bösen Geistern abzuwehren. Auch heute noch verfügen alle Naturvölker über einen umfassenden Schatz an Schutzzeichen und anderen Symbolen, mit deren Hilfe sie den Einfluss feinstofflicher Energien auf ihr Leben zu lenken versuchen. Solche Schutzzeichen können wirkungsvoller sein als tausend Worte – und sie eignen sich hervorragend zur Abwehr unangenehmer Energieräuber.

Amulette und Talismane

Amulette und Talismane werden weltweit dazu eingesetzt, den Schutz wohlwollender Mächte für ihren Träger anzurufen und böse Mächte von ihm fernzuhalten. Vieles, was wir nur als Schmuck kennen oder tragen, hat eigentlich eine tiefere spirituelle Bedeutung, die mehr und mehr in Vergessenheit geraten ist: Ketten und Anhänger aus bestimmten Steinen oder Muscheln, verschlungene keltische Muster, in Gold gegossene Gesichter von Göttern oder Dämonen oder in Anhänger gravierte Schutz- und Segenssprüche sind dafür nur einige Beispiele.

Symbole, die seit Hunderten oder gar Tausenden von Jahren zum Schutz vor verschiedensten bösen Mächten gedient haben, können diese Schutzwirkung auch dann entfalten, wenn man sie bewusst zur Abwehr lästiger Energie-Vampire einsetzt. Die Voraussetzung dafür ist allerdings, dass Sie ein Amulett oder einen Talisman nicht nur als Schmuckstück tragen, sondern ihn auch wirklich bewusst mit dieser Schutzwirkung aufladen.

Dafür müssen Sie den Gegenstand zunächst einmal energetisch reinigen – am besten mit einer kleinen Räucherzeremonie. Sie benötigen dafür eine feuerfeste Schale, Räucherkohle und etwas Weihrauch, Salbei oder ein anderes reinigendes Räucherwerk.

– Entzünden Sie die Kohle, lassen Sie sie durchglühen und geben Sie das Räucherwerk darauf.

– Warten Sie einem Moment, bis der Rauch gleichmäßig aufsteigt.

– Dann halten Sie das Amulett nahe an die Rauchsäule und fächeln mit einer großen Feder oder Ihrer Hand von allen Seiten Rauch darüber: von vorne, von rechts, von hinten, von links, von oben und von unten.

Wenn Sie die Reinigung beendet haben, können Sie das Räucherwerk weiterglimmen lassen, um eine besondere Atmosphäre für das Aufladen Ihres Amuletts zu schaffen.

– Setzen Sie sich dafür bequem im Lotos- oder Schneidersitz hin, nehmen Sie das Amulett in die rechte Hand und legen Sie Ihre rechte Hand leicht geöffnet in Ihre linke Hand, sodass beide Hände eine Schale bilden.

– Schließen Sie die Augen, richten Sie Ihren Blick nach innen und konzentrieren Sie sich auf den Gegenstand in Ihrer Hand.

– Machen Sie sich seine Aura bewusst und die schützende Ausstrahlung, die er allein schon durch das gewählte Symbol oder Material besitzt.

– Dann sprechen Sie drei Mal leise oder in Gedanken die Worte: »Dieses Amulett schützt mich von nun an vor allen Energieräubern!« Legen Sie Ihre ganze Entschlossenheit in diese Worte, und spüren Sie, wie das Amulett mit jeder Wiederholung eine stärkere Ausstrahlung bekommt.

– Dann lassen Sie die Zeremonie noch einen Moment lang nachwirken und vertiefen sich in das Gefühl des Beschütztseins, das die Gegenwart des Amuletts nun in Ihnen hervorruft.

Die besten Schutz-Symbole

Symbole, die schon seit langer Zeit von vielen Menschen mit immer derselben Bedeutung verwendet werden, haben besonders starke, universelle Wirkungen. Die Verwendung mancher ägyptischer, germanischer oder keltischer Symbole hat sich nicht umsonst bis in unsere heutige Zeit erhalten: Diese Symbole blicken auf eine lange Geschichte zurück, die ihre Bedeutung tief verankert hat. Unter den folgenden, weit verbreiteten Symbolen finden sich daher auch einige der besten Schutz-Symbole gegen Energie-Vampire:

Der Dreifache Knoten ist ein altes europäisches Symbol, das mindestens bis in keltische Zeit zurückreicht. Ebenso wie andere Symbole mit drei Ausläufern wie beispielsweise die Dreifache Spirale gilt er als Schutz-Symbol der Naturgöttin in ihrer Dreigestalt von Jungfrau, Mutter und Alter Frau, die sich unter verschiedenen Namen und in verschiede-

ner Gestalt bis heute sogar in der christlichen Heiligenverehrung wiederentdecken lässt. Diese Symbole verwirren schädliche Kräfte und binden sie – und können so den Angriff von
Energie-Vampiren wirkungsvoll entkräften.

Thors Hammer entstammt der nordischen Mythologie
und ist unter vielen Anhängern neuzeitlicher heidnischer
Bewegungen immer noch ein beliebtes Schutzsymbol. Thor war
nicht nur der Gott von Blitz und Donner, als der er auch heute
noch weithin bekannt ist, sondern auch der Schutzgott aller
Krieger. Sein Hammer *Mjölnar*, der trifft, wohin man ihn auch
wirft, alles im Wege stehende zermalmt und immer wieder zu
seinem Besitzer zurückkehrt, symbolisiert eine starke Abwehr-
kraft und gewährleistet seinem Träger Führung und Schutz.

Das Pentagramm ist heute vor allem als Symbol des
modernen Hexenkultes bekannt. Es wird in Filmen
und Büchern zwar häufig als Dekoration satanischer Riten benutzt, aber sein Ursprung liegt weit vor der Entstehung der
Vorstellung des Teufels. Seine fünf Spitzen versinnbildlichen
die fünf Elemente (Wasser, Feuer, Erde, Luft und Äther), die
fünf Sinne des Menschen, aber auch die menschliche Gestalt
mit Kopf, Armen und Beinen. Das Pentagramm kann zwar
auch dazu verwendet werden, neue Kräfte oder Geister herbei-
zurufen, aber darüber hinaus wurde es auch schon immer eingesetzt, um böse Mächte zu bannen und im übertragenen
Sinne alle »Türen« zu schließen. Das Symbol eignet sich daher
hervorragend, wenn es darum geht, Energie-Vampiren den Zugang zu Ihrer Lebensenergie zu verwehren.

 Das Horusauge, das manchmal auch Auge des Ra genannt wird, entstammt der ägyptischen Mythologie.

Horus, der Sohn von Isis und Osiris, wird häufig mit Kopf und Flügeln eines Falken dargestellt und galt als großer Beschützer und rächender Kriegsgott. Sonne und Mond waren seine Augen. Das eine Auge – der Mond – wurde im Kampf gegen seinen Widersacher Seth zerstört und danach vom Gott Thot wieder geheilt. Dieses geheilte Auge ist seitdem ein Symbol von Horus' Macht und stellt seinen Träger unter dessen Schutz. Auch der Sonnengott Ra wurde häufig mit dem Kopf eines Falken dargestellt. Seine Bedeutung ist eng verbunden mit der Bedeutung von Horus, und das Augen-Symbol wird auch unter seinem Namen als mächtiges Schutz-Symbol verwendet.

Das Ankh, auch (ägyptisches) Henkelkreuz genannt, ist das alte ägyptische Symbol des Lebens. Es symbolisiert unter anderem die Vereinigung von Isis und Osiris und findet sich in einer Vielzahl von Grabinschriften und Abbildungen von Göttern und Pharaonen. Als Amulett diente es auch dazu, schädliche Einflüsse von seinem Träger fernzuhalten, daher eignet es sich gut als Schutz-Symbol gegen Energie-Vampire. Darüber hinaus ist es ein Ausdruck der Symbolik des Kreuzes, deren Bedeutung ich Ihnen im folgenden Abschnitt genauer erläutern möchte – denn das Kreuz ist auf jeden Fall eines der wirkungsvollsten Schutz-Zeichen gegen alle Energie-Vampire.

Die Symbolik des Kreuzes

Schon Graf Dracula und seine blutsaugenden Verwandten reagierten äußerst allergisch auf das Zeichen des Kreuzes, und bei energieraubenden Vampiren ist seine Wirkung ähnlich stark. Obwohl das Kreuz *das* Symbol der christlichen Religion schlechthin ist, ist die symbolische Verwendung von Kreuzen viel älter als das Christentum, wie schon die Existenz des ägyptischen Henkelkreuzes zeigt. Dies liegt daran, dass die Kreuzform ein Sinnbild für etwas ganz Besonders ist: für einen göttlichen Moment, in dem sich die zeitliche Ebene mit der göttlichen Ebene kreuzt und der Mensch einen Augenblick der Erleuchtung und der Verbindung mit der höheren Wirklichkeit der feinstofflichen Ebenen erfahren kann.

Dass das Kreuz sich als nahezu universales und überaus wichtiges Symbol dieses göttlichen Moments verbreiten konnte, liegt an seiner Einfachheit: Einfacher als durch eine horizontale Linie für die zeitliche Ebene und damit das normale (Er-)Leben des Menschen und eine vertikale Linie für die göttliche Ebene höherer Dimensionen, die diese zeitliche Ebene durchdringen, lässt sich dessen Essenz nicht darstellen.

Dabei spielt es nur eine untergeordnete Rolle, in welcher Weise man das Kreuz darstellt – ob in Form eines lateinischen Kreuzes mit verlängerter Basis (das Passionskreuz der katholischen Kirche), eines griechischen Kreuzes mit vier gleichlangen Armen, eines Antonius- oder Taukreuzes in T-Form oder eines keltischen Kreuzes, bei dem das eigentliche Kreuz durch einen Kreis um seine Mitte ergänzt wird. Obwohl alle diese Darstellungen die Symbolik um bestimmte Aspekte ergänzen, bleibt die grundlegende Bedeutung immer gleich.

Die Schutzwirkung des Kreuzes ergibt sich daraus, dass es seit Jahrtausenden als schützendes Symbol von unzähligen Menschen getragen wurde und daher besonders stark mit dieser Bedeutung aufgeladen ist. In Augenblicken bewusster Gottesgegenwart können Energie-Vampire niemals Schaden anrichten, weil durch die Verbindung mit dem Göttlichen beziehungsweise der feinstofflichen Ebene so viel Energie verfügbar ist, dass man auch den Angriff des stärksten Energiesaugers unbeschadet übersteht.

Orte schützen mit Feng Shui

Auch im Feng Shui werden Schutzzeichen verwendet, die einen Ort vor schädlichen Energien und anderen Belastungen bewahren sollen. Diese Symbole schaffen im Haus einen geschützten Bereich, in dem kein Energie-Vampir sein auslaugendes Treiben ausüben kann.

■ **Tierfiguren** können ein ganzes Haus oder eine Wohnung schützen, indem man sie paarweise links und rechts der Eingangstür aufstellt. Natürlich wirken sie am besten vor der Tür, aber notfalls können sie auch noch kurz hinter der Tür den Flur bewachen. In China werden dafür bevorzugt Drachen aus Jade verwendet (die Jade verleiht den Figuren eine zusätzliche Schutzwirkung) oder aber chinesische »Löwen«, so genannte Fu-Hunde, die wie eine Mischung aus Hund und Löwe aussehen. Sie beschützen das Haus oder die Wohnung vor allen unerwünschten Energien, neutralisieren negative Kräfte und wehren Angriffe auf die Bewohner ab, also auch die Angriffe lästiger Energie-Vampire (solange Sie diese nicht selbst in Ihre Wohnung bitten!).

Interessanterweise habe ich solche »Torwächter« auch auf meinen Reisen durch Europa vor den Eingängen von Palästen, Stadthäusern und Landsitzen gesehen, meist in Form sitzender Löwen. Obwohl diese Löwen meist wohl nur als dekoratives Element gedacht sind, gehen sie in ihren frühesten Ursprüngen sicher ebenfalls auf spirituelle Schutzmaßnahmen zurück.

■ **Spiegel** werden im Feng Shui zwar häufig eingesetzt, aber man sollte ihre Verwendung gut dosieren. Sie verteilen die Energie, indem sie sie in verschiedene Richtungen spiegeln, und regen dadurch den Energiefluss ganz allgemein an – wer in seinem Schlafzimmer wirklich zur Ruhe kommen will, sollte daher dort zumindest auf die Verwendung großer Spiegel verzichten!

Spiegel eignen sich jedoch gut dafür, örtliche Energielöcher durch eine bessere Energieverteilung unschädlich zu machen und negative Energien zurückzuwerfen. So kann man mit richtig platzierten Spiegeln den Energiefluss auch in die Winkel lenken, die sonst zu wenig Chi abbekommen würden; oder man kann die »Energiepfeile« abwehren, die von der spitzen Fassade des gegenüberliegenden Hauses auf unseren Arbeitsplatz gelenkt werden. An der Tür des Badezimmers oder über der Spüle in der Küche sorgen kleine Spiegel dafür, dass die Energie nicht ungehindert durch die Abflüsse aus der Wohnung verschwindet.

Darüber hinaus werden Spiegel dazu eingesetzt, die Bewohner des Hauses vor negativen Energien zu schützen, indem man sie in dem Bereich des *Ba Gua* einsetzt, der für Familie und Gesundheit steht (das mittlere Drittel der linken Seite eines Grundrisses). Dort dienen sie konkret der Abwehr negativer äußerer Einflüsse auf alle Menschen, die das Haus bewohnen.

Solche zu Schutzzwecken eingesetzten Spiegel haben meist keine herkömmliche rechteckige oder runde Form, sondern sind stattdessen achteckig, um die Lebensenergie gleichmäßig in die acht äußeren Bereiche des *Ba Gua* zu verteilen.

■ **Mobiles** aus Tierfiguren oder geschliffenen Glaskristallen dienen im Feng Shui nicht zur Beruhigung kleiner Kinder, sondern vielmehr dazu, Energiefallen und Energielöcher wirksam zu beseitigen (obwohl es auch viel Energie spart, wenn Sie ein quengelndes Kleinkind mit einem bunten Mobile ablenken und beruhigen können ...). Nach Feng Shui verteilt ein Mobile die wichtige Lebensenergie gleichmäßig im ganzen Raum und sorgt so dafür, dass alle Bereiche darin immer genug neue Energie erhalten. Tote Winkel und andere Energielöcher, die durch einen ungünstigen Grundriss oder andere belastende Faktoren entstehen, werden so ausgeglichen oder wenigstens abgemildert.

Außerdem eignen sich Mobiles ebenfalls sehr gut dazu, die negative Wirkung spitzer Ecken und Kanten zu neutralisieren, die auf einen Schlaf- oder anderen Aufenthaltsplatz weisen. Dafür wird das Mobile einfach vor der betreffenden Ecke aufgehängt – dann zerstreut es deren gebündelte »Energiepfeile« so, dass sie keinen Schaden mehr anrichten können.

Natürlich ist ein quietschbuntes Mobile aus dem Kinderladen bei weitem kein so guter Schutz vor unheimlichen Energieräubern wie ein Mobile, das extra zu diesem Zweck angefertigt wurde: Hier macht sich bemerkbar, ob der Gegenstand mit der Absicht hergestellt wurde, Schutz vor schädlichen Energien zu schenken oder eben einfach nur das Auge abzulenken. Am wirkungsvollsten sind Mobiles aus Naturmaterialien, vor allem, wenn sie schützende Tiere wie Hunde, Löwen oder Drachen darstellen. Geschliffene Glaskristalle eignen sich ebenfalls sehr gut zum Schutz vor Energie-Vampiren, da sie besonders viel Energie im Raum verteilen und negative Energien in positive transformieren können.

Es muss nicht immer Knoblauch sein

Erinnern Sie sich an die Abneigung der meisten Hollywood-Vampire gegen den Geruch der Knoblauch-Knolle? Wenn die dabei eingesetzten Knoblauchkränze und -zöpfe echt waren, muss es an manchem Film-Set schlimmer gerochen haben als in einer Gyros-Bude ...

Energie-Vampire sind mit Knoblauch allerdings nur sehr selten in die Flucht zu schlagen – höchstens die menschliche Sorte können Sie mit einem gezieltem Knoblauch-Konsum auf Distanz halten. Aber wer will dafür schon täglich seine Geschmacksknospen mit Knoblauch in rauen Mengen traktieren? Obwohl ich Knoblauch gelegentlich ganz gerne mag, habe ich zum Glück herausgefunden, dass Energie-Vampire sich mit anderen Düften viel angenehmer in die Flucht schlagen lassen – nämlich mit der Hilfe von ätherischen Ölen.

Die Aromatherapie bietet uns einige hervorragende Hilfsmittel an, mit denen wir unsere energetischen Abwehrkräfte steigern und einen unsichtbaren Schutz gegen potentielle Energieräuber schaffen können.

Gegenüber der »Knoblauchtherapie« hat die Arbeit mit ätherischen Ölen einige entscheidende Vorteile:

— Die Düfte sind angenehm und schlagen nicht gleich auch unsere Liebsten mit in die Flucht.

— Sie sind einfach anzuwenden.

— Die Wirkung der Düfte setzt nicht beim Energie-Vampir an, sondern bei uns, indem sie unsere Aura reinigen und stärken, uns fest in unserer inneren Mitte verankern und verborgene Abwehrkräfte wecken.

— Sie können gezielt Düfte für jedes einzelne Chakra auswählen und so die Angriffe bestimmter menschlicher Vampir-Typen besonders effektiv abwehren.

Die Grundlagen der Aromatherapie

Die Aromatherapie ist keine Erfindung unserer Zeit, sondern beruht auf jahrtausendealten Erfahrungen, die die alten Ägypter, Griechen und Araber gesammelt haben. Auch aus China und Indien ist bekannt, dass die Verwendung aromatischer Substanzen seit jeher in der Heilkunst von großer Bedeutung war.

Düfte sprechen uns auf eine Weise an, deren Direktheit kein anderer Sinn erreicht. Der Geruch von frisch gebackenem Apfelkuchen kann Sie im Nu in Ihre Kindheit zurückversetzen, Gerüche nach Desinfektionsmitteln lassen einen sofort ans Krankenhaus oder unseren Zahnarzt denken und unzählige andere Düfte rufen sofort bestimmte Erinnerungen und Emotionen wach, ohne dass wir uns dagegen zur Wehr setzen könnten.

Düfte wirken jedoch nicht nur auf geistiger und emotionaler Ebene, sie können auch auf direktem Wege unseren feinstofflichen Energiekörper beeinflussen. Daher eignen sie sich so gut dafür, unsere energetischen Abwehrkräfte zu aktivieren und uns immun gegen den Angriff störender Energiesauger zu machen.

Um Düfte zur Abwehr von Energie-Vampiren einzusetzen, benötigen Sie nur wenig Zubehör. Zuhause können Sie ätherische Öle einfach in einer Duftlampe einsetzen, die in vielen Häusern sowieso schon einen festen Platz gefunden hat. Für unterwegs können Sie das ätherische Öl entweder auf ein Tuch getropft bei sich tragen, sodass Sie seinen Duft gerade noch erahnen können, oder Sie tragen es mit Basisöl verdünnt auf die Haut auf, zum Beispiel an den Handgelenken.

Bevor Sie ätherische Öle auf der Haut einsetzen, sollten Sie unbedingt einen Allergietest machen! Geben Sie dazu 2 Tropfen des ätherischen

Öls auf 1 Teelöffel Basisöl (beispielsweise Mandelöl) und tragen Sie die Mischung auf die empfindliche Haut in der Ellenbeuge auf. Sollte es hier zu Rötungen oder Juckreiz kommen, dürfen Sie dieses ätherische Öl nur über den Geruchssinn aufnehmen oder sollten eine andere Essenz wählen. Bei Hautproblemen, starken Allergien und in der Schwangerschaft sollten ätherische Öle grundsätzlich nur nach Absprache mit einem Arzt oder Aromatherapeuten im Bereich der Haut eingesetzt werden.

In der Duftlampe reichen für einen Wohnraum normaler Größe in der Regel schon fünf Tropfen eines ätherischen Öls, damit sich seine Wirkung zeigt – es genügt, wenn der Duft sanft wahrnehmbar ist. Wenn Sie den Duft auf der Haut tragen möchten, empfehle ich Ihnen zum Verdünnen Mandel- oder Distelöl als Basisöl, da diese Öle zusätzlich abwehrend wirken. Es eignet sich aber auch jedes andere natürliche, hochwertige Basisöl, das keinen zu starken Eigengeruch hat. Verwenden Sie pro 10 ml des Trägeröls 2 bis 3 Tropfen ätherisches Öl. Am besten mischen Sie nicht mehr als 30 ml auf Vorrat, da die Wirkung des Duftes bei längerer Lagerung nicht mehr so stark ist.

Verwenden Sie nur natürliche ätherische Öle aus biologischem Anbau oder aus kontrollierten Wildsammlungen — nur sie übertragen neben den Duftmolekülen auch die feinstofflichen Schwingungen der Ursprungspflanzen und haben somit positive Wirkungen auf unser Energiesystem. Synthetisch hergestellte Öle (dazu gehören auch die so genannten »naturidentischen« Öle!) sind billiger, aber für die Abwehr von Energie-Vampiren leider nicht zu gebrauchen.

Die Chakras mit Aromen stärken

Einer der großen Vorteile von ätherischen Ölen ist der, dass Sie mit ihnen gezielt jedes einzelne Chakra stärken können. Jedes Chakra reagiert auf bestimmte Düfte besonders gut: Eventuelle Schwächen oder Störungen werden beseitigt, der Energiefluss stabilisiert sich und das Chakra wird weniger anfällig für Angriffe von außen. Neben der Anwendung in der Duftlampe oder als Hautöl können Sie die Düfte dabei auch in Bademischungen oder als Massageöl einsetzen – lassen Sie sich einfach von Ihrer inneren Stimme leiten. Sie wird Ihnen auch sagen, welcher der verschiedenen Düfte für ein bestimmtes Chakra Ihnen besser behagt und damit auch besser für den Schutz vor Energie-Vampiren geeignet ist. Da die ätherischen Öle auf jeden Fall eine positive Wirkung auf Ihre Aura haben, dürfen Sie dabei auch gerne experimentieren.

Die besten ätherischen Öle für jedes Chakra

Chakra	ätherisches Öl	Duftnote	psychische Wirkung
1. Chakra	Zypresse	aromatisch-süß	stärkend, löst Blockaden
	Rosmarin	frisch-würzig	anregend, erneuernd
2. Chakra	Sandelholz	süßlich-holzig	reinigend, beruhigend
	Myrrhe	holzig-warm	klärend, sensibilisierend

Chakra	ätherisches Öl	Duftnote	psychische Wirkung
3. Chakra	Lavendel	aromatisch-herb	beruhigend, klärend
	Anis	würzig-süß	entspannend, reinigend
4. Chakra	Rose	blumig-lieblich	tröstend, erotisierend
	Estragon	würzig-feurig	löst Blockaden, öffnend
5. Chakra	Eukalyptus	anregend-frisch	anregend, verleiht Zuversicht
	Pfefferminze	frisch-würzig	erfrischend, ausgleichend
6. Chakra	Cajeput	anregend-frisch	entscheidungs-fördernd
	Veilchen	blumig-lieblich	stimmt freudig, optimistisch
7. Chakra	Rosenholz	süßlich-herb	verhilft zur Neuorientierung
	Weihrauch	durchdringend-herb	erhebend, beruhigend

Reinigende Düfte

Ätherische Öle eignen sich nicht nur zum Stärken der Chakras, sie sind auch hervorragend dafür geeignet, unsere Aura oder unser Zuhause von energieräuberischen Elementalen zu reinigen und unerwünschte Einflüsse zu beseitigen. Da diese Wirkung für die Abwehr situativer und örtlicher Energie-Vampire besonders wichtig ist, möchte ich Ihnen die entsprechenden Düfte hier noch einmal genauer vorstellen. Falls Sie den konkreten Verdacht haben, dass Sie ein Energie-Vampir-Elemental plagt oder sich vielleicht sogar in Ihren vier Wänden niedergelassen hat, sollten Sie die Wirkung der Düfte mit einer gezielten Visualisierung verbinden:

Energie-Vampir-Elementale lösen

Entzünden Sie die gut gereinigte Duftlampe und geben Sie 5 bis 10 Tropfen eines reinigenden ätherischen Öls hinein. Lassen Sie sich dann im Lotos- oder Schneidersitz nieder, schließen Sie die Augen und konzentrieren Sie sich auf Ihren Atem.

– Atmen Sie langsam und tief, bis Sie den Duft des ätherischen Öls wahrnehmen und ihn ganz in sich aufgenommen haben.

– Rufen Sie dann vor Ihrem inneren Auge ein Bild der belastenden Situation oder des belasteten Ortes hervor.

– Nun geben Sie dem dazugehörigen Energie-Vampir ein Gesicht, indem Sie es sich als Wesen mit mehr oder weniger menschlicher Gestalt vorstellen, das sowohl die Situation bzw. den Ort als auch Ihre Reaktion darauf möglichst treffend charakterisiert. Lassen Sie Ihrer Fantasie dabei freien Lauf und wählen Sie ein möglichst stimmiges Bild. An einem energieraubenden Ort kann es etwas schwieriger sein, auf Anhieb ein passendes Bild zu finden, aber notfalls können Sie sich das betreffende Elemental dort auch als dunkle Wolke oder als Schatten einer Person vorstellen.

– Machen Sie sich nun erneut den Duft aus Ihrer Duftlampe bewusst und beobachten Sie, wie das nunmehr personifizierte Elemental von feinen Wolken dieses Duftes umgeben wird.

– Dann wenden Sie sich an das Elemental und sagen ihm, dass seine Anwesenheit hier nicht länger erwünscht ist und dass es Zeit ist, dass es Sie oder den betroffenen Ort verlässt.

– Stellen Sie sich dabei vor, wie die feinen Duftwolken das Wesen umgeben und es dabei langsam immer durchsichtiger wird. Beobachten Sie, wie die ätherischen Duftwolken die im Elemental gefangenen, negativen Emotionen zerfallen lassen und wie das Elemental sich daraufhin allmählich in reine Luft auflöst.

– Genießen Sie es, wie erleichtert und befreit Sie sich danach fühlen, und lassen Sie sich bewusst vom reinigenden Duft des ätherischen Öls durchdringen. Sprechen Sie dann ein Wort des Dankes: »Danke, dass dieses Elemental sich nun gelöst hat.«

Lassen Sie den Duft dann noch einige Atemzüge weiter auf sich wirken und kehren Sie abschließend langsam aus der inneren Versenkung zurück, bevor Sie Ihre Augen öffnen.

Die besten Düfte zur energetischen Reinigung

Die folgenden ätherischen Öle eignen sich besonders gut zur Reinigung Ihrer Aura oder Ihres Zuhauses. Die Reinigung der Aura können Sie zusätzlich unterstützen, indem Sie das ätherische Öl auch in starker Verdünnung als Körperöl oder in einer Bademischung verwenden.

– **Lavendel** eignet sich nicht nur zum Stärken des 3. Chakras, sondern auch hervorragend zur Reinigung der Aura. Sogar gesamte Räume lassen sich mit diesem universellen Duft reinigen und vor negativen Energien schützen.

– **Nelke** besitzt besonders starke Schwingungen, die unerwünschte Kräfte wirkungsvoll vertreiben. Nelkenöl eignet sich daher sehr gut dafür, auch stark belastete Räume zu reinigen und vor neuen Belastungen zu schützen.

– **Salbei** wurde schon bei den alten Römern und den Indianern Amerikas als Heilmittel und reinigendes Räucherwerk hoch geschätzt. Er wirkt auf die Aura wie frischer Wind, der alle energetischen Schmarotzer schnell hinwegfegt.

– **Wacholder** besitzt eine stark klärende und reinigende Wirkung. In früheren Zeiten wurde es nicht umsonst von Heilern zur Bekämpfung von Seuchen als Räuchermittel eingesetzt.

– **Zedernholz** war eines der ersten Öle, die durch Destillation hergestellt werden konnten. Die erfrischende Essenz vertreibt zuverlässig energetische Störungen aus der Aura von Personen und belasteten Orten, und es verhindert darüber hinaus das Eindringen neuer schädlicher Einflüsse.

Räucher-Zeremonie

Die Verwendung ätherischer Öle ist nicht die einzige Möglichkeit, wie man den Duft besonderer Pflanzen dazu verwenden kann, Energie-Vampire abzuwehren und zu vertreiben. Vermutlich viel älter ist das Räuchern, bei dem man getrocknete Pflanzenteile oder Holzspäne zum Glimmen bringt, um mit dem Rauch auch ihre feinstofflichen Energien freizusetzen. Die Energie des Räucherwerks wird beim Verbrennen intensiviert. Daher ist seine Wirkung genauso stark wie die Wirkung der destillierten ätherischen Öle, die immerhin die Essenz ihrer Ursprungspflanzen darstellen.

Die energetische Wirkung von Räucherwerk verbreitet sich zwar wesentlich weiter als der Rauch selbst, trotzdem empfiehlt es sich, Personen oder Räume möglichst von allen Seiten mit Rauch zu befächern, da die Wirkung im Rauch selbst doch am stärksten ist. Daher sollten Sie beim Räuchern einen Fächer oder eine Feder zur Hand haben, um den Rauch gleichmäßiger zu verteilen, als dies mit der Hand möglich wäre. Durch Pusten sollte der Rauch auf keinen Fall verteilt werden.

Darüber hinaus benötigen Sie eine feuerfeste Schale, Räucherkohle und natürlich vor allem das Räucherwerk selbst. Ursprünglich brannte man das Räucherwerk zwar ohne Räucherkohle an und hielt es mit viel Aufmerksamkeit am Glimmen, aber die Kohle vereinfacht das Räuchern, vor allem bei Hölzern oder Harzen.

– Legen Sie die Räucherkohle in die Schale, zünden Sie sie an und warten Sie, bis sie durch und durch glimmt. Nehmen Sie dann etwas Räucherwerk, geben Sie es auf die Räucherkohle, und warten Sie einen Moment ab, bis der Rauch gleichmäßig aufsteigt. Stellen Sie die Schale auf einem Tisch auf eine feuerfeste Unterlage und nehmen Sie den Fächer oder die Feder in die rechte Hand, stellen Sie sich aufrecht hin und richten Sie Ihren Blick nach innen.

– Konzentrieren Sie sich auf die reinigende Kraft und den Geruch Ihres Räucherwerks, und beginnen Sie nun damit, den Rauch zu verteilen. Wenn Sie mit der Räucherung Ihre eigene Aura reinigen wollen, ziehen Sie den Rauch mit Hilfe von Fächer oder Feder über Ihren gesamten Körper. Beginnen Sie bei den Füßen und befächern Sie zuerst die Vorderseite Ihres Körpers von unten nach oben mit Rauch. Am Kopf angekommen, drehen Sie sich mit dem Rücken zum Rauch und verteilen den Rauch so gut wie möglich von oben nach unten auch über die

Rückseite Ihres Körpers. Vergessen Sie nicht, auch Ihre Arme in die Räucherung mit einzubeziehen.

– Um einen Raum zu räuchern, empfiehlt es sich, vorher ebenfalls zunächst die eigene Aura wie oben beschrieben zu reinigen.

– Danach nehmen Sie die Schale in die Hand (falls sie heiß ist, sollten Sie ein dickes Tuch unterlegen) und ziehen dann langsam eine Runde durch den Raum, wobei Sie den Rauch mit Fächer oder Feder in die Ecken und entlang der Wände vom Boden bis zur Decke verteilen. Beginnen und beenden Sie diese Runde an der Tür. Sie müssen nicht jedes einzelne Stückchen Wand mit Rauch bedenken, was zählt, ist vielmehr, dass Sie geistig die gesamte Ausdehnung des Raumes in die Räucherung einbeziehen.

– Zum Abschluss gehen Sie in die Mitte des Raumes und fächern etwas Rauch nach oben zur Decke und nach unten zum Boden. Danach können Sie die Schale mit Räucherwerk zum Ausglimmen beiseite stellen.

Bewährte Räuchermittel zur energetischen Reinigung

Die folgenden Räuchermittel eignen sich besonders gut zur energetischen Reinigung vom Einfluss aller Energie-Vampire. Sie können sie einzeln verwenden oder zu einer Räuchermischung kombinieren, indem Sie kleine Mengen davon gründlich miteinander vermischen.

– **Copal** ist ein aus Südamerika stammendes Harz, das von den Schamanen Süd- und Mittelamerikas wegen seiner reinigenden und schützenden Eigenschaften sehr geschätzt wird.

– **Myrrhe** wird auch von der katholischen Kirche schon seit Jahrhunderten als Räucherwerk eingesetzt. Während es als ätherisches Öl vor allem das 2. Chakra schützt, tritt beim Räuchern seine reinigende, klärende Wirkung stärker hervor.

– **Salbei** ist mit seinen verschiedenen Arten auf der ganzen Welt als Räucherwerk verbreitet. Diese besitzen jedoch alle sehr ähnliche Eigenschaften und eine nahezu gleichstarke reinigende Wirkung. Kräuter wie Salbei sollten vor der Räucherung prinzipiell sehr gründlich getrocknet werden.

– **Weihrauch** wurde ebenfalls wegen seiner reinigenden und die Seele öffnenden Wirkung schon früh von der katholischen Kirche eingesetzt. Als ätherisches Öl schützt er vor allem das 7. Chakra, aber als Räucherwerk bekämpft es alle Arten von heimlichen Energie-Schmarotzern.

– **Zedernholz** eignet sich als Räucherwerk ebenso hervorragend zur energetischen Reinigung wie als ätherisches Öl – Sie können sich also aussuchen, in welcher Form Sie es lieber einsetzen möchten.

Die Kraft der Heilsteine

Die Vorstellung, dass bestimmte Steine heilende Kräfte haben, zieht sich wie ein roter Faden durch weite Teile der Menschheitsgeschichte: Von verschiedensten Naturvölkern, den alten Griechen, Römern und Ägyptern und auch aus dem europäischen Mittelalter ist bekannt, dass vor allem Edelsteine nicht nur als Talismane und Fetische, sondern auch als Heilmittel benutzt wurden. Heilsteine besitzen besondere feinstoffliche Energien, die in Verbindung mit der Kraft ihrer Farben tief greifende Wirkungen im menschlichen Energiesystem auslösen können – und diese Wirkungen machen sich dann schließlich auch auf physischer Ebene bei der Heilung von Krankheiten bemerkbar.

Heilsteine sind darüber hinaus jedoch auch ein hervorragendes Mittel zum Schutz vor Energie-Vampiren. Dies liegt unter anderem daran, dass bestimmte Heilsteine die verschiedenen Chakras ansprechen und stärken. Heilsteine eignen sich daher ideal zur Abwehr der verschiedenen menschlichen Vampir-Typen. Mit ihnen können Sie – wie mit den Düften aus dem vorigen Kapitel – den Energiefluss im jeweils angegriffenen Chakra stabilisieren und es gegen alle äußeren Einflüsse stärken. Darüber hinaus eignen sich Heilsteine aber auch sehr gut, um örtliche Energie-Vampire zu bannen: Ihre Kraft ist stark genug, um einen Platz neu zu energetisieren und Energielöcher und -fallen wirkungsvoll zu beseitigen.

Steine, die die Chakras stärken

Wenn Sie Heilsteine einsetzen, um Ihre Chakras aufzuladen, ist es am besten, die Steine direkt auf der Haut anzuwenden. Natürlich können Sie dafür einfach einen Anhänger aus dem entsprechenden Stein an einer Kette tragen oder ein Armband daraus umlegen. Viel gezielter wirken Heilsteine jedoch, wenn Sie sie in einer kleinen Meditation möglichst nahe am entsprechenden Chakra auf Ihren Körper legen und ihre Kraft bewusst auf sich einwirken lassen.

– Legen Sie sich bequem auf den Rücken (Vorsicht: Beim 1. Chakra sollten Sie auf dem Bauch liegen, um den Stein auf den unteren Rücken legen zu können und beim 7. Chakra aufrecht sitzen, damit Sie den Stein auf dem Scheitel platzieren können – bei allen anderen Anwendungen liegen Sie auf dem Rücken).

– Legen Sie den Stein dann direkt auf die Haut an die entsprechende Stelle (siehe Tabelle), strecken Sie Ihre Arme neben Ihrem Körper aus und schließen Sie die Augen.

– Atmen Sie einige Male tief durch, und konzentrieren Sie sich auf das Energiefeld des entsprechenden Chakras. Lassen

Sie vor Ihrem inneren Auge ein Bild des Chakras als farbig leuchtende Kugel aus Licht entstehen.

- Jetzt bitten Sie darum, dass die Kraft des Heilsteins auf Ihr Chakra übergehen und es gegen alle negativen Einflüsse stärken möge.

- Spüren Sie der Wirkung des Steins noch einige Augenblicke lang nach. Dann atmen Sie ein paar Mal tief durch, öffnen langsam wieder die Augen und beenden die Meditation.

Die besten Heilsteine für jedes Chakra

Chakra	Wo auflegen?	Die besten Heilsteine
1. Chakra	am unteren Rücken, im Bereich des Steißbeins	Rubin, Granat, Hämatit, Karneol
2. Chakra	knapp eine Handbreit unterhalb des Nabels	Koralle, Goldtopas, Feueropal, Hyazinth
3. Chakra	Magenbereich, knapp eine Handbreit über dem Nabel	Bernstein, gelber Jaspis, Citrin, Chrysoberyll
4. Chakra	in der Mitte der Brust	Smaragd, Jade, Rosenquarz, Chrysolith
5. Chakra	direkt unterhalb des Kehlkopfes	Blauer Topas, Aquamarin, Malachit, Chalcedon
6. Chakra	in der Mitte der Stirn, zwischen den Augenbrauen	Lapislazuli, Opal, Blauer Saphir, Türkis
7. Chakra	auf den höchsten Punkt des Kopfes	Diamant, Amethyst, Bergkristall

Lassen Sie sich bei der Auswahl eines Steines von Ihrer Intuition leiten – so finden Sie am besten den Stein, der perfekt zu Ihnen passt. Da jedoch nichts ewig währt, sollten Sie von Zeit zu Zeit überprüfen, ob der betreffende Stein immer noch der ideale Helfer für Sie ist.

Vor und nach dem Gebrauch sollten Sie Heilsteine immer reinigen, indem Sie sie entladen und wieder aufladen, da manche Steine energetische Verunreinigungen aufnehmen und speichern können. In der Regel genügt es, wenn Sie den Stein zum Entladen einige Minuten unter fließendes, klares Wasser halten und ihn danach auf einem Tuch aus reiner Baumwolle trocknen lassen. Zum Aufladen legen Sie ihn danach mindestens eine Stunde in eine Bergkristalldruse. Diese sollten Sie ebenfalls von Zeit zu Zeit unter fließendem Wasser entladen, durch ihre besondere Form lädt sie sich allerdings immer wieder von selbst auf.

Kleine Helfer für Zuhause

Wie schon erwähnt können Sie Heilsteine auch hervorragend dazu einsetzen, bestimmt Orte mit neuer Energie zu erfüllen und energetische Altlasten zu beseitigen. Dafür müssen Sie nichts weiter tun, als einen passenden gereinigten Stein an der betreffenden Stelle zu platzieren und ihn regelmäßig einmal in der Woche zu entladen und wieder aufzuladen. Die Größe des Steins richtet sich dabei nach Größe des belasteten Platzes. Da Heilsteine ab einer gewissen Größe sehr teuer und selten werden, eignet sich diese Methode vor allem für die Behandlung kleinerer Energielöcher bis hin zur Größe eines Zimmers.

Wenn Sie sich auch außerhalb Ihres Zuhauses mit diesen kleinen Helfern vor Energie-Vampiren schützen wollen, können Sie die folgenden Heilsteine aber auch einfach als Anhänger oder als Handschmeichler in der Tasche bei sich tragen. So haben Sie den Stein immer zur Hand, sobald Sie in eine energetische Gefahrenzone kommen. Wichtig ist dabei vor allem der Hautkontakt, denn auch wenn Heilsteine auf feinstofflicher Ebene wirken, können sich ihre Wirkungen bei direktem Hautkontakt viel stärker entfalten.

Die folgenden Heilsteine eignen sich am besten dafür, energetische Belastungen aufzufangen und Sie vor dem Angriff quälender Energiesauger zu schützen:

– **Achate** gehören mit zu den ältesten Schmuck- und Heilsteinen und wurden schon immer gerne zu Amuletten verarbeitet, die ihren Träger vor negativen Einflüssen schützen und ihm Glück bringen. Bei vielen Achaten wird die natürliche Färbung durch Brennen intensiviert, ungebrannte Achate haben jedoch eine umfassendere Wirkung. Blaue und grüne Achate haben dabei die stärkste Schutzwirkung gegen Energie-Vampire.

– **Heliotrop:** Dieser Stein galt schon im alten Indien und in Ägypten als mächtiger Schutzstein gegen alle Feinde, und auch heute noch wird er dort zur Abwehr böser Einflüsse eingesetzt. Der Heliotrop stärkt vor allem unsere energetischen Abwehrkräfte. Gleichzeitig hilft er dabei, die Folgen eines eventuell schon eingetretenen Energiemangels schnell wieder auszugleichen.

– **Rosenquarz** wird in vielen Kulturen schon seit langer Zeit zu Recht als Schutzstein verehrt, der vor allem vor falscher Liebe und falschen Freunden bewahrt. Aber auch energetische Störfelder und heimliche Energieräuber werden von diesem Heilstein wirkungsvoll auf Abstand gehalten. Rosenquarz eignet sich besonders gut, wenn es darum geht, die Atmosphäre eines ganzen Raumes zu harmonisieren und von belastenden Einflüssen zu befreien.

- **Schwarze Turmaline** gehören zu den besonders starken Schutzsteinen – dafür wurden sie schon von den alten Griechen und Ägyptern hoch geschätzt. Schwarzer Turmalin stärkt die Aura und leitet alle negativen Einflüsse von ihr ab. Da der schwarze Turmalin alle bereits vorhandene negative Energien absorbiert, muss er regelmäßig entladen und neu aufgeladen werden. Dieser Stein kann auch im Sonnenlicht sehr gut aufgeladen werden.

- **Serpentin:** Der Serpentin gilt in Indien und China seit langer Zeit als wichtiger Schutzstein vor Zauberei und negativen Energien. Auch im alten Rom war er für diese Wirkung bekannt, und der Stein wurde häufig für schützende Amulette verwendet. Er hilft dabei, die eigene Mitte zu halten, und wehrt alle störenden Einflüsse wirkungsvoll ab.

- **Tigerauge:** Auch das Tigerauge wurde schon früh in der Geschichte wegen seiner heilsamen und schützenden Wirkung sehr verehrt. Im alten Ägypten und Griechenland wurden Amulette mit Tigerauge als Schutz vor falschen Freunden und negativen Energien getragen. Außerdem stärkt der Stein die Wahrnehmungs- und Entscheidungskraft seines Trägers und macht ihn weniger empfänglich für schädliche äußere Einflüsse.

- **Turmalinquarz:** Bei diesem besonderen Stein sind Stäbchen aus schwarzem Turmalin in Bergkristall eingeschlossen. Er vereint daher auf besondere Weise die Wirkung beider Steine in sich. Im alten China wurde er für seine harmonisierende Wirkung auf Yin und Yang sehr geschätzt. Turmalinquarz ergänzt die starke Schutzwirkung des schwarzen Turmalins mit der klärenden und reinigenden Wirkung des Bergkristalls, daher eignet sich dieser Stein besonders gut dafür, energetische Altlasten effektiv zu beseitigen.

Vampire tragen immer Schwarz ...

... weil sie mit den richtigen Farben ganz schnell zurück in ihre Gruft gejagt werden können! Aber Spaß beiseite: Farben haben tatsächlich die Macht, nicht nur unsere Stimmung zu beeinflussen, sondern auch unser feinstoffliches Energiesystem.

Dass sich die Schwingungen der verschiedenen Farben auf unser körperliches und seelisches Wohlbefinden auswirken, ist inzwischen weithin bekannt: So kann Rot beispielsweise wärmend und stärkend wirken, bei einer »Überdosierung« aber auch dazu führen, dass man sich gereizt und aggressiv fühlt. Blau- und Grüntöne wirken dagegen in aller Regel beruhigend und entspannend, während das leuchtende Gelb eines Feldes voller Sonnenblumen uns optimistisch stimmt und neuen Mut verleiht.

Licht ist jedoch auch Energie, und wenn wir das normale, »weiße« Tageslicht mit einem Prisma oder einem Kristall aufspalten, erhält man alle Regenbogenfarben – diese Farben sind nichts anderes als verschiedene Aspekte des weißen Lichts, analog zu den verschiedenen Aspekten der universellen Lebensenergie, die von unseren Chakras transformiert werden. Die Assoziation der Chakras mit den verschiedenen Farben ist nicht etwa eine Erfindung des menschlichen Geistes, sondern nichts anderes als die Abbildung der feinstofflichen Wirklichkeit: Die farbigen Aspekte des Lichts entsprechen den verschiedenen Aspekten der Lebensenergie, die wir für unser körperliches, seelisches und geistiges Wohlbefinden brauchen.

Welche Farbe passt zu mir?

Da die verschiedenen Farben die verschiedenen Energien re-
präsentieren, die durch unsere Chakras transformiert werden,
können Sie farbiges Licht in Visualisierungen und Meditationen dazu einsetzen, besonders wirkungsvoll mit den verschiedenen Chakras zu arbeiten. Weiter unten werden Sie eine solche Visualisierung kennen lernen, mit deren Hilfe Sie Ihre
Energiereserven rasch wieder aufladen können, falls Sie doch
einmal dem Angriff eines Energie-Vampirs zum Opfer fallen
sollten. Doch zuvor möchte ich Ihnen zeigen, wie Sie Farben
bewusst zur Abwehr von Energie-Vampiren einsetzen können
– indem Sie Ihre Chakras gezielt mit der Hilfe verschiedener
Farben stärken und darüber hinaus Ihre Ausstrahlung und Ihr
Selbstbewusstsein verbessern.

Die Wirkung der Farben

– **Rot** steht für Lebensfreude, Aktivität und Lebenskraft. Diese
Farbe wirkt sehr wärmend und aktiviert vor allem den Energiefluss im 1. Chakra. Sie verleiht Stärke und Durchhaltevermögen und regt das Temperament an. Darüber hinaus kann
sie Begierde und Erotik wecken, aber auch ungezügelte Triebe
freisetzen.

– **Orange** entsteht aus der Mischung von Rot und Gelb, von
Lebenskraft und bewusster Selbstwahrnehmung. Es hat eine
sinnliche, sanft anregende Wirkung und aktiviert vor allem
den Energiefluss im 2. Chakra. Orange weckt unsere Freude,
es hilft dabei, neue Ideen zu finden, und es kann sogar Depressionen vertreiben.

– **Gelb** steht für Gelassenheit, Selbstbewusstsein und Kon-
taktfreudigkeit. Ein sonniges, intensives Gelb wirkt sehr anre-

gend und befreiend und weckt vor allem den Energiefluss im 3. Chakra. Gelb verleiht Nervenstärke und geistige Vitalität und verhilft uns zu einem offeneren Umgang mit uns selbst und mit unseren Mitmenschen.

– **Grün** ist die Farbe von Harmonie, Hoffnung und Heilung. Die Farbe der Natur verleiht Lebendigkeit und Frische und stärkt vor allem den Energiefluss im 4. Chakra. Diese Farbe beruhigt und entspannt uns auf allen Ebenen und hilft uns dabei, uns zu erden und mit uns und der Welt in Einklang zu kommen.

– **Hellblau** ist die Farbe des Himmels und steht für Freiheit und Offenheit. Es wirkt kühlend und beruhigend und fördert den Energiefluss im 5. Chakra. Hellblau weckt den Tatendrang in uns und unsere Kommunikationsfreudigkeit, und es macht uns bewusst, dass es immer wieder neue Horizonte zu entdecken gibt.

– **Indigoblau** hat eine sehr tiefe, intensive Wirkung auf uns. Es steht für Beständigkeit und für innere Welten, ist stark beruhigend und aktiviert vor allem den Energiefluss im 6. Chakra. Indigoblau ist auch die Farbe der Dämmerung, und es kann uns zu Reisen ins große Unbekannte unseres Unterbewusstseins anregen.

– **Violett** ist die Farbe von Veränderung und Spiritualität. Sie weckt unsere Neugier und unsere Inspiration und aktiviert vor allem den Energiefluss im 7. Chakra. Außerdem erleichtert Violett den Kontakt mit unserem Höheren Selbst und unserer inneren Stimme.

– **Weiß** ist die Konzentration aller Farben. Weiß symbolisiert Vollkommenheit und Reinheit und eignet sich dafür, den Energiefluss in allen Chakras gleichmäßig anzuregen.

– **Schwarz** entsteht durch die Abwesenheit allen Lichts und damit aller Energie. Die Farbe Schwarz absorbiert das Licht und speichert seine Energie. Schwarz eignet sich nicht zur Stärkung der Chakras und weist in der Aura sogar häufig auf energetische Verunreinigungen hin. Es steht jedoch auch für das Unbewusste und Unbekannte und kann dazu dienen, unsere Energie hinter einem schützenden Schleier zu verbergen – dies empfiehlt sich allerdings nur, wenn man schon eine gewisse Erfahrung im Umgang mit feinstofflichen Energien und Farbenergien besitzt.

Farben gezielt einsetzen

Mit welchen Farben wir uns umgeben, hängt meist nicht so sehr von bewussten Entscheidungen ab, sondern von Vorlieben, die von vielen Faktoren unbewusst beeinflusst werden können: von der Jahreszeit, unserer Stimmung, den neuesten Einflüsterungen der Modebranche, und eben auch von unserem Energie-Niveau. So kann sich ein Mangel an der Lebenskraft des 1. Chakras in einer Vorliebe für die Farbe Rot äußern – indem man sich verstärkt mit dieser Farbe umgibt, versucht man instinktiv, den entsprechenden Mangel auszugleichen. Gelegentlich entwickeln Menschen jedoch auch eine verborgene Abneigung gegen die Farbe, die die eigene Schwäche repräsentiert, und vermeiden diese Farbe – was den Energiemangel leider jedoch noch weiter verschlimmert.

Wenn Sie sich schon etwas intensiver mit Ihren Chakras und Ihrem Energie-Niveau beschäftigt haben, haben Sie vielleicht inzwischen herausgefunden, ob manche Ihrer Chakras durch ständige Angriffe eines Energie-Vampirs in einen Mangelzustand geraten sind. Vielleicht ist Ihnen auch bereits aufgefallen, dass eine Person in Ihrer Umgebung ein Energie-Vampir eines bestimmten Typs ist, der Sie zwar noch nicht direkt angegriffen hat, gegen den Sie sich aber vorsorglich schützen möchten. Wenn das der Fall ist, können Sie durch den bewussten Einsatz von Farben für Ausgleich sorgen und versuchen, den Energie-Vampir mit einfachsten Mitteln abzuschrecken. Indem Sie sich nämlich gezielt mit der Farbe des betroffenen Chakras umgeben, können Sie gleich zwei wichtige Wirkungen erzielen:

– Erstens stärken Sie den Energiefluss in diesem Chakra, sodass der Mangel behoben wird und Ihnen schneller wieder alle benötigte Energie zur Verfügung steht.

– Zweitens täuschen Sie den Energie-Vampir und erwecken den Eindruck, dass Ihr Energiesystem und Ihre energetischen Abwehrkräfte in ausgezeichnetem Zustand und damit nur schwer anzugreifen sind. Ihre Ausstrahlung verändert sich durch den bewussten Einsatz von Farben nämlich fast augenblicklich, und auch Ihr Selbstbewusstsein wird gestärkt, wenn Sie sich durch die Farbe eines eigentlich schwachen Chakras verstärkt mit dessen Energie umgeben.

Wichtig ist auch hier, dass Sie sich auf Ihre innere Stimme und Ihre Intuition verlassen, wenn es um die Wahl der richtigen Farbe und deren Dosierung geht. Gerade bei starken Farben wie Rot oder Gelb genügen oft schon einzelne Farbtupfer wie ein Schal, eine auffallende Kette oder eine Bluse in der entsprechenden Farbe für eine wirkungsvolle Verbesserung.

Vermeiden Sie es, Ihr komplettes Outfit in einer einzigen Farbe zu gestalten — eine solche Überbetonung lässt die Wirkung manchmal ins Negative umschlagen und zieht Energie-Vampire nur umso stärker an. Außerdem werden dadurch die übrigen Farben und damit die übrigen Chakras zu stark vernachlässigt, sodass sich dort neue Schwachstellen entwickeln können.

Farben für mehr Energie im Haus

Vor allem in den eigenen vier Wänden eignen sich Farben hervorragend dafür, mehr Energie in die Räume zu zaubern und eventuell vorhandene energetische Mängel oder Belastungen schnell zu beseitigen. Eine harmonische farbliche Gestaltung Ihrer Wohnung ist eine der besten Grundlagen dafür, in Ihrem Zuhause eine wirklich erholsame, vampir-freie Zone zu schaffen. Auf diese Weise sichern Sie sich einen Zufluchtsort vor allen Energieräubern, an dem Sie sich von gelegentlichen Angriffen schnell erholen können.

Die Zeiten von schwarz-weißer, »nüchterner« Klarheit sind zwar zum Glück schon lange vorbei, aber trotzdem erstrahlen viele Wohnungen leider nicht gerade in der Farbenfreude, die für ein ausgewogenes Energie-Niveau am förderlichsten ist. Verstehen Sie mich nicht falsch: Ich möchte Sie natürlich nicht dazu auffordern, Ihr Zuhause kunterbunt anzustreichen! Wild durcheinander gemischte Farben wirken auf Ihr Energiesystem ähnlich erholsam, wie wenn Sie versuchen würden, fünf verschiedenen Radioprogrammen von Klassik bis hin zu Hard-Rock gleichzeitig zuzuhören – am Ende kämen höchstens starke Kopfschmerzen dabei heraus.

Wenn Sie Ihr Zuhause mit der Hilfe von Farben energetisch verbessern möchten, kommt es vielmehr darauf an, die Farben harmonisch aufeinander und auf den Zweck der Räume abzustimmen. So würden Sie in einem komplett rot eingerichteten Schlafzimmer zwar sicher die eine oder andere feurige Nacht zu zweit verbringen, aber sonst auf Dauer nur schwer Ruhe und Erholung finden ... Ein Schlafzimmer mit deutlichen grünen oder dunkelblauen Akzenten hat dagegen viel eher eine beruhigende und erholsame Wirkung, und auch der Schlaf fällt darin tiefer und entspannter aus.

In der Küche oder in einem Spielzimmer ist die anregende, wärmende Wirkung der Farbe Rot dagegen sehr gut aufgehoben, vor allem, wenn Sie durch andere Farben harmonisch ergänzt wird. Arbeitszimmer dagegen profitieren davon, wenn sie einen hellblauen und/oder orangefarbenen Touch erhalten. Die übrigen Farben im Raum sollten sich diesen Akzenten unterordnen – dafür eignen sich Naturtöne oder helle Farben und Pastelltöne besonders gut.

Indem Sie Ihrem Zuhause auf diese Weise mit Farben neue Energie verleihen, können Sie schon vorhandene Energie-Vampire schnell zum Verschwinden bringen. Zugleich verhindern Sie, dass sich in baldiger Zukunft neue Energiesauger in Ihrem Heim ansiedeln.

Wenn es schon passiert ist:
Wie Sie Ihre Reserven wieder aufladen

Nun sind wir fast am Ende dieses Buches angekommen. Eigentlich wissen Sie inzwischen alles, was Sie wissen müssen, um sich effektiv vor allen Energie-Vampiren zu schützen. Nur eine Frage ist bisher noch offen geblieben: Was können Sie tun, wenn Sie doch einmal einem Energie-Vampir zum Opfer gefallen sind?

Schließlich ist niemand perfekt: Selbst dem besten Vampir-Jäger kann es einmal passieren, dass er ein wenig zu spät erkennt, wem er da am Café-Tisch gegenübersitzt ... Ich kann Sie aber beruhigen: Der »Biss« eines Energie-Vampirs ist bei weitem nicht so schädlich wie der eines echten Graf Dracula – Sie werden weder selbst zum Vampir, noch stehen Sie danach unter dem Bann des gierigen Saugzahns!

Wenn Sie ihn erst einmal bemerkt haben, ist ein einzelner Angriff eines Energie-Vampirs wirklich kein Beinbruch. Schließlich kann er Ihnen nur dann wirklichen Schaden zufügen, wenn es ihm gelingt, Ihnen unbemerkt eine große Menge Energie zu rauben – und die meisten Energie-Vampire müssten dafür schon über längere Zeit an Ihrer energetischen Schlagader hängen. Das werden Sie ab sofort aber sicherlich zu verhindern wissen, denn immerhin kennen Sie inzwischen eine Vielzahl von Gegenmaßnahmen, mit denen Sie den Schmarotzer schnell wieder vertreiben können.

Schneller Schutz vor Mangel-Symptomen

Wenn Sie bemerken, dass Sie dem Angriff eines Energie-Vampirs zum Opfer gefallen sind, sollten Sie so schnell wie möglich Ihre Energiereserven wieder aufladen – so können Sie verhindern, dass der Verlust Ihr Energiesystem aus dem Gleichgewicht bringt und möglicherweise unangenehme Symptome nach sich zieht.

Kurzfristig hilft ein schnelles Wiederaufladen Ihrer Energiereserven fast so gut wie die vorbeugenden Schutzmaßnahmen gegen Energie-Vampirismus – sofern Sie jedenfalls wirklich immer alle Angriffe bemerken. Ich möchte Ihnen aber trotzdem sehr empfehlen, sich lieber mit gezielten Abwehr-Strategien zu schützen, denn Vorsicht ist nun einmal auch hier besser als Nachsicht. Und falls Sie einmal einem wirklich starken Energie-Vampir über den Weg laufen, sind Sie sicher froh, wenn Sie vorher viel Erfahrung mit der Abwehr lästiger kleiner Vampirchen gesammelt haben – denn so werden Sie fast wie im Schlaf die richtigen Abwehrmaßnahmen ergreifen und dem Energiesauger ganz schnell den Spaß verderben!

Mit den folgenden, einfachen Übungen können Sie Ihre Energiereserven schnell und effektiv aufladen. Ich habe absichtlich Übungen ausgewählt, die nach einigen Wiederholungen notfalls auch einmal in wenigen Minuten durchgeführt werden können, damit Sie auch unterwegs sofort auf etwaige Energieverluste reagieren können. Sie können sie nicht nur zur Regeneration nach einem Energieraub einsetzen, sondern auch gegen die ganz »normalen« Energietiefs, die einem manchmal nach kurzen Nächten oder langen Arbeitssitzungen zu schaffen machen.

Indem Sie durch diese Übungen regelmäßig Ihre Energiereserven pflegen, können Sie auch ältere energetische Störungen und unbemerkte Energieverluste gut ausgleichen. Eines sollten Sie dabei allerdings nicht vergessen: Die bisher beschriebenen Schutzmaßnahmen, die Körper und Seele sowohl in schwierigen Augenblicken als auch mitten im Alltag vor Energie-Angriffen bewahren.

Schaffen Sie Ihren persönlichen Kraftort!

Eine der langfristig einfachsten Methoden zum Aufladen seiner Energiereserven besteht darin, sich einen persönlichen Kraftort zu erschaffen. Dieser Kraftort ist allerdings kein realer Platz in der Außenwelt, sondern ein Ort in Ihrem Inneren, an den Sie sich zurückziehen können, wenn Sie eine kleine Erholungspause und etwas frische Energie benötigen. Ihr persönlicher Kraftort wird umso heilsamer, je öfter Sie ihn visualisieren und seine aufbauende Wirkung einüben, daher sollten Sie diese Übung anfangs am besten täglich und danach mindestens ein Mal pro Woche wiederholen. Der kleine Aufwand lohnt sich, denn wenn Sie Ihren Kraftort erst einmal erschaffen haben, tragen Sie damit immer eine kleine Ruheinsel bei sich – Sie können dann jederzeit für einen Moment die Augen schließen, sich an Ihren Kraftort begeben und mit frischer Energie gestärkt wieder ins Geschehen zurückkehren.

Um Ihren Kraftort das erste Mal zu erschaffen – und für die ersten Wiederholungen – sollten Sie sich allerdings noch an einen ungestörten Ort zurückziehen und mindestens eine Viertelstunde Zeit mitbringen.

Setzen Sie sich bequem im Lotos- oder Schneidersitz auf ein weiches Kissen, lassen Sie Ihre Hände leicht nach oben geöffnet auf Ihren Oberschenkeln ruhen und schließen Sie die

Augen. Atmen Sie einige Male bewusst tief durch, um alle All-
tagssorgen und -gedanken loszulassen, und richten Sie Ihren
Blick nach innen.

Ein Platz ganz nach Ihren Wünschen

Lassen Sie nun vor Ihrem inneren Auge einen Platz in der
Natur ganz nach Ihren eigenen Wünschen entstehen – eine
Wiese, ein kleines Tal, eine Bergkuppe, einen Wasserfall, den
Strand einer tropischen Insel … Ihr Kraftort kann einem realen
Ort ähneln, an dem Sie sich schon immer besonders wohl gefühlt haben, oder auch voll und ganz Ihrer Fantasie entsprin-
gen. Allerdings sollte er von einer kleinen Quelle oder einem
anderen Gewässer belebt sein. Die Hauptsache ist, dass Sie
sich an diesem Platz sicher und geborgen fühlen und dass es
Ihnen dort so gut gefällt, dass Sie sich gerne sofort niederlas-
sen und eine kleine Ruhepause einlegen möchten.

Genau das tun Sie nun in Ihrer Vorstellung: Sie befinden
sich jetzt an diesem Ort und setzen sich dort genau so bequem
auf den Boden, wie Sie gerade in Wirklichkeit auf Ihrem Kissen sitzen. Nehmen Sie sich dann die Zeit, den Ort in Ruhe
in allen Details zu betrachten. Lassen Sie Ihren Blick schweifen und machen Sie sich eine genaue Vorstellung von der
Landschaft, die Sie umgibt und von den Pflanzen und Tieren,
die Sie entdecken können. Beobachten Sie außerdem das Wasser, das in irgendeiner Form an Ihnen vorbeifließt oder in Ihrer
Nähe ist.

Verleihen Sie Ihrem Kraftort Leben

Dann beziehen Sie auch alle anderen Sinne mit ein: Hören Sie
das Plätschern des Wassers, das Rascheln der Blätter in einer

leichten Brise und das Vogelgezwitscher oder andere Tierrufe in der Umgebung. Alles strahlt tiefen Frieden und Harmonie aus. Vielleicht können Sie den Duft blühender Blumen oder des Grases unter Ihnen wahrnehmen, den Geruch von Erde, nassen Steinen oder trockenem Sand. Achten Sie auch auf das Gefühl des warmen Sonnenscheins auf Ihrer Haut, streichen Sie mit Ihren Fingern über das Gras oder spüren Sie, wie feine Wassertröpfchen von einem Wasserfall auf Ihre Haut gesprüht werden.

Wenn Sie mit Ihrem Bewusstsein ganz an diesem Ort angekommen sind, sagen Sie in Gedanken zu sich selbst: »Dies ist mein Ort der Kraft, hierher kann ich immer kommen, um meine Energiereserven aufzufüllen.«

Spüren Sie dann, wie mit jedem Atemzug, den Sie dort tun, neue Energie in Sie hineinströmt. Ihr ganzer Körper und Ihr gesamtes Energiesystem wird mit frischer Energie erfüllt, die sich prickelnd bis in den letzten Winkel hinein ausbreitet. Genießen Sie dieses Gefühl der Fülle, und lassen Sie es einige Augenblicke lang in Ruhe auf sich wirken.

Nun werfen Sie noch einmal einen genauen Blick auf Ihren neuen Kraftort und prägen sich alles so genau wie möglich ein. Machen Sie sich bewusst, dass dieser Ort nun immer in Ihrem Inneren für Sie existieren wird, und dass Sie jederzeit hierher zurückkommen können. Dann lassen Sie das Bild vor Ihrem inneren Auge verblassen, atmen einige Male tief durch und öffnen langsam wieder die Augen.

Nehmen Sie sich danach mindestens eine Woche lang täglich etwas Zeit, um an diesen Kraftort zurückzukehren. Gehen Sie dabei genauso vor wie oben beschrieben, aber konzentrieren Sie sich nun vor allem darauf, die Details wiederzuentdecken, die Sie schon kennen, und sie durch neue Anblicke und Eindrücke zu ergänzen.

Je öfter Sie an Ihren Kraftort zurückkehren, desto mehr Leben verleihen Sie ihm, und desto besser können Sie dort Ihre Energiereserven wieder auffüllen. Achten Sie auch darauf, jedes Mal bewusst Energie aufzunehmen – so wird die Energie früher oder später ganz von alleine zu fließen beginnen, sobald Sie sich nur an Ihren Kraftort versetzen.

Es ist übrigens vollkommen in Ordnung, wenn an Ihrem Kraftort immer ein wunderschöner Sommer-Nachmittag herrscht. Sie können ihn aber auch noch realistischer gestalten, indem Sie ihm verschiedene Tageszeiten verleihen, etwa eine sanfte Morgendämmerung, eine sternklare Nacht oder einen romantischen Sonnenuntergang. Wenn Sie möchten, können Sie auch gelegentlich ein paar erfrischende Regentropfen fallen und einen bunten Regenbogen erstrahlen lassen – Hauptsache, Sie fühlen sich dabei wohl und genießen die Stimmung.

Auf Kurzurlaub an Ihrem Kraftort

Nach der ersten Übungsphase ist Ihr persönlicher Kraftort schließlich auch dann einsatzbereit, wenn Sie sich einmal nicht extra zurückziehen können, um ihn hervorzurufen. Üben Sie zunächst noch einige Male in Situationen, in denen Sie in einer fremden oder unruhigen Umgebung sind, aber nicht direkt von anderen Menschen gestört werden, wie beispielsweise bei einem Spaziergang im Park oder einer Fahrt in der U-Bahn, wenn dort nicht zu viel los ist.

Schließen Sie dazu einfach für einen Moment die Augen, rufen Sie das Bild Ihres Kraftortes vor Ihr inneres Auge, lassen Sie ihn auf sich wirken und spüren Sie, wie er Sie mit neuer Energie erfüllt. Mit zunehmender Übung können sich die meisten Menschen sogar mit offenen Augen an Ihren Kraftort versetzen, indem Sie Ihren Blick ins Leere richten und sich ganz auf Ihr inneres Auge konzentrieren (wer sich gelegentlich beim Tagträumen erwischt, dem fällt das sogar besonders leicht). Nun steht Ihnen Ihr persönlicher Kraftort auch in schwierigen Situationen immer zur Verfügung, und Sie können dort jederzeit neue Energie mit einem kleinen »Kurzurlaub« schöpfen.

Chakras reinigen und aufladen

Da menschliche Energie-Vampire sich immer auf ein bestimmtes Chakra konzentrieren, können ihre Angriffe nicht nur zu herben Energieverlusten führen, sondern auch energetische Störungen in den Chakras verursachen. Daher ist die folgende Übung nach dem Angriff eines solchen Energiesaugers besonders empfehlenswert. Da dabei alle Chakras gereinigt und aufgeladen werden, können Sie sie auch dann einsetzen, wenn Sie nicht genau wissen, welchem Vampir-Typ Sie gerade zum Opfer gefallen sind. Sie brauchen für die Übung allerdings die Möglichkeit, sich für rund 15 Minuten an einen ungestörten Ort zurückziehen zu können.

– Setzen Sie sich bequem im Lotos- oder Schneidersitz hin oder knien Sie sich im Fersensitz auf ein weiches Kissen. Ihre Wirbelsäule und Ihr Kopf sollten locker aufgerichtet sein, und Ihre Hände ruhen entspannt auf den Oberschenkeln. Schließen Sie die Augen, lassen Sie mit einigen tiefen Atemzügen alle störenden Gedanken los und atmen Sie tief und langsam weiter.

– Visualisieren Sie nun vor Ihrem inneren Auge Ihr 1. Chakra, das wie eine leuchtend rote Sonne am unteren Ende Ihrer Wirbelsäule erstrahlt und langsam im Rhythmus Ihres Atems pulsiert. Mit Ihrem Atem füllen Sie dieses Chakra nun mit strahlendem, rein weißem Licht, das es ganz erfüllt und alle eventuellen Störungen beseitigt. Wenn das Chakra völlig in weißem Licht erstrahlt, wechseln Sie zu rotem Licht: Mit jedem Atemzug strömt mehr rotes Licht in das Chakra, bis es wieder völlig in einem makellosen, leuchtenden Rot erstrahlt und wie vorher langsam im Rhythmus Ihres Atems pulsiert.

– Gehen Sie dann weiter zum 2. Chakra: Visualisieren Sie es als leuchtend orange Sonne in Ihrem Unterleib, und füllen Sie es wie das 1. Chakra zuerst mit strahlend reinem weißen Licht und dann mit orangefarbenem Licht, bis es in einem makellosen, neuen orangen Glanz erstrahlt.

– Verfahren Sie mit den übrigen Chakras jeweils genauso: Reinigen Sie sie mit weißem Licht und erfüllen Sie sie dann mit ihrem eigenen, farbigen Licht – das 3. Chakra im Bereich des Magens mit sonnengelbem, das 4. Chakra inmitten des Brustkorbs mit grünem, das 5. Chakra im Bereich des Kehlkopfes mit hellblauem, das 6. Chakra in der Mitte der Stirn mit indigoblauem und schließlich das 7. Chakra am höchsten Punkt des Kopfes mit violettem Licht.

Nicht vergessen: Schließen und schützen Sie Ihre Chakras!

Ruhen Sie dann einen Moment lang in dem Bewusstsein, dass nun alle Ihre Chakras von allen Störungen gereinigt und neu aufgeladen sind, und beobachten Sie, wie sie wie farbige Sonnen entlang Ihrer Körperachse leuchten. Dann wird es Zeit, die Chakras der Reihe nach von oben nach unten zu schließen und gegen einen erneuten Angriff eines Energie-Vampirs zu versiegeln – diesen Teil der Übung kennen Sie schon aus dem letzten Kapitel:

- Konzentrieren Sie sich auf das 7. Chakra und auf den strahlenden Glanz seiner Farbe. Sagen Sie dann in Gedanken die Worte: »Ich schließe dieses Chakra für alle negativen Energien. Nur positive Energie kann zu ihm vordringen.« Stellen Sie sich vor, wie sich eine schützende Hülle aus weißem Licht um die farbige Sonne des Chakras legt und ihr Strahlen leicht dämpft. Dieses Chakra ist jetzt geschützt, und Sie können zum nächsten Chakra übergehen.
- Sobald alle Chakras auf diese Weise geschützt sind, formulieren Sie in Gedanken den Satz: »Alle meine Chakras sind geschützt und sicher. Nur gute Energien können zu ihnen vordringen.«
- Zum Abschluss atmen Sie einige Male tief durch, kehren aus der meditativen Versenkung zurück und öffnen langsam Ihre Augen.

Ihre Chakras sind nun von allen energetischen Altlasten des Vampir-Angriffs gereinigt und neu aufgeladen. Sie können diese Übung auch regelmäßig durchführen, um Ihre Chakras zu pflegen und dafür zu sorgen, dass sie Sie immer mit genügend Energie versorgen können. Achten Sie aber trotzdem darauf, dass Sie durch die entsprechenden Schutzmaßnahmen unangenehme Energie-Vampire gar nicht erst zum Zug kommen lassen!

Die Energie-Dusche

Duschen Sie gerne? Nun, ich liebe es, das warme Wasser in der Dusche genüsslich über meinen Körper rieseln zu lassen. Dabei ist mir eines Tages aufgefallen, dass mich das Duschen nicht nur körperlich erfrischte, sondern auch meine Energiereserven auflud – aber nur, wenn ich Zeit dafür hatte und es mit jeder Faser meines Körpers genießen konnte. Mit ein wenig Herumexperimentieren ist daraus im Laufe der Zeit eine kleine Übung geworden, mit der sich die Aura schnell erfrischen und wieder aufladen lässt – und zwar ohne wirklich unter die Dusche steigen zu müssen! (Obwohl Sie die Übung dort natürlich auch durchaus einmal ausprobieren sollten.)

Suchen Sie für die Übung einen ungestörten Platz auf, stellen Sie sich bequem mit etwa schulterbreit voneinander entfernten Füßen hin, und schließen Sie die Augen. Ihre Hände hängen entspannt neben Ihrem Körper herab. Atmen Sie drei Mal besonders tief ein und aus, um alle Gedanken und Anspannungen des Alltags loszulassen, und atmen Sie danach tief und langsam weiter.

Lassen Sie vor Ihrem inneren Auge das Bild Ihrer Aura entstehen, die wie ein strahlender Kokon aus Licht Ihren ganzen Körper umgibt. Möglicherweise erscheint Ihnen Ihre Aura nach dem Angriff eines Energie-Vampirs kleiner als sonst, oder Sie weist Verunreinigungen oder gar Löcher auf. Das ist aber jetzt kein Grund zur Besorgnis, denn schließlich sind Sie schon dabei, sie zu reinigen und Ihre Energiereserven wieder zu regenerieren.

Stellen Sie sich nun vor, wie von einem Punkt direkt über Ihrem Kopf warme, helle Tropfen auf Sie herabzuregnen beginnen. Diese Tropfen bestehen nicht aus Wasser, sondern aus strahlendem, reinem, weißem Licht, die Ihre Aura, Ihren Körper und überhaupt Ihr gesamtes Wesen durchdringen. Diese Tropfen nehmen alle Verunreinigungen auf, die sich im Laufe der Zeit und durch den Vampir-Angriff in Ihrem Energiesystem gesammelt haben: Beobachten Sie, wie die Verschmutzungen in Ihrer Aura immer schwächer werden und wie die Lichttropfen alle negativen Energien mit sich nehmen, wenn sie unter Ihren Füßen in der Erde verschwinden.

Lassen Sie sich von neuer Energie erfüllen

Sobald Ihre Aura ganz gereinigt ist, beginnen die Lichttropfen, sie mit neuer Energie aufzufüllen. Zuerst werden alle Löcher von reinem weißem Licht ausgefüllt. Die meisten Lichttropfen fallen nun nicht mehr durch Ihre Aura hindurch, sondern füllen sie von unten nach oben an, bis sie vollkommen von Licht erfüllt ist und ihre normale Ausdehnung wiedererhalten hat. Sobald Sie mit so viel Energie erfüllt sind, wie Sie benötigen, wird der Regen aus Lichttropfen langsam schwächer und schwächer, bis er schließlich ganz aufhört.

Genießen Sie das Gefühl frischer Energie, das Sie nun durchströmt, und verankern Sie es fest in Ihrem Bewusstsein. Danken Sie dem Universum für diese Energiespende und der Erde dafür, dass Sie alle energetischen Verunreinigungen aufgenommen hat. Dann atmen Sie noch einige Male bewusst tief durch, kehren langsam in Ihr Alltagsbewusstsein zurück und öffnen wieder die Augen.

»Den Feind zu fürchten, da Furcht die Stärke hemmt,
das gibt dem Feinde Stärke, seid Ihr schwach,
und so ficht eure Torheit wider euch.« (Carlisle)

König Richard II. III, 2
WILLIAM SHAKESPEARE